高等职业教育规划教材

交通职业教育教学指导委员会推荐教材
高等职业院校船舶技术类专业教学用书

修 船 业 务

轮机工程技术（船舶动力机械与装置方向）专业

● 韩云生 主编 ● 缪二洪 主审

人民交通出版社

内 容 提 要

本书是高等职业教育船舶技术类轮机工程技术（船舶动力机械与装置方向）专业交通职业教育教学指导委员会规划教材之一，按照《修船业务》教学大纲的要求而编写的。

本书共分五章，主要内容包括：船舶营销学；船舶工程招标、投标、船舶建造工程报价；船舶贸易谈判和船舶合同；船厂目标成本管理。

本书是针对三年制高等职业教育编写的，二年制的也可参考使用。同时，本书还适用于船员的考证培训和船厂职工的自学以及其他形式的职业教育。

图书在版编目(CIP)数据

修船业务/韩云生主编 .—北京：人民交通出版社，2007.1

ISBN 978-7-114-06265-0

Ⅰ.修… Ⅱ.韩… Ⅲ.船舶修理-高等学校：技术学校-教材 Ⅳ.U672

中国版本图书馆 CIP 数据核字(2006)第 137368 号

书　　名：修船业务
著 作 者：韩云生
责任编辑：邸　伟
出版发行：人民交通出版社
地　　址：(100011) 北京市朝阳区安定门外外馆斜街 3 号
网　　址：http://www.ccpress.com.cn
销售电话：(010) 85285995，85285838
总 经 销：北京中交盛世书刊有限公司
经　　销：各地新华书店
印　　刷：北京交通印务实业公司
开　　本：787×1092　1/16
印　　张：11.5
字　　数：288 千
版　　次：2007 年 1 月第 1 版
印　　次：2008 年 6 月第 2 次印刷
书　　号：ISBN 978-7-114-06265-0
印　　数：2001—4000 册
定　　价：22.00 元

前言

QIANYAN

为深入贯彻《国务院关于大力发展职业教育的决定》,积极推进课程改革和教材建设,为职业教育教学和培训提供更加丰富、多样和实用的教材,更好地满足我国造船工业快速发展的需要,交通职业教育教学指导委员会航海类专业指导委员会委托交通职业教育研究会船舶技术专业委员会,联合组织全国开办有船舶技术类专业的职业院校及其骨干教师,编写了高等职业教育船舶工程技术专业、轮机工程技术(船舶动力机械与装置方向)专业和电气自动化技术(船舶电气方向)专业交通职业教育教学指导委员会规划教材。

本系列教材注重以就业为导向,以能力为本位,面向市场,面向社会,体现了职业教育的特色,满足了高素质的实用型、技能型船舶技术类专业高等职业人才培养的需要。本系列教材在组织编写过程中,形成了如下特色:

1. 认真总结了全国开办有船舶技术类专业的职业院校多年来的专业教学经验,并吸收了部分企业专家的意见,代表性强,适用性广;

2. 以职业岗位的需求为出发点,适当精简了教学内容,减少了理论描述,具有较强的针对性;

3. 教材编写时在每章前列出了知识目标和能力目标等学习目标要求,每章结尾处编制了大量思考与练习题,便于组织教学和学生学习。

本系列教材是针对三年制高等职业教育编写的,二年制的也可参考使用。同时,本系列教材还适用于船员的考证培训和船厂职工的自学以及其他形式的职业教育。

《修船业务》是高等职业教育船舶技术类轮机工程技术(船舶动力机械与装置方向)专业交通职业教育教学指导委员会规划教材之一,按照《修船业务》教学大纲的要求而编写的。内容包括:船舶营销学、船舶工程招标和投标、船舶建造工程报价、船舶贸易谈判和合同、船厂目标成本管理。书中结合大量国内外资料及数据,科学系统地介绍了国内外新的船舶市场的状况及其经营管理业务。

参加本书编写工作的有:主编武汉交通职业学院韩云生(编写第四、五章),参编武汉交通职业学院彭勤学(编写第一至三章)。

本书由中国长江轮船总公司缪二洪高级工程师担任主审,在此表示感谢!

限于编者经历和水平,教材内容难以覆盖全国各地的实际情况,希望各教学单位在积极选用和推广本系列教材的同时,注重总结经验,及时提出修改意见和建议,以便再版修订时改正。

交通职业教育教学指导委员会航海类专业指导委员会

二〇〇六年三月

目录

MULU

第一章　船舶营销学

● **学习目标**

知识目标

1. 能了解市场营销的基本概念,市场调查途径、方法及内容;
2. 能了解船舶市场情报的来源及情报资料的分类;
3. 能了解营销策略的基本概念,产品策略、商标策略、分销策略、促销策略和价格策略的确定;
4. 能了解造船企业营销结构模式、市场目标确定的因素及营销途径;
5. 能了解修船企业经营的三要素及经营管理工作的重点。

能力目标

1. 会进行正确地市场调查;
2. 会进行正确地营销市场策划;
3. 会进行正确地评价修船厂经营管理的好坏。

第一节　概　　述

改革开放以来,随着计划经济向市场经济的转变,市场营销受到我国企业界的极大关注,营销活动的开展越来越广泛和深入,在吸收西方市场营销的理论和成功经验的同时,不断地总结和完善我国市场营销的经验与规律。

1985年美国市场营销协会对市场营销所作的定义为:"市场营销是关于构思、货物和劳务的设计、定价、促销和分销的规划与实施过程,旨在导致符合个人和组织目标的交换。"我国目前比较倾向于接受美国的"市场营销"概念,但我国的市场经济尚在发育与培养之中,正在由过去几十年经济改革中诞生的自发的市场营销活动,逐步向自觉的市场营销活动过渡。

一、市场营销观念的演变

市场营销观念的演变大体上经历以下5个阶段:

1. "生产观念"阶段

"生产观念"从工业革命至1920年间主导了西方企业的经营策略。其特点是处于一种卖方市场,可选择品种较少,生产的产品供不应求。

2. "产品观念"阶段

在"生产观念"阶段末期,供求关系得到缓和,企业致力于制造质量优良的产品,并不断加以改进提高,但仍忽视消费者的需求和欲望。

3. "销售观念"阶段

20世纪30年代至二战结束,商品大量涌现,出现供过于求,企业在以生产为中心的同时加强产品的推销工作。

4."市场营销观念"阶段

第二次世界大战结束以后,商品供过于求的矛盾更加突出,企业竞争更加尖锐,开始注重消费者的需求和欲望,并研究其购买行为。

5."社会营销观念"阶段

最近十余年,企业开始以"市场营销观念"为指导思想,在满足自己目标市场需求的同时,考虑自己的长期利益目标和竞争战略,把用户利益和社会利益同时纳入自己的决策系统。

二、营销管理

营销管理是研究企业对市场的体制、供求情况、经营管理、营销动态而展开的综合营销活动过程。它是通过商品的销售和各种劳务所提供的条件来满足现在消费者和潜在消费者的需要,从而取得利润的一门学科。

营销管理程序如图 1-1 所示。

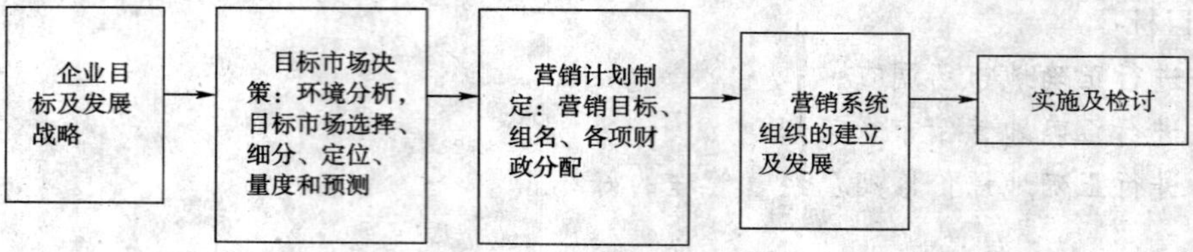

图 1-1　营销管理程序图

三、营销市场调查

1. 市场调查的作用

市场调查的作用在于提供市场问题的正确情报,是探测市场情况的需要,也是与市场沟通的途径。通过市场调查可起到对推出新产品上市前的可行性分析的保险作用,以减少错误决策的风险,并可针对用户的反映及市场需要提供适销对路的产品,改良和发展新产品或产品线,选择适当的分销渠道和流通环节,促动顾客的购买欲以及拟定价格的依据。它是企业生产经营计划、发展规划和经营决策的基础。

2. 市场调查的内容

市场调查就是通过搜集、记录和分析有关生产者的活动将产品和劳务转移、销售给用户的各种问题的全部客观事物,来研究生产和消费之间的关系及相互调节、提供产品、销售产品、营销路线和财务(指营销费用总预算)等问题。

市场调查包括以下各项内容:

①市场总体销售额与销售潜量的估计。

②销售趋势:销售变动及竞争者的动向。

③产品研究:社会对产品的要求、新产品评估、与竞争者产品比较、质量、包装、试销、产品周期的研究。

④分销渠道的研究:零售商与批发商、零售商区域、流通环节、运输渠道的分析研究。

⑤价格研究:消费者对价格变动的反应、新产品的价格拟定、老产品的价格调整。

⑥广告研究：广告内容、媒介的调查、预算的拟定。

⑦竞争分析：竞争者的产品、质量、品种、分销渠道、成本、价格、产品策略、促销策略、地理位置和交通运输条件。

⑧消费者行为研究：消费者欲望与购买动机、能力、习惯、各阶层消费者购买行为与偏好、商标。

⑨市场推销成本分析：各产品销售区域及客户收入、成本与利润分析。

⑩产品协作件、配套件的质量、产量、成本及价格。

综上所述，市场调查的内容可用图解表示，如图1-2所示。

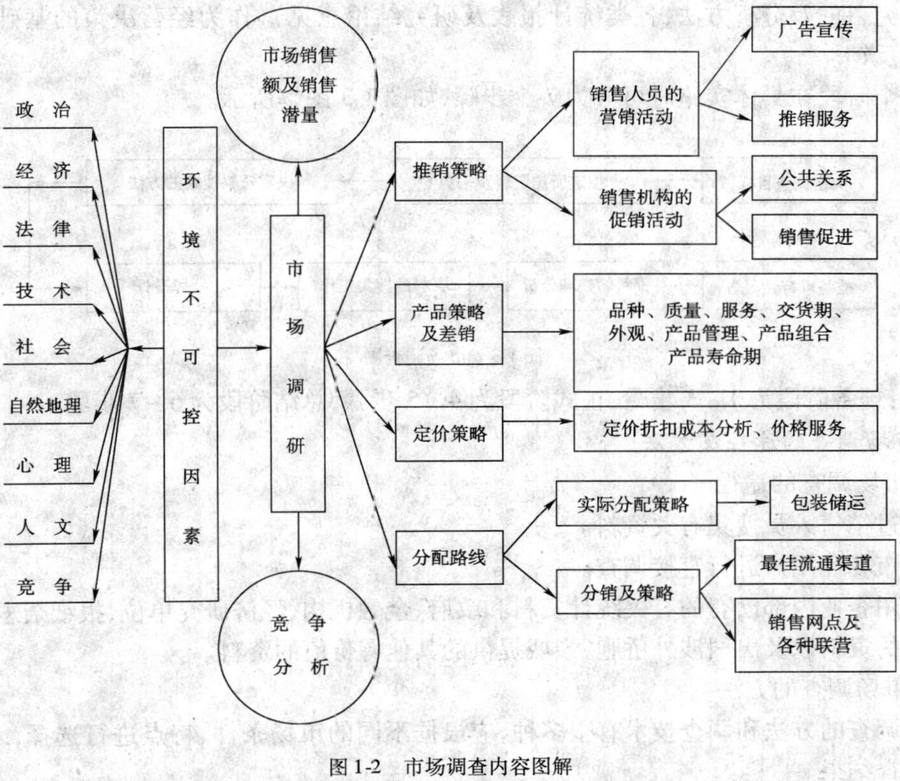

图1-2　市场调查内容图解

从图1-2中可以明显看出，市场调研的主要任务可以概括为下列各点：

①通过对企业所处社会环境这些不可控因素的分析，掌握其变化和趋势，使企业得以适应和发展。

②通过对已定目标市场的选择，预测和确定市场的需求及其销售总额和本企业可能得到的份额（含销售潜量）。

③竞争分析。

④营销计划的拟定：企业最高决策层根据企业的目标及发展战略，拟定下一年度的营销计划目标，并针对目标制定包括产品、分销、促销及价格的4个项目的营销策略，并把每个项目的各因素的策略（产品策略、分配策略、推销策略、定价策略）组成一套适合企业实施销售目标的优化营销组合策略。

3．市场调查的步骤

(1)预备阶段

选择人员、培训、制订初步调查计划，包括调查目标、拟定所需资料及来源、决定资料搜集的方法。

(2)正式调查阶段

编制正式调研计划，抽样设计，开展具体调研工作。

(3)总结应用阶段

围绕市场调研的目标与要求进行资料的搜集与整理，进行定性定量分析并提出报告(其中包括研究目的及分析方法，各类统计报表及研究结论意见)，作为经营决策的基础资料，付诸实施及反馈。

这 3 个阶段在具体实施时可分为 7 个步骤，如图 1-3 图解所示。

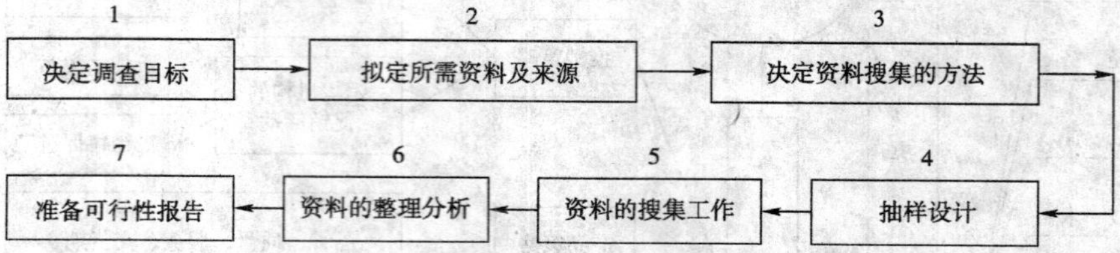

图 1-3　市场调查图

其中：预备阶段为 1～3 步骤，正式阶段为 4～5 步骤，总结阶段为 6～7 步骤。

4．市场调查的途径及方法

(1)市场调查的途径

①通过销售人员搜集有关资料。

②对市场和用户进行直接调查。

③运用企业内部已有的有关统计资料和政府、金融机构、经济研究单位、报纸杂志、有关行业已发表的资料以及出国涉外侨胞、亲戚提供的其他有价值的资料。

(2)市场调查的方法

市场调查的方法和调查技术有很多种，应根据不同的市场条件、特点进行选择，才能取得正确的调查结果。

市场调查的基本方法可归纳为 3 种：

①询问法。这种方法可通过函询、面询、电话或利用商业网点等方式进行，通常需预先准备调查内容，表格形式的问卷。这种方法的优点是搜集资料快、成本低，缺点是常有局限性．容易产生偏差，特别是涉及个人动机等因素，或者是回答者记忆不清无法概括回答，或者迁就回答提问者，使结果会有与事实不符的现象。这需要小心斟酌问卷的字眼，采用自由交谈语句的联想及填空法等方法来引发回答者的潜在的思路。应注意提高调查人员的素质，以正确识别资料所显示的内容，并注意所询问的对象及资料的局限性，以减少这种方法可能产生的偏差。

②观察法。观察法是避免向当事人提出问题，而代之以观察所发生的实际情况。如公司派出调查员或用电视摄录机到被调查的市场观察、摄录顾客购买习惯、态度和行为。这种方法比较客观，因之调查结果更接近实际。然而它比询问法花费的时间代价要高，因为这种方法可

能受到各种客观条件的限制(如所需要观察的商品的流通速度、观察场所处的地方远近)。同时,所观察到的现象只限于人的外在行为,对于观察行为的背后的任何其他动机则不一定能掌握,也就是只能知其然而不知其所以然,观察不到内在因素。观察法一般适用于食品、店铺。

③实验法。观察法是研究自然发生的现象,主观渗化的机遇少,实验法则是将现象放在某种条件下进行实验,从中找出与问题有关的特殊因素来查出它和现象的关系所在,研究选出的因素事先及事后变动的市场反应,以决定是否值得推广。如可以通过设立门市部、展销会等形式,在实验市场上先试销一部分产品,分析效果后再决定是否可扩大推销。又如对投放的新产品改变其质量、包装、设计、价格、广告等因素以调查顾客的反应。

采用这种方法,实验的条件和实际所应用的条件必须完全一致。然而在实际市场中都有它不同的特性和条件,特别是要处理所有因素中属于最难以把握和最缺乏恒常化的因素——人。因此,要正确的实验是非常困难的。要使实验成功往往靠经验的积累来找出各种变数与结果有关的一般原理,修正各种变数,或用转变实验法将无法控制的变数互相抵消。

实验法虽然应用在市场调查的历史不长,但其重要性不可忽视,特别是在市场测验上是提供预测销售额基础资料的重要方法。

以上3种方法各有其优缺点,采用时应根据不同问题及调查对象,选择一种既能达到调查目的又能节省时间和费用的方法。有时,对同一调查题目可同时使用2个或3个方法进行。

四、世界修船业概况

20世纪50年代以前,世界载货船舶的定期维修大都在本国的船厂进行,而不是到其他国家修理,这在欧洲国家最为突出。随着船旗开放式注册和商船所有权的国际化发展,也就是20世纪50年代和60年代,商船的修理不再以本国为基地,并且转为以适应其航行计划为先决条件的维修。为此,世界开始形成了几个修船业务集中的地区。如新加坡,自20世纪60年代以来,一直是世界修船中心之一,占有地利优势,拥有一批受中央政府鼓励的修船企业,目前这个国家正在向高效修船攀登。20世纪80年代以来,世界修船重新改组,使几个地区的修船业务占据了主导地位,竞争激烈。1992~1994年,世界一些修船企业进行了合理化改革:军民船舶建造厂转为修船,东欧国家挤入世界修船市场,欧洲和其他地区修船企业出现了私有化高潮,船舶维修的技术进步、船东修船的观念发生变化,一些发达国家不断向发展中国家输出专业维修技术并寻求合作伙伴,世界修船业务向低价地区转移。北欧、日本和美国等失去了大量的市场份额,新加坡、地中海国家以及阿拉伯湾的一些船厂获得了不少修理业务。这种变化仍在继续,直到修船市场供需近乎平衡为止。

目前世界修船和造船一样,都存在着"能力过剩",但一些国家和地区仍在扩大修船能力,不断扩建、改造修船设施,加强船坞建设,增大新技术的投入。以前世界修船设施多附设在造船厂内,现在的发展趋势是修船具有独立经营权。这是因为修船仍有着良好的市场条件,即使货运市场无明显改观。由于船队的老龄化和改装性修理需求的原因,在今后几年中,修船劳动力投入量将不断增长,在相同的修船费率下,修船营业额虽不会有较大的上扬,但船东们投入的修船资金在数额上会变得较大。

由于修船是一种国际性的业务且属劳动技术密集型,在劳动力资源较丰富的国家或地区,修船具有较好的经济效益,故促使有关部门看好修船而发展船坞建设。船坞能力的扩大又促进修船业的发展，两者相辅相成。由于我国实行了对外开放政策，国际地位日益提高，对外贸易扩大，到港外轮和直接来华修理的外轮不断增多，所以近年来修船业务持续稳定增长。据不完全统计，在中国船舶工业行业协会600多家会员单位中，1994年完成修船产值约30亿元，其中1/3为外轮修理，全国修船业务产值估计为32亿元左右。

由于新建船坞的投产，1995年中国修船产值近40亿元。这样，在世界修船市场中的份额将可达5%左右。从目前已投产的船坞来看，增加一座10万吨级的船坞，年修船产值可增加1亿元左右。因此，本世纪末，我国修船产值预计突破50亿元是有可能的。由于修船具有劳动技术密集的特点，世界一些发达国家增长十分缓慢，有的甚至是减少，而我国修船业务目前呈高速发展趋势，不但外轮修理不断增多，国内远洋船在国内修理的比例也逐年上升。这都充分说明我国有良好的国内外市场，修船具有良好的前景。

我国几家骨干修船厂如山海关、北海，澄西、文冲船厂及南通远洋船务公司等，修船开始走向大型化，从承修巴拿马型船到好望角型船，直到承修VLCC，修船水平不断向高技术、高附加值方向发展。如山海关船厂成功地完成大型FPSO工程，澄西船厂出色地完成“远望4号”航天测量船的改装检修工程及2艘18 000载重吨散装水泥船的改装工程。有的船厂还承修LPG船、化学品船、RO-RO船、大型集装箱船等工程，均受到海内外业内人士和专家的好评。

由于修船业的发展，原中船总公司近几年年修船均超过100艘，其中外轮修船400～500艘，修船产值高达21亿元，其中外轮修船产值最高达14亿元。到2000年底，全国修船产值约50亿元。目前不仅满足了国轮的修理，还承接一批外轮的修理业务（去年抵港外轮约15万艘次）为国家争创外汇。在修船实践中，船厂注重创立企业品牌和总结经验，树立了良好的企业信誉。

改革开放以来，造就了一大批修船技术工人队伍和素质越来越高的干部，加上我国修船价格有较强的竞争能力，如今我国的修船面貌已经发生了翻天覆地的变化。虽然我国的修船业已经取得了很大的成绩，但我国进入社会主义市场经济后，修船开始出现恶性竞争，出现无政府状态，企业盲目发展，使原本盈利的大中型修船厂出现严重亏损。修船任务不足，修船企业之间的恶性竞争，导致许多修船企业出现亏损或严重亏损。修船行业缺乏自律，竞争无章可循或有章不循是导致这一结果的主要原因。

第二节　船舶市场情报分析

市场情报是一项分析、判断、决策的各种有关商业市场的客观的信息、情况、资料和数据的汇总。

一、市场情报在市场竞争中的地位

市场机率是多元组合函数，市场情报就是该多元组合函数的客观实际的具体反映。其内容主要包括：市场潜能、市场容量、经济环境、政治和文化因素、买主意愿和需求、社会层次、别人的经验和教训、历史事件、存在和可能的风险、面对的或潜在的竞争。市场竞争的成功，取决于正确的决策，正确的决策来源于正确的分析与判断，而正确的判断则建立在正确的客观和主观的综合平衡上。

二、市场情报分析研究的阶段

第一阶段:衡量、估计市场机率。

第二阶段:选定具有潜质的市场目标,对此作出详尽的分析,判断进入市场的可能性,在主观察力的基础上,制定拓展计划和获利的可行性方案。

不论第一阶段或是第二阶段,其分析研究的依据,均为充分的市场情报资料和数据。

三、市场情报的来源

市场情报的来源和搜集,包括原始资料和次级资料。

1. 原始资料

原始资料又称第一手资料。市场情报第一手资料的获得,来源于对买主、销售商、制造商、竞争者或可能成为竞争对象的直接或间接接触,包括:

①市场问卷调查。

②市场采访或询问调查。

③市场因果调查。

④市场探测性调查。

⑤市场描述性调查。

⑥市场预测性调查。

⑦买主或中间商的征询统计及其分析。

⑧客户档案的研究。

⑨产品档案的查考。

⑩来访者的探求。

⑪商业谈判研究。

2. 次级资料

次级资料为现存资料的统称,从已经发表的资料中筛选获取。其较为普遍的来源有以下方式:

①政府及其他官方机构发表的统计资料。

②商会组织出版的刊物。

③经济贸易和商业杂志。

④经济贸易年鉴。

⑤各类报刊发布的经济贸易和商品消息。

⑥政府经济贸易官员及社会商团组织、公司或集团头面人物在各种场合的报告、演讲、谈话、评论与答记者问。

⑦商业谈判及交流。

⑧已出版的市场调查报告和统计资料。

⑨联合国经济贸易及工业组织的出版物和年鉴。

⑩学术机构的研究报告。

⑪咨询顾问机构的动态、报告、建议和方案。

⑫电台经济及贸易新闻。

⑬企业的记录和台账。

四、原始资料和次级资料的应用

原始资料与次级资料的搜集，不论是定向市场论证或是市场定向扫描，必须首先具有明确的市场意识。善于自次级资料范围中搜集获取所需的情报资料，不仅能节省费用和时间，且比较容易积累，但未必能充分满足实际需要，也未必能深入详尽，甚至由于认识不同，统计和分析的角度以及侧重不一，致使同一事例其数据和结论差距甚大。因此，必须依据原始资料加以补充评核，从而得出全面完整的结论。

五、情报资料的分类

基于造船工业的综合特性，形成造船工业对工业品市场的广泛介入。造船市场在于船舶市场，船舶市场在于航运，而航运市场则取决于世界经济及贸易的兴衰。因此，船舶市场较之其他工业品市场，对经济因素的敏感更为强烈。据资料统计，船舶市场的衰减，经常提前于世界经济衰退 1 ~2 年，而其复苏则将滞后 1 ~2 年。为了提高造船企业和经营造船与船舶的公司对市场的适应能力，对钢结构制造、机械制造，电机和电器、仪表、化工制品、铸造和锻造、机械加工等市场的情报资料，均必须有相当深度和广度的了解，以使本企业和公司能在不同时期中，发挥生存的优势和能力。

为便于情报资料的搜集和分析，利于编码和检索，并适应研究的步骤，对资料的合理分类尤为必要。根据营销资料系统及其构成，造船行业的市场情报资料可作如下分类：

(1)市场资料

①航运市场。货运量、货种、运输方式、航线、港口、吞吐量、港口装卸设备和能力、运价。

②船舶市场。船舶拥有量总吨位、各类船舶拥有总吨位、交货总吨位和船种及其交货时间、订单总吨位和船种、手持订单总吨位和船种、二手船总吨位和船种、旧船拆船失灭吨位和船种、营运及闲置总吨位及分类吨位。其中应包括海上浮动平台和固定钢结构和构架，并另作编类。

③船舶动力装置和配套设备。柴油主机、透平主机、发电机组、空压机组、油水分离装置、污水处理装置、焚烧装置、热交换器、锅炉和废气锅炉等。

④阀件与管系附件。

⑤甲板机械。

⑥通信导航设备和仪表。

⑦救生、消防设备。

⑧灯具。

⑨舱室系统。

⑩通风、冷藏及空调设备。

⑪铸件和锻件。

⑫甲板舾装件。

⑬船舶材料。

⑭其他。

(2)价格资料

①船舶市场价格:包括新船、修船、二手船、旧船及拆船、海洋工程浮动平台及海上钢结构。

②原材料市场价格。

③主机、发电机组及设备价格。

④劳务单价。

⑤建造单位成本。

⑥其他。

(3)劳动量及工时定额资料

(4)品质控制资料

(5)技术指标及技术标准

(6)船舶检测和入级资料

(7)客户资料及供应商(客户及供应商档案)

(8)竞争对手资料(商业敌情档案)

(9)市场趋势资料

(10)营销统计

(11)金融资料

(12)法律与法规

(13)政治因素资料

(14)商业咨询资料

六、市场情报人员的条件与素质

一名合格的市场情报工作人员,不仅需要具备市场管理、营销管理、金融管理、专业技术、法律和法规等多种知识,对历史地理、人文宗教、文化艺术等也需要有一定了解。对语言工具、数据统计、电脑软件及编程等手段具有操作和运用能力。感觉敏锐,有观察、接受、反应、综合和分析能力,并具有接触面广的长处和忠诚于事业的献身精神。

第三节　船舶营销策略

在营销学中,策略是相对于策划而言,为策划的决定,并为策划服务。两者在市场目标的前提下,互为因果,相互依存。策划是集团、公司或企业在某一营销时期内,为实现某一目标而制订的总方针和总任务,也即在这一目标阶段中,本集团、公司或企业为达到经营目标所规定的依靠、团结、打击的对象和完成该项任务的总计划。而策略则是根据策划要求,按各个阶段的较短时期的需要所规定的行动和手段,包括竞争方法、组织形式和行动口号。因此,策略是营销管理者面对某一市场目标的需要或正要进行的抉择。

由此可知,策略的正确与否,将影响并决定策划的得失和成败。虽然在营销阶段中,策略将随市场竞争和营销形势的变化而修正,但在一定阶段的较短时期内,策略在其某个方面为一元因素,而手段则为多元因素。

一、产品策略

产品概念形成于人类的需求和欲望的存在。因此,产品被定义为:满足需求欲望的事物,凡能满足需求欲望的元素皆可成为产品。

1. 产品的层次

产品根据其社会效应和经济效应分为3个层次:

(1)实质产品

向买主提供为买主所需求的基本效用或实际利益。

(2)形态产品

实质产品呈现于市场的形态。

(3)整体产品

买主自市场获得形态产品后所得到利益的总和。整体产品的概念即为系统销售,使买主所获得的不只是产品,而是与产品有关的整个系统。

这3个层次如图1-4所示。

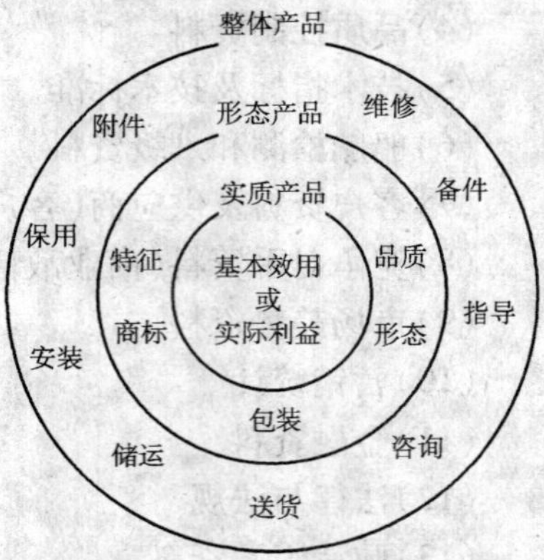

图1-4 产品的三个层次

2. 产品组合

集团、公司和企业大多数经营多种产品,其产品策略的抉择基于下列3个层次:

1)产品项目

名列于项目表或目录中的产品。

2)产品线

密切相关的一组产品;或因其能满足某一种需要,或必须连同使用,或将售于同类买主,或经由相同销售途径售出,或同属某种价格范围之内的产品。

3)产品组合

经营和销售产品的综合范围和方式。

(1)产品组合的广度、深度及其关联性

①广度。集团、公司和企业不同产品线的数量。

②深度。一条产品线中不同规格产品的平均数。

③关联性。各产品线在最终用途、生产条件、销售途径或其他方面的相互关联的程度。

产品组合如图1-5所示。广度,深度和关联性三因素在销售中的意义可表示为扩展产品组合的广度,可使产品声誉及潜力有更大发挥;发掘产品组合的深度,可迎合更多买主的需求和兴趣,从而达到更广泛吸引的目的;强化产品组合的关联性旨在获得销售地区的更高声誉,从而奠定和建立更充实的商业地位。

(2)产品组合策略

产品组合的策略,在于对广度,深度和关联性的多种抉择进行选择。以下为6种可供选择的基本产品组合策略:

①全线全面型。旨在向每一买主提供一切事物。采用该决策者，必须洞察本集团、公司或企业对涵盖其市场每一部分的能力，且在其生产标准和设计范围内有能力提供所有的必需产品，以供市场选求。

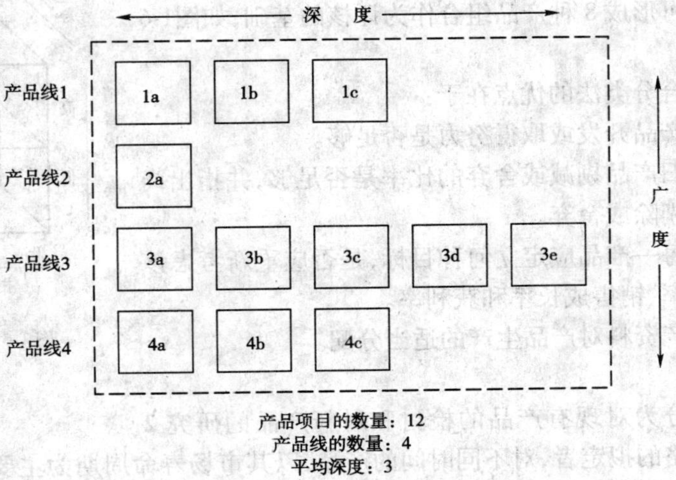

图1-5　产品组合

②市场专业型。向某一范围的市场提供各种产品。如海洋工程制造商，供应商和大型工业产品制造商则常用此策略。

③产品线专业型。专门着重于某一类产品的生产，并将其推销至每一市场。

④有限产品线的专业型。针对某种产品提供其特殊设计，倾向于有限或单一种类的市场。中小型工业贸易公司中常有该型事例。

⑤特殊产品专业型。即选取某种特殊产品而就其可能或潜在市场促销。由于其产品的特殊性，可供拓展的市场面窄。采用此策略时，对目标市场的分析和预测的准确性要求甚高。

⑥特案专业型。以其特殊的生产条件，满足市场需求的特殊需要。如特殊的工程设计、低成本的制造技术、富弹性的操作条件等。由于其市场为其规模和特殊性所制约，此策略若使用得当，将可免于竞争的威胁。

(3)最佳产品组合的概念

最佳产品组合的概念可分为下列2方面：

①静态的产品组合最优化。在 n 种可能产品中，选定 m 种产品($m<n$)，以使其在一定的风险和其他制约条件下，能从市场得到最大的利润。

②动态的产品组合最优化。在机遇和资源不断变化的条件下，产品组合在时间轴上得以保持其利润、稳定性和成长的最佳状态。

产品的营销层次和分类有以下各种：

①现有产品。或称目前主要产品，指适销的或改良的过去产品。

②新开发产品。或称未来主要产品，指新产品或现有产品的进一步改良。

③竞争中产品。指在激烈竞争或严重打击下，仍能或可能成为主要盈利的产品。

④过去主要产品。指产量大，但市场已见萎缩的典型产品。

⑤可继续经营的产品。曾寄予较高期望但成效不佳，尚未全部失败的产品。

⑥完全失败的产品。

现有产品的评核有3个因素：销售成长率、市场占有率、获利率。该3因素可形成8种产品组合作为评核的基础，如图1-6所示。

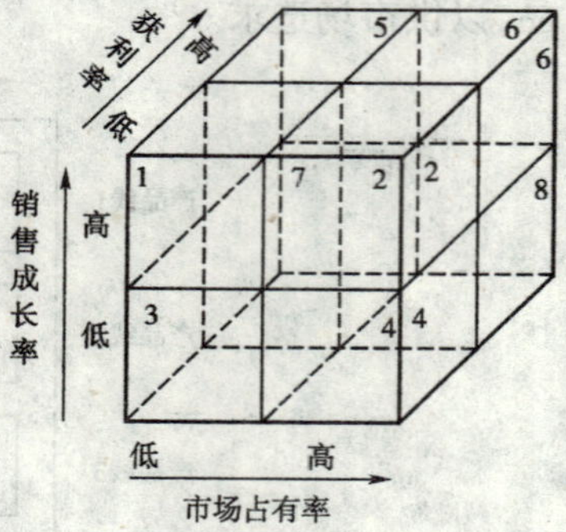

图1-6 8种产品组合

这种产品组合分类法的优点在于：

①可显示新产品开发或取得努力是否足够。

②可显示对旧产品剔减或舍弃的比率是否足够，并指出尚有哪些产品可以剔除或舍弃。

③可显示对每一产品应定立何种目标，是否应重新考虑该产品的市场占有率、销售成长率和获利率。

④可显示生产资料对产品生产的适当分配。

3. 产品策略

产品策略可分为对现有产品的检讨和对新产品的研究2个方面。产品策略的拟定者，对不同时间的产品，以其市场寿命周期为主要依据，可供选择的基本策略如下：

1）现有产品策略

（1）分类式与不分类式的产品策略

①分类式产品策略。产品旨在针对某一市场目标或市场部分。实施该策略需要多种同类的不同产品，以满足买主的需求。

②不分类式产品策略。产品并无明确的市场针对性。此策略一般泛指市场区域范围很大，如不以分类式促销策略辅助，以使每一市场部分的买主产生需求共鸣，则难以收到实效。

上述2种策略，由市场划分而存在。

（2）产品不变策略

不经或未加全面审慎考虑和分析研究，就更改或剔除某项产品，应注意产品的市场潜力和潜在市场及其上升趋势，这对需要售后服务的产品更为重要。

（3）产品再定位策略

当产品已经市场定位后，在下列情况下可考虑调整或重新定位：

①竞争者已侵蚀本产品的市场占有率。

②买主的需求或购买倾向有所改变并有离心趋势。

③在不改变产品已拥有的利益的同时而又重新酝酿新的市场机遇。

④将产品的利益更移近买主以引起购买者的共鸣。

⑤为使买主明了或改变对本产品的基本认识，但应注意这种基本认识决不属于本产品的根本价值观或其根本性。

（4）产品改进策略

①针对市场需求及科学技术的进步，改进或增加产品以符合买主的利益。

②针对设计、选材、买主的需求、法规要求、使用习惯等因素，尽可能剔除赘余部分。

③增加和改进售后服务。

(5)产品延续策略

以在制产品填补生产线的空缺,或进一步发掘生产线的潜力,扩充市场占有面,以减少存在或潜在的竞争。其优点在于延续产品将可沿用已有的销售渠道和市场占有率,并易于被买主认识和接受,而风险在于延续产品的失败将导致现有产品的声誉、商标、销售、商业形象受到严重影响。

(6)产品多元化策略

包括以下3方面:

①横向策略。在制产品的派生或关联产品。

②垂直策略。发展和生产在制产品中的购入产品。

③凝乱策略。视投资机遇而获得更丰厚利润。

2)开发新产品策略

采用本策略应基于下述原因、条件及手段。

(1)原因

①买主的意愿和购买力的不稳定性。

②充分利用闲置设备的能力,发掘现有设备潜力,达到降低成本,最大限度提高市场占有率的目的。

③增加副产品,提高产品的市场价值。

④产品开发。

⑤产品多元化,强化竞争力。

⑥避免产品单一的依赖,稳定销售量,减小竞争和市场风险。

⑦市场趋势的观察与分析判断。

(2)条件

①产品能否迎合市场的存在或潜在的需求。

②产品是否适应当前营销活动的结构。

③产品能否适合在制产品生产的结构。

④产品是否适应现有财务状况。

⑤能否为当前政策和法规所接受。

⑥能否提供必需而足够的管理人选。

⑦应以不违反集团、公司或企业的目标为主。

(3)观念测试

以观念测试的方式,测定和验证某一新产品的市场或外部反应,研究或检定其新产品谋略,既可节省投产前的样品制造的投资,又可达到快速、廉洁及保密,防止竞争者模仿。对于投资风险大的产品,这是一种有效的手段。

观念测定的方法包括:采用详尽的文字、图片和模型等介绍,向不同层次的人士包括员工、消费者或可能的使用者、目标个体以及实验者进行询问测试等。

(4)商业价值检定

当新产品经研究机构或实验室取得技术特性的成功之后,则需进行商业价值的检定。其检定依据为:成本和获利,与销售中同类产品的比较,包括各种指标的优越性比较和价值观念的比较;市场和买主经济承受能力,购买者的意愿及其获利;该产品投入市场后的社会效能和经济效能。

(5)试销

经商业价值检定，其社会效能和经济效能业已认证的新产品，为验证其市场效应，则进入试销阶段。试销具有以下两种基本方式：

①试用。将产品交由特定用户使用，密切注视其反应并及时搜集反馈，经实验室定期检验、分析、不断作出改进。这类工作可由经销商、分销商进行或直接进行。视产品的价值可定为：免费试用和有偿试用，有偿试用则可按使用者的意愿设定其偿付比例及偿付方式。

②试销。试销具有评估市场反应和计划销售相配合的双重意义，并以此作为渠道、商标、价格、包装等策略的依据，此对产品的最终市场介入具有莫大裨益。

概括言之，试销活动是市场抽样、提出最终市场报告、作出产品投入市场的销量、市场寿命及利润预测等销售预测的重要步骤。

(6)投入市场

市场效应良好的试销产品，则按全面预测拟定的市场计划投入市场。集团、公司或企业也对该产品进入以营销部门为主组织的由销售、生产、财务、会计、储运、技术、工程等部门紧密合作的全面营运。

(7)开发新产品程序

其程序为三轨制，即：沟通拓展、产品开发和策略计划，三者同时进行。现就此分述如下：

①沟通拓展。为有助于估计沟通策略成功的或然率，将包括产品名称、特性、用途、社会及经济效能、商标、包装等属于“利益概念”的商业信息，作出市场介绍。

②产品开发。将新产品作为现有产品的延续，如新型号、新规格的增加和派生，则易于以实样进行市场产品测试；

生产小量实样需投入大量资金，在市场测定阶段，应考虑观念测试。

③策略性计划。这是开发新产品程序的枢纽，以此协调 A 线的市场组合拟定和 B 线的利润支出计划的制订，也即控制全部程序的进程。

由于试销的目的不仅在于检定产品，也在于检测和考验行销计划的全部，且存在耗资的风险以及将新产品的重要资料和产品的商业机密不可避免地揭示给竞争者的风险，因此试销将是新产品开发程序的最终步骤。

④新产品开发流程如图 1-7 所示。

二、商标策略

1. 商标（也称品牌）

商标是制造商或销售商为使买主识别其产品、货品或服务，并用以同其他竞争者相区别的标记。此类标记可以某个名称、词句、图案、代号表示，并经特定设计或加以组合。凡经法定登记的商标，则称为注册商标并在商标的右上角或右下角注以® 的标志。

2. 商标策略（也称品牌策略）与产品组合策略

在商标策略的选择时，将面临 3 种情况：

(1)是否采用商标

即其产品是否应赋予商标。商标化的产品其优点在于：

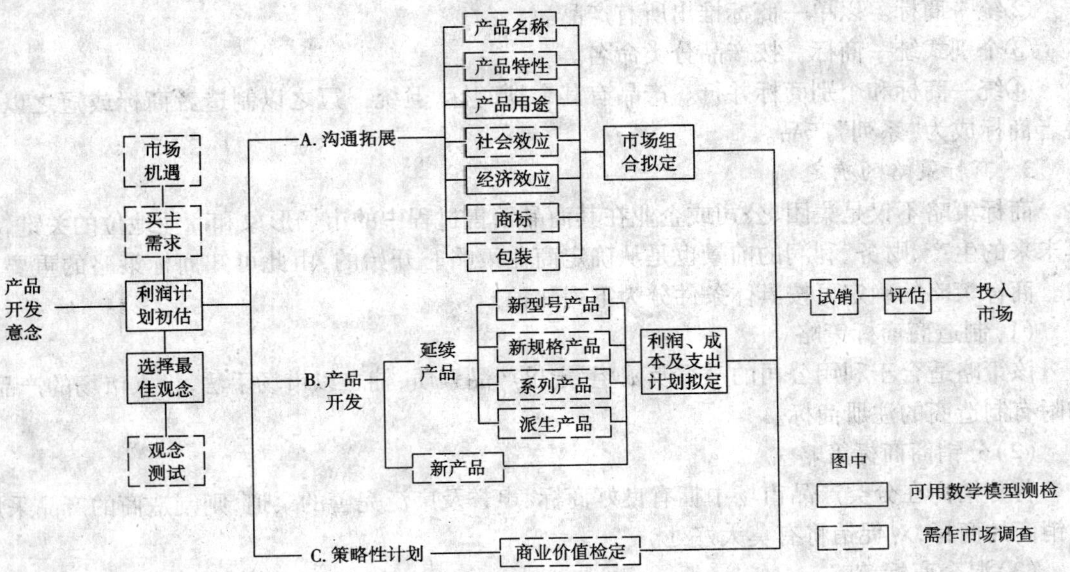

图 1-7 新产品开发流程

①适宜的商标可使产品易于辨别，且可简化管理和追查程序。

②经注册的商标具有专利权，可保障产品的独立性，可对侵权者采取法律制裁手段。

③注册商标及其对优良产品的暗示，使对此满意的买主认定购买并有利于产品的扩散沟通。

④商标所赋予产品的独特历史和特性，将为其实施差别价格制奠定基础。

在这 4 种情况的背面，存在下列 2 种不利因素：

①采用商标后，包装、戳记、专利费等将增加产品成本。

②买主对产品的任何不满，对于采用商标的产品，使集团、公司或企业所造成的损失将更大。所以，是否采用产品商标，制造商和销售商必须权衡得失，全面考虑其创造名牌产品控制市场的内在潜力和素质，而分销商和最终买主则对适销的产品或商品采用商标的要求甚为强烈，前者为其市场和利益，后者则为其易于处理和辨别供应商并提高买主的偏爱。对于买主来说，商标产品或货品将更迎合其对偏爱商品的辨认和显耀心理。

(2)采用生产者的商标或销售者的商标

当产品商标化时，可采用制造者商标或销售者商标，或部分产品使用制造者商标，另一部分产品采用销售者商标。

在现代市场管理和销售网络中，代理商、销售商和分销商日益控制市场销售渠道，某些代理商和销售商日益取得市场的优越地位，广泛使用其商标，分销商因而取得低于制造者商标价格的商品。由于代理商和销售商的集中订货有助于降低制造和销售成本，因而在售价降低的同时，仍可获得更高的边际利润。因此，销售者商标日益成为商标竞争中的中流砥柱，否则制造者无法将其产品纳入销售渠道。

(3)统一商标和个别商标

对于用商标生产大部分产品的制造者，至少可有 4 种商标选择：

①个别商标。分别以产品命名。

②统一商标。以单一商标推出所有产品。

③个别式统一商标。按产品分类命名。

④统一商标和个别商标并行。产品有其个别商标,但统一冠之以制造者商标或冠之以销售者商标成为"系列"产品。

3. 商标策略的确定

商标策略不仅是集团、公司或企业在其商品销售过程中的市场形象和商业地位的关键,且其未来的生产、财务、利润的前景也是从确定商业策略时开始的,由此可知商标策略的重要意义。商标策略的确定可按具体条件分为下列几种:

(1)制造商商标策略

该策略适合于利用公司的声誉及威望,定出产品素质,辅之以市场手法,投入市场的产品,均附有制造商的注册商标。

(2)分销商商标策略

若分销商在分类产品市场中拥有良好商标、声誉及广泛完善的渠道,则制造商的产品采用分销商的商标,对促销将有莫大好处。

(3)混合商标策略

第(1)和(2)种的混合或平行使用。

(4)商标扩展策略

这是将已闻名于市场而促销有卓著成效的商标用之于在制产品的改革或推出新产品。事实证明,投入市场的新产品若无强有力的、著名商标的支持,则往往难以或不易介入市场并参与竞争。其具体施行则为在其产品线的末端扩展一种较廉价的类型或型号,在广告中以其商标中各种产品的最低价格作为号召。推出这些"推广型"或"前锋型"产品,其目的在于以此作为价格的基础,进行低价招徕,吸引买主在光顾的同时见到更好更理想的型号,而舍弃廉价者,决定购买售价较高但更为满意的产品。这是屡用不爽的良策。但使用该策略时,必须谨慎从事。即此类"推广型"的前锋产品,其品质应高于该产品的一般水准,且必须供现货,切不可使买主有任何被欺骗的感觉,否则将弄巧成拙,与愿相反。

(5)多重商标策略

即 1 个销售者或制造商同时推出 2 种以上商标的产品,互相竞争。其主要目的在于以此挤占更充分的市场空间。由于大部分买主都在经常注意折价廉售的新产品,因此买主大都具有商标转换心理。多重商标策略即在于迎合这种心理状态,而避免产品市场占有率的单轨制的萎缩。但使用这种策略必须谨慎,推出多重商标产品,每种只能取得很小的市场占有率,又无一种可获较大利润,故而在采取多重商标策略时,应建立严格的预估程序,选择新产品的商标,筛选屏弃较弱之产品。

三、分销策略

为将产品作为商品销售至最终买主,生产者需要通过各种不同的市场媒介和渠道进行营销,这种营销选择,即为分销策略。

1. 市场媒介和渠道决策的重要性

市场媒介和渠道决策的重要性在于以下 3 点:

①产品销售的市场媒介和途径，将影响其他每一营销决策。

②这种决策将可能成为集团、公司或企业与其他公司的长期承诺。

③这类承诺如果处理得当，则将成为产品市场销售的保证并最大限度减少产品的营销风险。

2. 媒介和渠道的层次

①双层次。生产者→买主。

②三层次。生产者→销售商→买主。

③四层次。生产者→代理商或批发商→销售商或零售商→买主。

④五层次。生产者→代理商或批发商→经销商→销售商或零售商→买主。

值得注意的是：不可没有市场媒介和渠道。但中间层次越多，不仅控制越难，而且销售成本的增加必将导致生产者或制造商的实际利润减少。

3. 渠道流程

市场渠道流程，即为营销环节的组成及其贯穿联系的形态和功能。

(1)物质流程

指实物分销，包括原料、制成品由生产者运转至买主或最终买主的实际过程，如图 1-8 所示。

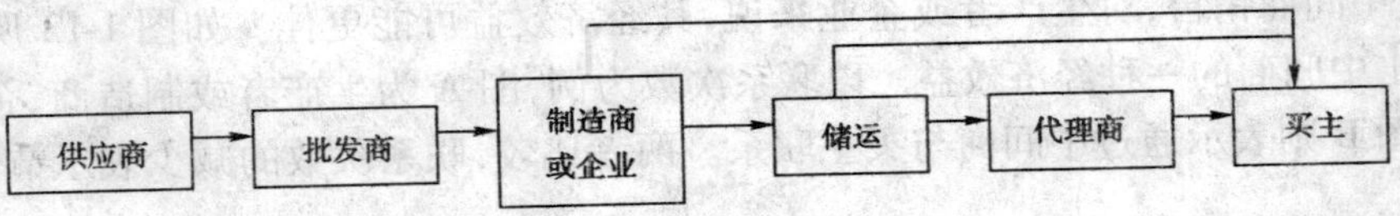

图 1-8　市场渠道的物质流程

(2)所有权流程

即产品的所有权由某一营销机构转让给另一机构、组织、个人的实际过程，如图 1-9 所示。

图 1-9　市场渠道的所有权流程

(3)价款流程

指付款的过程，如图 1-10 所示。

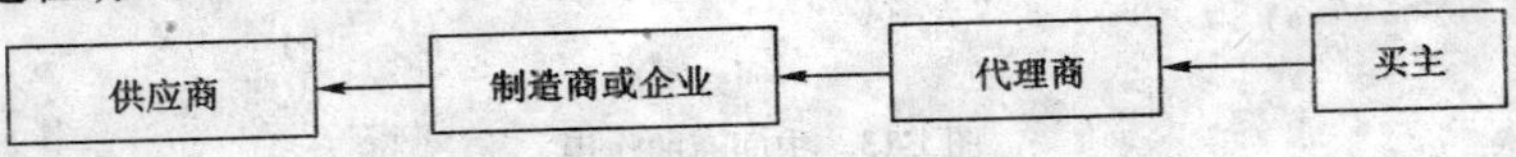

图 1-10　市场渠道的价款流程

(4)市场情报流程

包括情报交换和反馈，如图 1-11 所示。

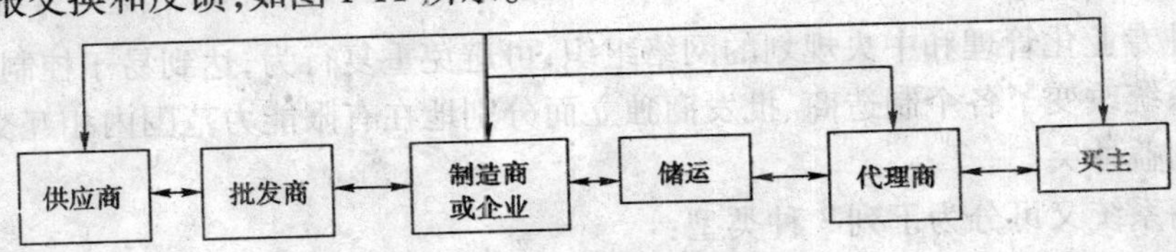

图 1-11　市场渠道的情报流程

(5)促销流程

为营销过程中一些环节对另一些环节的影响和关系。如图 1-12 所示。

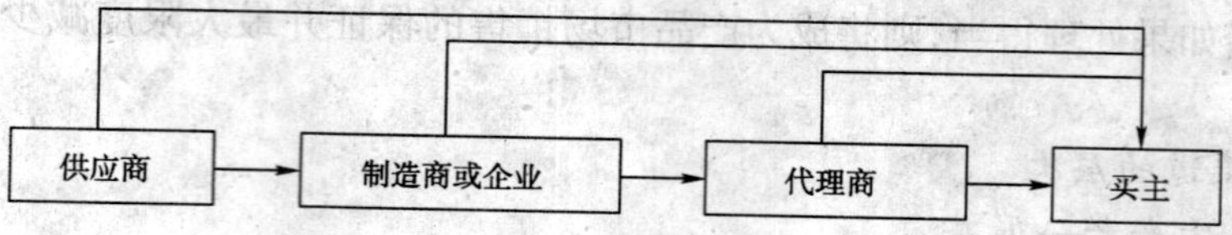

图 1-12 市场渠道的促销流程

以上(1)至(5)项流程虽各有环节的不同,但其流转形态仍为媒介和渠道的基本形式。

4. 中间商的作用

在营销环节中,需要中间商的原因如下:

①生产者或企业缺乏足够的财力和人员进行和维持直接市场销售手段的运转。实践证明,系列产品销售的有效的营销管理,经常需要庞大的机构、资金和人员,而恰当地利用中间商,则可收到事半功倍的效果。

②即使企业拥有足够的资金,也应将其投资利用在其他能获得更高利润的方面。

③一般来说中间商具有丰富的市场经验、众多的销售渠道、广博的营销专业知识,与各层次买主的联系面广、工作效率高,这些都不是生产者或企业所擅长能及。

④通过中间商销售,对生产者或企业来说,其经济效益可能更佳。如图 1-13 所示的组合关系,显示出中间商的一种经济效益。以联系次数为例,图 A 为生产者或制造商、企业直接对外联系,而图 B 则表示通过中间商与买主联系。两者比较,联系次数的减少表示节省了资金、精力和时间。

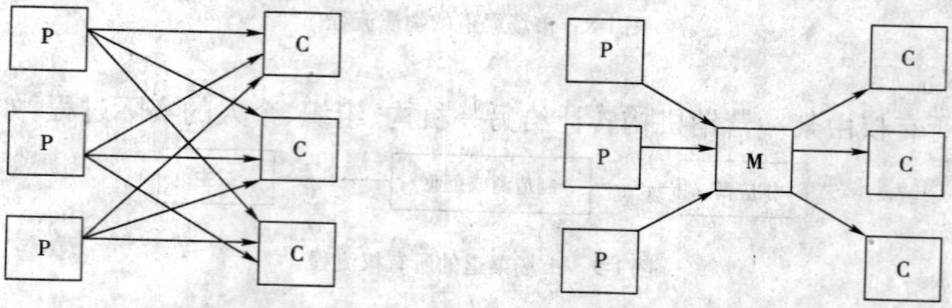

图中:P——生产者或制造商　　C——客户或买主　　M——中间商

联系次数:P×C=3×3=9　　联系次数:P+C=3+3=6

a)　　b)

图 1-13 中间商的作用

5. 营销系统的建立

营销系统的建立必须考虑其经济效益是否好。下列各系统可供参考:

(1)垂直营销系统

这是一种专业化管理和中央规划的网络组织,可避免重复行为,达到易于控制和较佳的经济效果。该系统改变了各个制造商、批发商独立而分别地在有限能力范围内相互交易,各自为政所带来的利益冲突。

垂直营销系统又可分为下列 3 种类型:

①法人系统。本系统由一个拥有所有权的法人企业统筹计划、生产、分配和销售。由于此

系统的拥有和从属关系，其组织各具自身的职能或功能，其本质不同于制造商、批发商、零售商的关系。

②管理系统。由一个具有声誉、经验、专业管理能力和规模的组织，负责协调整个营销系统中各关联层次的生产和分配。该组织经常受法人委托进行管理。

③合同系统。以相互之间所订立的合同，使不同层次的、独立的生产和分配单元协调合作，并以合同关系互相制约。此系统又称为合同式或契约式系统。

(2)平行营销系统

由两家或两家以上的公司联合，共同促销。这种方式对发挥各自优势，克服各自所存在的资金、技术、生产或营销手段的不足，避免较大风险，达到扬长避短的目的甚为有效。

6. 营销渠道的设计

从制造商的立场考虑，营销渠道的设计步骤如下：

(1)目标和广度的选择可根据下列因素而定

①买主因素。数量、地区、购买形式。

②产品因素。易损坏、有效期短的产品宜直接分销；重型产品应尽可能缩短销售运输距离并减少处理程序；不能够归类化的产品，则由企业的销售机构或推销员直接推销更为有效；需要维修或买主要求负责安装的产品，则由企业或独家分销商销售并负责售后服务将更为适宜。

③中间商的因素。需要特别注意其处理各种不同业务的能力、擅长或不足。

④企业的因素。企业的规模和性质将决定其市场拓展能力及和中间商合作的地位和手段；其财务能力、产品组合、策略和决策水平以及历史上的渠道设计均为衡量企业的重要因素。

⑤市场环境因素。当地法律、法例和法规；其在不同经济状况时的表现；买主的心理状况和习惯；文化和习俗等均属环境因素的考虑范畴。

(2)鉴别或区分渠道的依据

首先明了中间商的种类；其次以市场的呈显性和潜质，选择中间商的数量，再而自选择对象中筛选合格者。在选择市场呈显性和潜能时可按以下3种情况决定分销网的形式：

①密集型分销网：适用于易耗品。

②独家分销：适用于售价较高、买主购买时持慎重态度且购买数量较少的工业产品。

③选择性分销网：适用于生产者或制造商拥有足够的市场扩散面的产品。

(3)中间商的职责和约束

选定中间商之后，即应对其职责和必须遵守的准则等，以签合同的形式，作出明确的指示。这些指示的基本内容如下：

①分销数量和供货条件。

②价格政策和折扣幅度。

③销售条件和付款。

④地区分销权。

⑤分销商利益。

⑥双方职责的约束。

⑦分销有效期。

(4)分销渠道价值的衡量包括经济分析和营销控制

①经济分析。包括预算每个分销系统的销售额及其支出，将销售额及销售成本进行回归分析或均衡分析。如图1-14所示为设定2个系统的销售额相同的条件下其销售成本曲线交叉点。可知，当销售额小于 S_B 时不用分销商或代理商将更为有利。若2个销售系统的销售额不同，使用"投资回归法"同样可以得出曲线以便判断。

②营销控制。采用分销商或代理商，若管理或制约不当，企业将失去对营销活动的控制权。因此，需要谨慎衡量利弊，做到既能充分发挥分销商或代理商的积极主动作用及其优势，又不失企业对产品的营销控制。

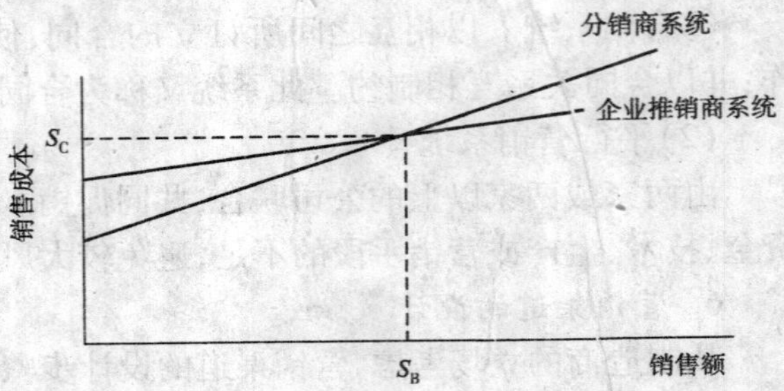

图1-14　销售额系统的经济分析

7. 分销渠道的管理

当集团、公司或企业已经完成并选定其销售渠道的基本设计后，为达到营销控制目的，需要作分销渠道的管理。这种管理包括以下主要方面：

(1)选择

对分销渠道亦即中间商的选择包括：

①详细了解并审慎分析中间商的销售计划和营销决策。包括其可行性、效果实现率、专利预计、促销手段等主要环节。

②对中间商的不同销售功能，其利益和约束条件也应各不相同。

(2)评价

对中间商的评价依据如下：

①销售量和销售额增长率。

②合作性。

③资信。

④若将中间商设为代理商，则应考虑其代理的产品线的数量、性质及掌握程度。

⑤若为单项代理，则需考虑其商业区的位置效果、买主层次及发展潜力。

(3)选定后的督导

经选定后则重在督导：

①考核其销售表现，若实绩不良，则需分析原因，及时补救。

②在商业原则允许的条件下，考核、启用更佳的渠道。

③定期发出销售定额，并据此考核实绩。

④定期在分销商中通报实绩，以资促进并鼓励。

⑤经常研究此分销商的实绩。

⑥根据不同地区的市场变化，修订销售量和销售额的指标。

(4)鼓励

把实绩和利益相联系，并应注意其适度。条件过于宽厚，则虽然销售量和销售额大，但利润率低；反之则销售量、销售额和利润率均不高。可制订恰当的销售量和销售额的指标，低者扣，超者则提高其利益。

四、促销策略

促销策略的核心含义是,在商业竞争中力求扩展与买主的关系,向买主传递产品的信息,促使买主购买本企业的产品。因此,促销策略包括下述内容和程序。

1. 沟通模式

沟通模式包括以下 4 个部分,即:

(1)产品信息发出者

这是沟通模式的主体,也即沟通者。其影响力将取决于事业性、可靠性及买主的兴趣。根据协调原理,产品信息的发出者可利用其良好的形象,以提高买主或接受者对产品或商标的兴趣,改变或减少买主或接受者的不良印象。这种信息的发出应恰如其分,若言之有失,则接受者对发出者的信赖程度将随之下降。

(2)发出的信息

即信息的内容。根据发出者的目的而决定其内容并加以组织确定其结构。信息的结构形式可分为:

①总结式。以明确的结论向接受者展示。这种方式适用于复杂、事业性强而用途单一的产品,不适用于接受者持怀疑或否定态度的产品。

②单一论点式。以产品的某一主要特性或用途作为有力论据加以传递。这种方式仅适用于对此信息具备好感的接受者。

③正反论点式。从正面论据和反面论据向接受者发出信息,且两者均有肯定的结论。这种方式适用于接受者层次的知识水准较高、有机会接触反面论据甚至持相反见解者。

在发出信息内容时,必须突出其功效在于形成或改变接受者的认识,诱发需求欲,建立投入感,在指示其购买行为的同时,给予再保证和信心。

(3)传播信息的途径

也称传递渠道,可分为人和物 2 个方面。

①人的传播信息途径。包括人为推荐和社会传播,即以人作为传递媒介。

②物的传播信息途径。包括广告、派送或邮递产品介绍和资料等以物作为媒介的传递方式。前者不仅在说服性方面较为有效,且在广泛宣传和加深认识等方面均甚有效。后者则较为简单而易于实施,但易于被接受者有意或无意地摒弃,或产生理解的错误和偏差,从而降低其影响力。

(4)传递对象

即信息的接受者。信息的发出者必须以接受者作为目标,并根据不同的特点,决定沟通的信息内容、方式、时间、目标。接受者的特点应包括:观察及了解程度、认识能力和习惯、接受事物的态度和被说服的难易程度、兴趣和爱好、对风险的态度和购买力的高低。经过了解接受者的上述特点后,方能通过沟通建立或改善接受者和产品的关系,使信息接受者转化为产品的购买者。

接受者的反应可分为 3 个阶段或层次,即:

①认识阶段——意识层次。

②受影响阶段——思维或情绪层次。

③行为阶段——行动层次，决定购买与否。

每个接受者的反应在以上 3 个阶段的表现各不相同，其基本程序如图 1-15 所示，但亦可按不同秩序或跨越某一层次出现。

	阶段	AIDA程序	效果层次程序	创新接纳程序
接受者的反应阶段和程序	认识（意识）	注意A	注意 ↓ 了解	注意
	受影响（思维或情绪）	兴趣I ↓ 欲求D	喜爱 ↓ 偏好	兴趣 ↓ 评估
	行为（行动）	行动A	信心 ↓ 购买	尝试 ↓ 接纳

图 1-15 接受者的反应阶段

沟通模式为 4 个单元，自信息发出之后直至接受者作出反应，信息发出者必须注意搜集和调查这种反应作为反馈，以检定其效果，随时改进并完善有效的沟通而终止无效的沟通或采取有效的方式。今将沟通模式图解如下，如图 1-16 所示。

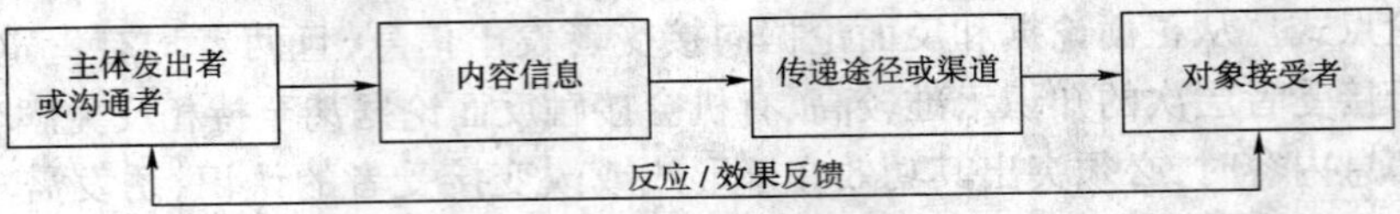

图 1-16 信息发出者和接受者的沟通

2. 促销组合

如图 1-17 所示，为促销组合形式示意图。

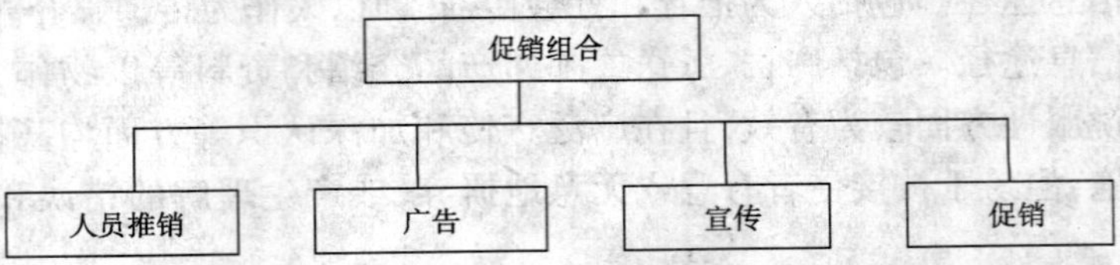

图 1-17 促销组合的形式

1）人员推销

这是一种以对话的方式，向可能的购买者作推销产品的说明、讲解、保证、示范和服务。其效果将取决于人员的素质和管理。

（1）人员推销的管理

这种管理包括推销人员的数量、职权、制订要求、工作守则、招聘和甄选、培训、建立销售信权、考核制度、报酬和奖励办法。这些管理将直接或间接影响推销的成效。

（2）人员推销的种类

按其工作性质和对象可分为下列各类：

①为制造商或企业工作的推销员：

A. 对工业用户销售。其销售产品自工具、零部件、备件至价值高昂的工业装备和设备。在推销时，需要向买主介绍产品的设计、制造、使用、保养、维修等各种特性，回答买主所提出的各种问题，甚至买主将在决心购买时与他们讨论成本、制造程序、管理和操作人员等有关事项，同时被要求向用户解释操作，保养等具体要求。因此，这类销售人员必须对产品的优缺点了如指掌，且是具有专业知识和一定操作经验的销售工程师。

B. 对批发商销售。应是能足以培训批发商的销售人员，并协助批发商促销产品并处理买主所提出的要求和问题。

C. 对零售商销售。制造商或企业的推销员应具有使零售商相信并证实市场需求确实存在而提高进货信心的能力，并能向零售商清楚地解释本企业的广告和销售计划，与之议订价格与销售条件；在与零售商签订合同后则应成为企业和零售商的经常沟通者，辅助其建立商业形象和信誉。

D. 对买主的直接推销。需要有忍耐力和任劳任怨的精神。

②为批发商工作的推销员。其主要任务为获取订单，其工作范围包括访问零售商和工业用户，为其补充存货，向零售商提供各种不同的推销及管理服务。

③为零售商工作的推销员。一般由店内职员兼任，为买主或顾客提供附带服务。

2）广告

广告分类
- 产品广告：登广告者以广告的方式将产品沟通给买主和市场
  - 即时诱导广告——立即得到反应的广告。如：附赠券、领取赠品或抽奖，以此诱导买主立即购买产品
  - 间接诱导广告——广而告知产品的存在及其优异功能，从而刺激买主的长期或潜在需求
- 信誉广告：目的在于建立商业信誉从而使市场和买主对产品产生印象和信任感
  - 保护买主利益——赊销、分期付款、保用、商品包退换
  - 公共关系——提供公共服务。如：赞助、举行奖杯大赛、慈善措施、捐赠等，以此建立企业的公益良好形象，建立商业信誉，使企业产品产生市场深刻的印象
- 地域分类广告
  - 国际性广告
  - 地区性广告
  - 国内广告
- 市场分类广告
  - 使用者广告——以产品的使用者为对象
  - 交易广告——以中间商或销售商为对象
  - 工业广告——以工业用户为对象

（1）广告的管理

①决定广告活动的规模与计划。

②广告计划的评核。

③广告部门的组织与职权。

④广告预算。

⑤广告活动与销售的协调。

(2)广告的分类

广告的分类见前面广告分类。

(3)广告的功能

广告的功能在于促销。包括:产品、劳务和观念等一些属于商品概念的事物。

①促销活动的前奏。

②人员推销的条件。

③沟通企业、产品、市场与买主。

④紧密企业与经销商的关系。

⑤将产品及其价廉物美,超值价值介绍给买主刺激其购买兴趣。

⑥开发新市场,吸引新买主。

⑦拓展市场占有率,延展产品市场周期,增加更换次数。

⑧抗衡或抵制竞争者。

⑨建立声誉和信誉。

(4)广告的媒介及其选择

①媒介:

A. 报刊。

B. 杂志。

C. 广告印刷品邮递。

D. 广播。

E. 电视与录像。

F. 电影。

②选择:

A. 市场性质及其分类。

B. 商品的性质、价格、市场渠道及其促销方式。

C. 对象选择与目标。

D. 媒介的特性、成本、沟通面的深度与广度。

E. 信息的特点与要求。

(5)信息的传播

广告活动的核心在于有效地传播信息。包括:商品、对象、方式、内容和表达形式信息的构思,依据已定概念和策略进行制作。制作时必须注意:

①讯息的结构。总结式、单一或正反论据式、表达程序式。

②表达的中心手法。文字、画面、符号、色彩、音调等应达到简练、明晰、贴切、诱导、对比与反差强烈,以求一言一瞥中的,达到耐人寻味,印象深刻的目的。

3)宣传

这是一种通过新闻渠道传播信息的一种不同于广告的形式。如举行新闻发布会、记者招待会、派员参加公众聚会等。其不同于广告者是在于广告的方式、内容、词句、文字、方案等均可在主观意识中预先制订,而新闻稿件则很大程度取决于发稿单位与宣传媒介,不易或难于主观控制。

4)促销

这是属上述3种办法以外的市场活动。其形式包括在企业或公司组织和控制下的展览。展销、陈列、看样订货、表演交流等特定的手段,进行市场推销活动。

3. 促销投资额的确定因素

(1)产品的市场寿命

新产品介入市场初期,其促销费用必然较高,当进入成长期与成熟期或竞争期之后,在正常情况下,其促销投资将相应减少,而此项投资的回收,将计入产品的销售成本,按其市场寿命予以分摊。因此,促销投资额的确定,应取决于产品寿命策略、价格策略、促销策略、利润策略的综合平衡。

(2)竞争的性质和程度

若发现市场有同类产品加入竞销,则促销活动必须加强;若参加竞争者的实力雄厚,则促销经费的投资将更趋庞大。

(3)对产品的基本需求

当某项产品的基本需求正在增长时,市场促销投资,可望在销售利润中得到补偿;若其基本需求处于逆境,促销作为缓和或改善局面的手段,非经谨慎考虑,其投资则应相应缩减。

(4)激励需求的方法

产品研究与改进品质、更新包装等均为激励需求、吸引买主的方法,若能奏效,则可减少市场促销投资。

4. 促销策略

(1)以人员推销为主,这种策略在下列情况下适用

①企业规模小或对庞大的广告计划缺乏足够的资金。

②市场集中。

③公司或企业和买主的关系亟待改善。

④产品单价很高的工业产品。

⑤需作高度技术性示范。

⑥买主的个别需要性很强。

⑦非消费性的产品。

⑧已特定为包退换服务的产品。

(2)以广告促销为主

①属世界、地区或全国性的具有广大消费市场,需要迅速地将产品信息传递给买主的。

②市场的基本需求呈现增长趋势。

③产品本身具有明显的差异性,这种差异较之其他同类产品显示其优异和特点,广告便将具有促销的自诩机会。

④有充裕的广告活动资金并有良好的利润前景。

⑤广告能以使买主认识和了解产品所具的一种或多种作用。

⑥产品具有足以诱发买主基于感性的购买动机的潜质,经广告所引起的共鸣,买主将立即购买。

在上述情况中，第②～⑥种以广告促销尤为重要。

五、价格策略

价格是商品价值的货币表现。这种货币量既包含物和劳动的价值和使用价值，又必须为买主所能接受，否则产品将不可能成为商品而流通，亦不存在边际利润。

价格的确定，在于经济的分配资源和权衡风险的程度；也是竞争的工具或手段；对企业来说，则是产生利润的主要基础。

价格决策的主要根据在于以下各点：

①产品。性能、材质、制造、规格、重量、体积等。

②交货。地点、条件、时间和储运。

③支付。付款条件、利息及财务安排。

④保证和服务：保证期限和方式，服务项目。

⑤促销。促销手段和方式。

⑥风险。金融、市场和不可预见因素的估计和衡量。

现对价格的有关方面作出以下叙述：

1. 价格确定

(1)价格确定的必要

①当产品首次作为商品投入市场时。

②由于经济、金融、货币、成本、利润、市场时机等情况导致价格必需的更改。

③当竞争需要改变价格时。

④企业生产的各种产品之间具有相关的需求或成本。

(2)价格确定理论

根据价值和供需法则，即价格和销售量成定量反比的函数关系，当企业处于既定最佳或理想利润情况下，若每一阶段的预计需求量为 Q，而相应阶段的不同价格为 P，则需求函数 $Q=f(P)$ 的函数方程可表示如下：

$$Q = Q_1 - qP \tag{1-1}$$

式中：Q_1——固定需求量；

q——不同价格时的随机需求量。

Q_1 和 q_2 将根据需求统计分析选定。

而成本函数则为：

$$C = F + cQ \tag{1-2}$$

式中：F——总固定成本，元；

c——每件产品的可变成本，元。

式(1-1)、式(1-2)均为线性方程，其中 Q 为总需求量，C 为总成本。

企业或公司的总收益方程为：

$$R = P \cdot Q \tag{1-3}$$

总利润方程则为：

$$Z = R - C \tag{1-4}$$

将式(1-1)、式(1-2)、式(1-3)代入式(1-4)则得:

$$Z=P\cdot Q-(F+cQ)=P(Q_1-qP)-[F+c(Q_1-qP)]=-(F+cQ_1)+(Q_1-cQ)P-qP^2 \tag{1-5}$$

该二次方程即为价格确定的基本方程。

根据以上方程,以产品生产量、销售量或需求量和价格、成本或利润额为坐标,则可得出总成本 C、固定成本 F、总收益 R 曲线,如图 1-18 所示。

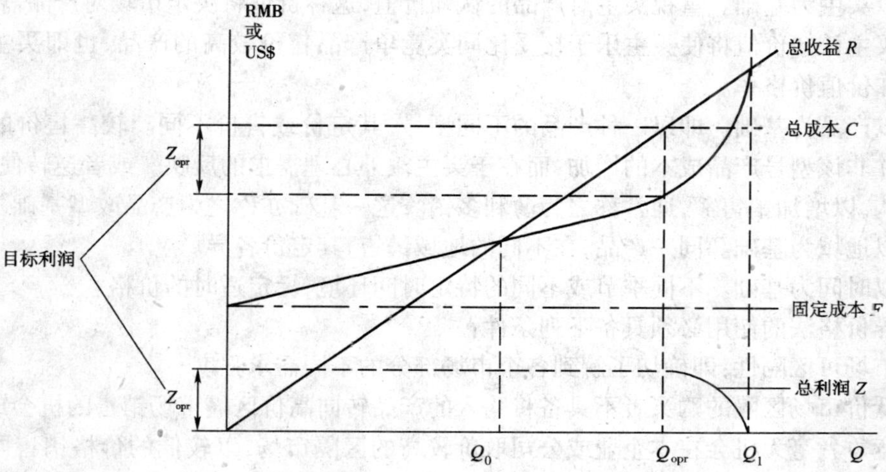

图 1-18　销售量与利润之间的关系图

由图 1-18 可知,当需求或销售量 $Q\leqslant Q_0$ 时,产品将亏损或无利润,当 $Q\leqslant Q_1$ 时亦然,只有当 $Q_0\leqslant Q\leqslant Q_1$ 时,产品有利可图,而当 Q_{opr} 时方能达到理想的利润 Z_{opr},总收益 Z 曲线的斜率即为价格,并由此推论出价格确定的方法。

2. 成本导向定价

成本导向定价是以产品生产及其销售的大部分或全部成本作为基础来制订价格。其成本包括预期以生产水准为基础的人为费用的分摊。其方法基本如下:

(1)加成定价

即以每固定百分率加以单位成本制订商品销售价格。零售业常采用这种方法。

(2)成本加成定价

这类似于加成定价,其区别仅在于成本的加成百分率不固定,而视商品的种类、品种,性质、市场销售状况和手段不同而制订其不同的加成百分率。此法常适用于少量难以预计成本的工程项目。

此法的经验法则为:加成应与单位成本与资金周转率成反比。

(3)目标定价

以投资回收率作为长期目标而拟定产品销售价格,也就是某一产品的标准产量达到总资产投资回收率的预期目标。

成本导向定价不论采用何种方法,其缺点在于忽略或无视买主的需求及竞争者的价格动向等客观因素,且产品成本会计的计算也难于满足准确的成本要求。因此,此法仅适用于销售商，而不适用于制造商。

3. 需求导向定价

需求导向定价是在单位成本固定的情况下，按市场需求进行价格确定。即市场需求强时，定价高，反之则降低定价。只有当定价低、成本有亏损的危险，或定价较之成本不足以产生足够的利润时，方才考虑价格对于成本是否恰当。其基本方法为差异价格法，即：针对不同的地域、市场、买主，以不同的价格出售产品或进行服务而不一定与其边际成本有关。其基础在于：

①以买主为基础。重视买主对产品的认知价值，这种价值将决定市场对产品需求的强弱。良好的买主认知价值将使买主乐于接受比同类竞争产品售价较高的产品，也即买主可接受较高的认知价值价格率。

②以产品为基础。即以一种产品的不同型号，其定价或售价不同。较高售价的型号产品其溢价并非该型号产品成本的增加，而在于买主额外心理需求的反映。或者逆转使用，以激励买主多购，以增加销售额，通常称之为薄利多销。这一基础亦称之为产品改型基础。

③以地域为基础。同一产品，在不同的地域销售，其定价各异。

④以时间为基础。不同季节或不同的特定时间环境，标定适时的价格。

差异价格法的使用必须具备下列条件：

①市场可区隔性：即确切了解到各个市场部分的不同需求强度。

②低价市场区隔的购买者不具备将购入的产品转向高价区隔市场销售的机会或条件。

③竞争者毫无机会在本企业或公司取价较高的区隔市场，以较低的价格销售同类或相同的产品。

④划分市场区隔及区隔市场的促销成本，不超过自差异价格所获得的额外利润。

⑤采用这一方法不会引致买主的反感或拒绝。

4. 竞争导向定价

即立足于竞争力确定本企业或公司的产品价格。一般而言，虽然厂商据此所确定的价格，将以低于竞争者的价格出现，但也不排除取高于竞争价格者。这既取决于买主对接受价格的态度和准则，同时也取决于确定价格者自身，及其产品的优势和有利的竞争因素。其具体方法如下：

(1)以行市价格率定价

将产品价格定于市场平均水准，而不着重于考虑成本的变化，只求销售所得以支付所有成本的支出，或将价格维持与竞争者相同水平。通称这一方法为“随行就市”并在下列情况时所采用：

①估量准确成本不易。

②不致造成对市场协调性发生较大干扰。

③买主及竞争者对价格的态度和反应不易了解或掌握。

(2)封标定价

此法用于投标，以中标获得订单为目的。在通常情况下，投标者均不知道标底，而以低价投标，只想获得理想利润。为此所定的封标价格，应从价格、利润、中标机率三者中选取最佳值。衡量此一最佳值的标准数即为机率利润，也即利润和中标几率之乘积。如表 1-1 所示。

由表 1-1 可知，其最佳协调值为预期利润，但实际上这一数值并非是预期利润，而是封标价格、利润和中标机率三者的协调或综合的标准数。(4) = 21.6 时，封标价格(1) = 1 000 万美元，利润(2) = 60 万美元，中标机率(3) = 36%。但为了提高中标机率取得订单，也有厂商择取最低利润和最低封标价格。

利润和中标几率乘积表　　表 1-1

封标价格	利润	中标几率	几率利润
(1)	(2)	(3)	(4) = (2) × (3)
950	10	0.81	8.1
1 000	60	0.36	21.6
1 050	110	0.09	9.9
1 100	160	0.01	9.6

5. 价格心理导向定价

①就买主心理而言，100 较 99.9 为敏感，因后者经常被认为仍属于 90 的范畴，而易于被买主接受。

②在买主的心理上，当所购产品具备齐全的厂商、产地、商标、品质检验等产品资料时，对产品的信心将骤然增加，较之缺乏上述资料的产品，其价格因素将降为次要地位而易于被接受。

6. 改变价格的引导

当公司或企业由于刺激需求、汇率变化、通货膨胀、市场状况或其他因素发生，需要重行制定产品价格或改变价格时，有如价格确定一样，均为挑战性决策，必须同时谨慎分析和考虑分销商、销售商、买主的反应，至为重要的是买主的态度。

(1)买主的反应

①买主对降低产品价格的理解：现销产品将有新产品或为新型品所代替；产品存在某些缺陷而滞销；产品生产线改进或产品批量生产增加使成本降低；价格可能将继续下降应暂时观望；厂商或销售者财政危机，急需资金或有意降低产品质量，低价招徕顾客。

②买主对产品升价的心理反应：产品销售紧俏，欲购从速；产品超值；中间买主囤积；通货膨胀，不足维持边际利润。

(2)竞争者的反应

①无反应。既不相应降价或升价，也不采取促销措施。

②降价或不升价。当本公司或企业实施价格改变时，竞争者也采取幅度不同的降价或不升价。

③降价并加强促销。当本公司或企业减价时，竞争者不仅以不同幅度地降价，且加强其促销。

④不降价但加强促销。

(3)对价格反应的分析

①数字统计分析。以 V_t 作为本公司或企业衡量竞争者在 t 时期内对价格改变的可能反应的标准数，则：

$$V_t = \frac{P_{ct} - P_{c0}}{P_t - P_0}$$

式中：P_t——本公司或企业在 t 时期内改变后的价格，元；

P_0——本公司或企业未改变前的价格，元；

P_{ct}——竞争者作出反应后在 t 时期内已作相应调整的价格，元；

P_{c0}——竞争者的原价格。

若 $V_t=0$，则表示竞争者未作出任何价格值的反应；V_t 为正值，则竞争者作出相应的反应，其数值即反映出竞争者作出的反应幅度和程度；V_t 若为负值，则竞争者作出相反的反应，这一现象虽不多见，但并非不可能。

较为准确的评估是利用各个时期的统计数字应用上式，着重近期和当期的累计综合评估。即，若统计当期及近期的 2 个时期数值，则：

$$V_{ts}=\sum V_t=CV_t+C_0V_{t-0}+C_{-1}V_{t-1}+C_{-2}V_{t-2}$$

式中 C、C_0、C_{-1}及 C_{-2}为统计时期的时期系数，按着重于当期或近期的原则 C 及 C_0 可取较大的份额，如 $C=0.5$ 或 0.6，按统计的期数及典型状况而定，而 $C+C_0+C_{-1}+C_{-2}+\cdots=1.0$。

②估量型分析。在缺乏统计资料和数据的情况下，对竞争者的反应只能作估量型的分析。

即当本公司或企业作出价格变更之后，估量竞争者将可能作出的反应，估量各种可能性的出现或然率，据此计算各种反应与存在或然率情况下本公司或企业的经济效益，最后得出各种不同反应的标准数即机率效益，如表 1-2 所示。

估量分析表

表 1-2

价格变化	竞争者的反应	或然率	效益(万美元)	机率效益
(1)	(2)	(3)	(4)	(5)=(3)*(4)
保持	无反应	0.7	40	
	降低	0.2	15	
	降价并加强促销	0.1	-5	
		1.0		13.5
降价 10%	无反应	0.5	50	25
	降价	0.3	20	6
	降价并加强促销	0.2	-20	-4
		1.0		27

估量的失误与否，在于对或然率的正确估计。从表中估量可判断，若不可能保持原价而需降价促销，在竞争者不作出反应的把握性不大的情况下，除降低外尚应采取与之相当的促销措施，方能保证效益。

(4)价格和需求的因变分析

两者互为变化的因果关系若以数学式表示，则：

$$E_{qp}=\frac{\dfrac{Q_1-Q_0}{Q_0}}{\dfrac{P_1-P_0}{P_0}}$$

式中：E_{qp}——价格变化而引起需求量变化的比例，称之为需求价格弹性；

P_0——变化前的原价，元；

P_1——变化后的价格，元；

Q_0——价格变化前的销售量；

Q_1——价格变化后的销售量。

由上式可判断出：

当 $E_{qp} < \pm 1$ 时，价格下降或上升的百分率大于销售量上升或下降的百分率，总收益减少；当 $E_{qp} = \pm 1$ 时，价格下降或上升的百分率与销售量上升或下降的百分率相同，总收益无改变；当 $E_{qp} > \pm 1$ 时，价格下降或上升的百分率小于销售量上升或下降的百分率，总收益增加。

从最大限度扩展销售而言，应使 $E_{qp} \geqslant 1$；若欲最大限度扩大利润，则需谨慎分析比较生产水准和成本构成。虽然在需求不具弹性而在高生产水准情况下升价可增加总收益，但销售量下降至临界极限时，成本的升高将导致与总收益的相互抵消甚至不足支出而亏损，即：

$$P_{pmax} = \frac{E_{qp}}{1 + E_{qp}} \cdot C_m$$

式中：P_{pmax}——最大限度利润之价格，元；

C_m——边际成本，元。

7. 价格确定程序

如图 1-19 所示，为价格确定程序。

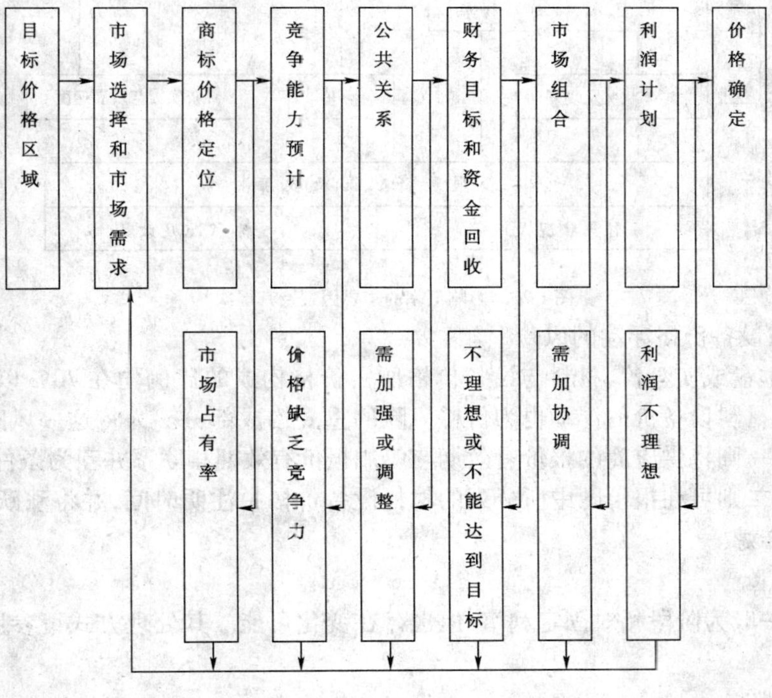

图 1-19　价格确定程序

8. 价格风险

船舶的价格一经报出，不论为虚盘或实盘，其发盘的报价单即为承造方发给询价方的法律文件。不论其发出方式如何——函件、传真或电传，均将在法律效力和商业信誉上对报价方具有一定约束。这种约束将对报价方（承造方）形成风险。其主要风险有下列各种：

（1）汇率风险

在报出价格的有效期限内，不论国内报价或出口报价，若报出价格存在用汇或以外汇折算，则国际汇率的浮动和变化，成为报出价格的一大风险。在报价阶段，其所有外汇汇价损失的防范措施，均不可能奏效。若遇外汇汇率变化正值极为不利于报价值时，唯有将报价的有效期控制在可预测的期限内，或在竞争允许范围内，在报出价格中计入有效期内汇率浮动边际幅度的保值额。为认识汇率变化的影响因素，以利分折与预测，将影响汇率的主要因素及其层次与相互联系画出，如图1-20所示。

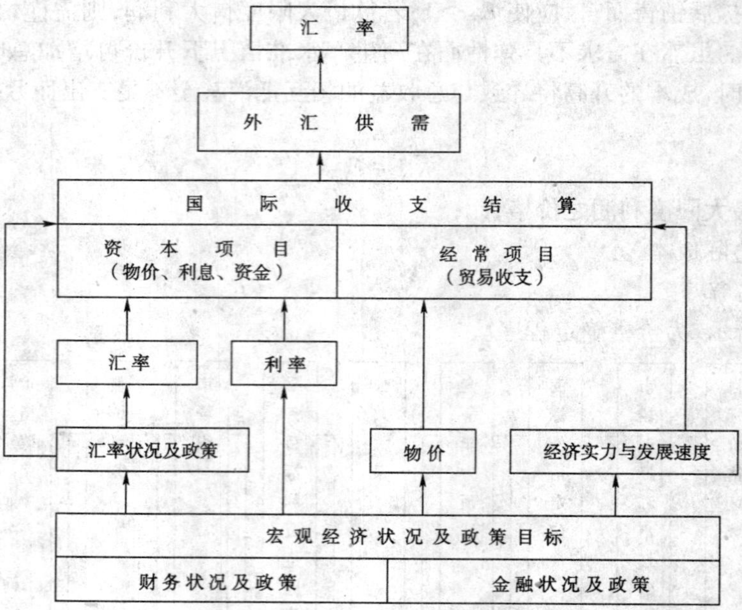

图1-20　影响汇率的主要因素及其层次

(2)材料与设备价格浮动的风险

不论报出虚盘或实盘价，材料与设备价格所占价格构成的比例均在70%以上。所以，在报价有效期内，材料设备价的浮动也为价格风险的重要构成部分。为将这一风险控制在最小程度的范围内，一则将供应商的报价有效期与船舶报价有效期相联系并互为条件，将此一风险转嫁至供应商；二则可在报价图中所分列的材料设备价格中注明时间，并将涨跃的浮动幅度，向接受报价方转嫁。

(3)利润风险

资金信贷一般为阶段相对固定利率，但也存在变化可能。其处理方式可参照汇率风险相同地方。

(4)政策风险

税收、贸易外汇留成、出口创汇财政补贴、出口创汇优惠、奖励与鼓励等政策，对成本与价格拟定均直接有关，在一般情况下这类政策不致轻易改变，但也不排除在某一特定情况下的调整可能性。

(5)市场风险

市场环境，除突变因素影响外，船舶市场的供需与行情，虽具有一定规律和预测的机会，但船东一般均在船市行情对订造新船最有利的时机抛出订单，此时的订单价往往对承造方（企业)是不利的。

鉴于各类风险的存在,船舶的报价单应对报价的依据、价格条件、建造期限或交船期、交船地点、支付方式、报价有效期等均详尽而明确,不可草率从事。

第四节　造船企业的营销管理

造船工业属于综合性的重工业,造船企业的特征在于技术密集、劳务密集以及生产和技术的多功能,其企业性质和结构特点,决定了造船企业的营销管理较之一般的工业企业,具有显著的差异。

一、以船为主,多种经营

现代大型造船企业,就其产业结构来说,为工业制造业集团。其结构制造、机械加工、小五金制造,工程安装、机电安装调试,包括各种检测、调试技术和手段、设计和工艺,无论是船舶、海洋工程和陆上工程,均能胜任。鉴于造船市场的多元因素及其明显的周期性,造船企业以船为主、多种经营的营销管理方针,对于充分发挥企业的集团优势,以适应不同时期的市场需求,船陆并进,全面竞争,这是达到企业理想的社会和经济效益所必需。在对世界主要造船国家和地区的大型造船企业统计后发现,其产业结构比例平均为:造船28% ~30%;钢结构制造25% ~28%;金属制造17% ~20%;机器及机械制造15% ~20%,其他7% ~10%。造船市场高峰期,其造船比例最高平均为37%,而在造船市场处于低谷时,则其平均比例仅为13%。不论造船市场处于高峰或谷期,企业经济效益始终保持在8% ~14%的增长率。

二、整体经营和个别经营相结合

造船企业必须根据船舶市场现状及其趋势进行预测,确定企业的阶段整体经营方针,评估和制订在一定阶段或时期内,企业的市场机遇、目标市场、营销组合、营销策略、市场控制、财政计划和期望效益。在整体经营方针的指导下,船厂式分厂除接受企业为整体营销管理,以合同的方式按企业的目标完成企业的整体指标外,应赋予厂和分厂的充分的责、权、利和各别营销自主权。在保证企业整体效益的前提下,充分调动和发挥船厂式分厂的营销潜力,最大限度地提高企业的整体经济效益。

三、造船企业的营销结构

现代大型造船企业的典型营销结构模式如图1-21所示。

四、造船企业的营销策略

1. 市场目标确定因素

市场目标确定因素,可按如图1-22所示进行考虑。

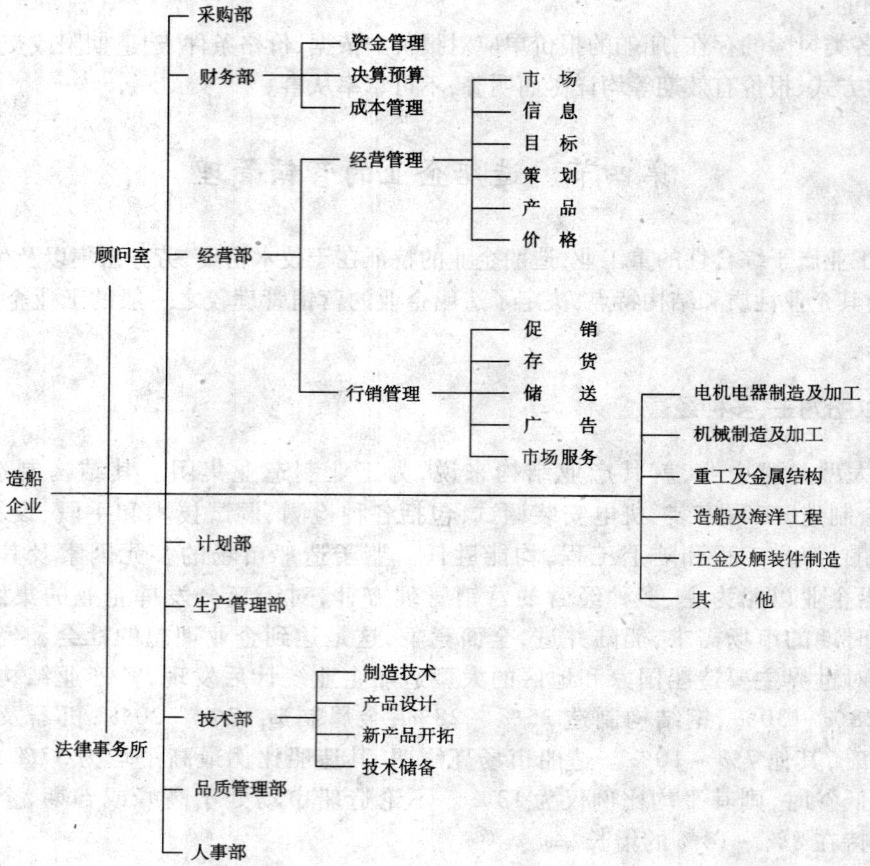

图 1-21　造船企业营销结构模式

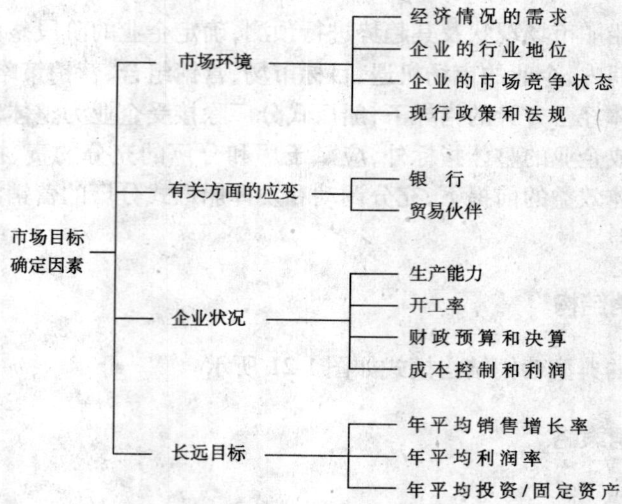

图 1-22　市场目标确定因素

2. 营销组合

1)产品策略

造船企业的产品策略可分为现有产品策略和开发新产品策略 2 类。

(1)现有产品策略

①分类产品策略。根据企业的制造能力,将已有的设计和成功投产的船舶式工程项目进行种类和吨位的分类,使之成为系列化或标准化,突出本企业的优势,随行就市。市场重点在于争取订单。

②不分类产品策略。以企业的造船能力、技术水平和低劳务成本为基础,辅之以分类式拓展策略,广泛争取市场机遇。如:中小型船舶、内河、沿海及岛屿间浅吃水船舶、拖船和非机动船组合船队、工程船舶、其他船舶等。

③产品再定位策略。从争取银行信贷/优惠利率出发,以提高汇率、实行目标成本管理、降低船价、向船东提供更优惠的售后服务等手段,将"利益"移近买主,最大限度地提高企业的竞争力。

(2)开发新产品策略

在企业的能力、技术和经营手段的实际和潜在范围内,最大限度地发挥其产品制造潜能,拓展市场占有面。

2)行销策略

包括目标市场和行销伙伴 2 方面。

(1)目标市场

在任何经济和政治环境条件下,洞察市场的存在,以企业的所长甄选不同阶段的市场重点,做到有的放矢。

(2)行销伙伴

其选择和结合将是行销渠道最为有效的策略。在资历、信誉、素质、潜能相当的前提下,可从下述方面进行选择,并以"利益均衡"的手段结合伙伴。对选定项目目标有兴趣的开发投资者,被委托的项目咨询人或招标人;最有希望的项目投标/承包/分包人,最接近某一目标项目的主持设计顾问公司/技术工程公司;某一目标项目所属系统的关键或有影响的机构;租赁商;代理商。不论市场开拓或从事某一项目开拓和投标,在现代商战中,不管实力如何,单枪匹马和独来独往是注定不能获得成功的。毫无疑问,"利益均衡"的伙伴,将是开放市场和壁垒门户的重要锁匙。

3)开拓策略

如欲将企业办成经营开拓型,则应采取进攻型策略,并以此建立拓展组合,如图 1-23 所示。

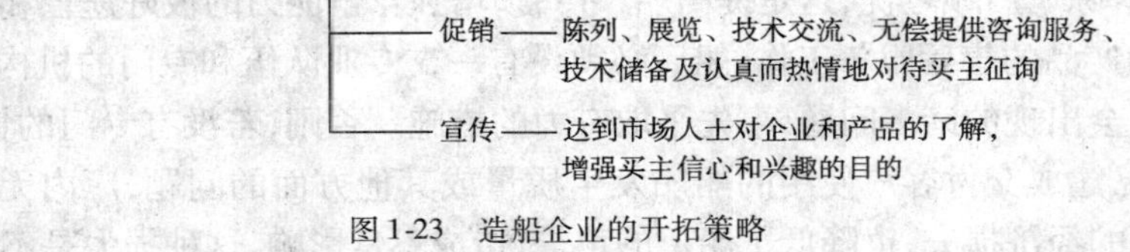

图 1-23　造船企业的开拓策略

4)价格策略

包括定价范围、定价策略 2 个方面。

(1)定价范围

定价范围如图 1-24 所示。

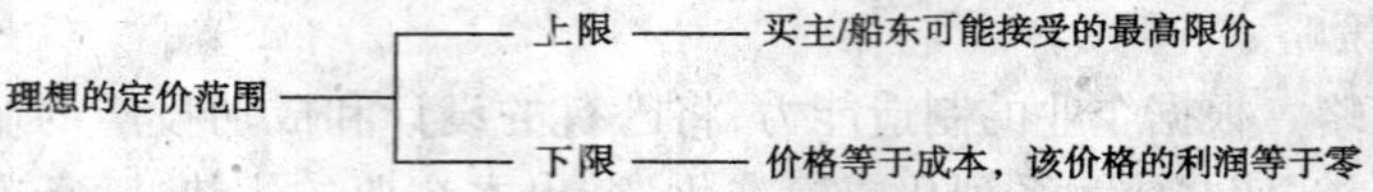

图 1-24　定价范围

(2)定价策略

包括 4 个方面:成本导向定价、需求导向定价、竞争导向定价、价格心理定价。

5)国际营销途径

国际营销途径可概括并分解为如图 1-25 所示。

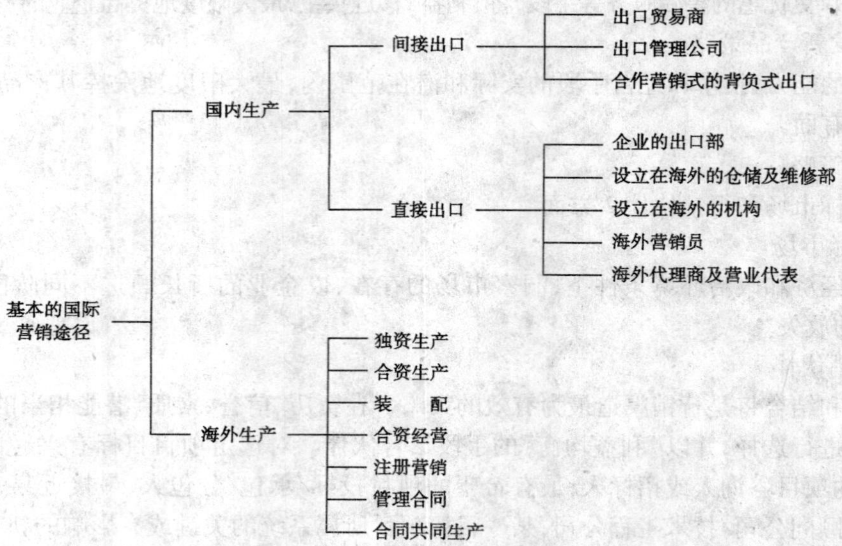

图 1-25　国际营销途径

五、船舶产品的售后服务

船舶产品的售后服务工作是国内外船舶市场的重要竞争内容之一。这是由于国内外船舶市场已经发生重大变化,传统的相对稳定型的船舶市场演变成动态多变的船舶市场,船舶产品的价格、质量、交船周期和售后服务是船舶市场竞争的四大因素,是能否占有国内外市场的大问题。因此,从营销角度来看,船厂向船东提供良好的售后服务,包括技术服务、质量服务以及其他方面的服务,为船东解除了后顾之忧,这是提高船厂声誉,增强竞争能力的极好途径和方法。

为做好船舶产品的售后服务工作,船厂必须设有一支专业队伍和专门的机构,从船舶建造初期就考虑建成后会出现的诸多问题,事先采取有力的措施。否则,若没有专门的售后服务机构和专职人员,一旦已建成交付客户使用的船舶发生质量或其他方面的问题,厂内无人处理,不仅会造成客户不必要的经济损失,也降低了船厂的声誉,造成不良影响,这种损失是不可低估的。

从事船舶售后服务的专业人员的职责有以下 4 点:第一应熟悉自身的责任,组织保修项目的落实;第二应精通了解该船舶产品的关键所在,掌握各种设备的性能和技术状态,第三应精通英语,以便在与国外客户进行联系时没有语言上的障碍,不至于将技术问题意思搞错而造成不应有的失误;第四应掌握各种基本法律知识和其他知识,在对外交往和联系时能应付自如。

在船舶建成交货后,船东会将船舶营运过程中出现的问题向船厂提出要求及时解决。船厂在处理这类问题时必须十分慎重,既要尽快把问题了解清楚,分清原因和责任,又要不使船厂和船东双方在经济上遭受损失。这里信息反馈是一个重要的方面,妥善解决出现的问题是售后服务的一项主要原则。

为此,在处理售后服务的具体问题时,一定要掌握船舶运行动态,机动灵活。对于一些由船方提出的小问题和小项目,应尽量满足船方要求,对于一些较大的项目,一定要严格分清责任,防止给船厂带来不必要的经济负担。

为做好船舶产品售后服务工作,必须加强信息反馈和掌握,使船厂做到了如指掌,心中有数,变被动为主动,只有这样,船厂的信誉才能提高,为今后承接更多的业务打下良好的基础。

第五节　修船企业的营销管理

一、船舶维修概述

船舶维修工程是以船舶的故障机理、维修规律和维修手段为主要内容,提高船舶使用寿命和可靠性,降低船舶维修费用,以达到最佳经济性为目的。

国外目前常用的维修体制是美国的预防维修制。它是以日常检查、保养为基础,并进行定时检修的一种维修体系,其特点是对日常的检查、维护保养有较具体的规定和要求,且侧重经济效益。现代预防性维修一般采用定时、视情和事后维修方式。所谓视情维修是根据船舶的实际工况来确定是否进行维修和如何进行维修,其性质既是计划性的又是预防性的,也即维修对象的技术诊断内容和实施周期都是有计划的,而预防是通过监控手段来定量地分析运行的工况参数,不到极限不检修。

船舶修理是一项劳务密集型工业,其特点是单件生产多、自动化程度低、手工作业多、流动性大、连续作业、材料消耗较少而工时消耗较多、周期短。它是集经营、生产、技术、服务于一体的工业。

修船种类可按航运时间和修理工程内容来进行划分。

1. 按航运时间分类

按航运时间划分,修船可分为大修、中修、小修、岁修和检修等几类。船舶每 4 年为一中修期,每 2 个中修期为 1 个大修期,每年 1 次为岁修,每 2 年进行 1 次全面检修,平时进行小修。

2. 按船舶修理工程内容分类

按船舶修理工程内容来分,修船可分为航修、坞修(排修)和厂修 3 类。

(1)航修

是指船舶在航行期间不增加停航时间的修理,如在锚泊地修理、在靠码头装卸货物的同时进行修理、在航行途中进行修理。航修工程内容少,且都是船员自行修理,不需要动用岸上设备、动力和材料，不需要专门靠码头进船坞或上船排。

(2)坞修或排修

是指船舶进船坞或上船排进行修理，其修理工程内容一般包括以下各种：船体外部去污除锈、重新涂漆、螺旋桨和舵的拆卸、测量间隙、通海阀清洗和研磨、更换防蚀锌板等。

(3)厂修

是指船舶进厂修理，包括坞修和排修、上船台修理和靠码头修理。其修理工程内容较多，如：主机、辅机、锚机、锚链、起货设备、锅炉、电气电讯设备、管系、舾装、船体和其他钢结构工程等。

二、市场预测

市场预测是为了掌握修船市场的动态的合理报价。国内外修船市场与货运量的多少直接有关，而货运量受国内外经济形势、各国财政、贸易的影响。在一般情况下，国际上货运量减少，船东会压缩船舶的修理费用，将船龄较长的船舶闲置或卖给拆船公司，修船市场处于萧条状态，出现竞争，修理价格下跌。相反，如货运量上升，正常运行的船舶必须修理，而且一些比较老旧的船只也要修复参加营运，因而修船市场比较兴旺，修船价格会相应上升。进行修船市场预测，是船厂开展经营业务的重要基础工作之一。船厂应该掌握国内外修船市场动态，合理报价。掌握市场动态一方面要设法取得国内各船厂的报价情报，与自己报价进行比较；另一方面要千方百计获取国际上的修船情报，了解国际修船行情和世界各地区的现行修船价格，进行投标后的信息反馈追踪，将国外一些修船价格表、各种人工材料价格浮动情况、结算等方面的情报搞到手并进行分析。掌握上述动态就能考虑如何出价才有竞争力，既避免报价中为追求经济效益出现价格偏高现象，也避免单纯为了得标而进行低报价的做法，克服盲目性而进行合理报价。

三、修船企业的经营管理

修船企业的经营是以满足国内外航运部门的需要为目的，以船东为对象，合理使用整个企业的人、财、物，围绕提高质量、缩短修理周期、降低成本等协调地进行工作，以便取得最佳的经济效益。企业要确立几个观念，即：市场观念，立足于满足市场的需要，不断开拓市场；服务观念，一切为了用户的利益，要站在用户的立场上，想用户所想，急用户所急，并做好修后服务；创新观念，要根据用户需要，积极探索，研究新工艺、新技术、新材料，以提高修船质量和缩短周期；不断提高经济效益的观念，合理使用人力、物力、财力，减少消耗，降低成本。

1. 修船经营的3个要素

为了适应修船厂从单纯生产型向生产经营型转轨的趋势，修船厂必须改善和提高经营管理的水平。修船厂的经营管理与下列3个因素有关：

(1)企业自身素质水平

所谓企业自身的素质包括3个方面的内容，第一是企业的管理素质，对修船经营的全过程要有计划、协调、平衡、反馈、控制和应变的能力，建立必要的、完善的经营管理制度和各项定额、标准、计量和培训等基础工作。第二是企业的技术素质，即技术设备和物资供应水平，应有船坞、船排或其他坞修设施，具有专业化的修船设备，物资供应有充分保障。第三是企业的人员素质，包括管理人员、技术人员和熟练工人的水平，能否胜任现代化的修理作业等。

(2)业务信息及时、准确、适用

修船厂应有充分的外部信息源，以此来了解市场信息和竞争信息，熟悉有关船东的各种情况。如某船东拥有船舶的数量和类型，主要尺度和设备，船的航运和维修情况。同时要了解竞争对手的信息，如对手的修理设施和能力，价格水平等。内部信息是指本修船厂在经营过程中的单项成本、单船成本、生产过程中的计划和进度、人员配备、废品及安全事故等。有了充分的外部和内部信息，修船经营管理的决策才有坚实的基础。

(3)建立良好的公共关系

修船厂要创立良好的信誉，包括和有关的企业协作关系，和外地的专业单位及世界范围内的船舶供应商、材料设备制造厂等有广泛的联系，要和许多船东公司的掌权者有密切的信任关系，在国内外修船行业中树立好的形象，能高质量、短周期、价格低廉完成修船工作。这样，修船经营才能获得成功。

2. 修船经营管理工作的重点

评价一个修船厂经营管理的好坏，可以从若干个经济指标的比较得出结论。如总产值、平均劳动生产率、单船日产值、平均修期、平均坞期、利润等，也可以从经营管理的水平来得出结论。

修船过程一般可以分为3个阶段——准备阶段、施工阶段和善后阶段。

(1)准备阶段的3项主要工作

①接受订单、报价、确认修期和价格。

②勘验工程，确定工程项目，做到每项工程的位置地点清楚，修理范围清楚，工艺要求清楚、所需材料数量规格清楚、证书情况清楚。

③制定船舶动态(每月滚动生产计划)和单船施工进度表。

(2)施工阶级的3项主要工作

①按单船生产任务配备人员。

②按计划指挥生产，逐级反映生产状态，建立信息反馈，把各种生产指数用图表及时反映出来。

③在生产情况发生重大变化时，及时修订单船施工计划。

(3)善后阶段的3项工作

①结账收费，与业主进行谈判，既要保证企业利润收入，又要提高信誉，吸引船东下次来厂修理。

②进行预算与实际工时对比，把实际完工的情况与预定的计划进行对比分析，改进修船生产定额，提高劳动效率。

③累积资料，建立修船档案。

一个生产型的船厂，往往把工作的重点放在施工阶段，经常为施工疲于奔命，以完成业务为乐事，基本无法考虑提高效率和改进。一个经营型的船厂则反之，它把工作重点放在准备阶段和售后阶段，准备工作抓好了，施工就可以按计划有条不紊地进行。售后抓好了，效率就可以改进、提高。

3. 修船订单的获得

修船厂如何获得修船订单，这是修船经营工作的中心环节，不掌握好这一点，其他工作都会落空。为获得修船订单，修船厂必须做好以下各点：

①主动寻找修船任务，从外部信息源得到修船信息后，及时联系落实。

②把船东的利益放在第一位，经营手段灵活变通，付款形式多样，适当让步。

③急船东所急，在关键时刻帮助船东解决问题。

④合理收费，不借故提高修理价格，切忌借机敲诈勒索，眼光远大，为今后着想。

⑤修理外轮要适应外部环境，对不同国家的船舶和人员，采用不同的方法。

⑥建立固定的修船渠道，争取和船东有长期修船关系。

⑦以优良的服务，为船东提供一切方便，取得船东的信任和满意。

⑧注意广告宣传的作用，广泛散发本修船厂的广告资料，让船东有所了解。

⑨掌握修船报价的技巧，有问必答，层次分明。

思考与练习 SIKAOYULIANXI

1. 什么是市场营销？市场营销观念经历了哪几个阶段的演变？
2. 什么是营销管理？其营销管理程序如何？
3. 市场调查有何作用？
4. 市场调查包括哪些内容？
5. 市场调查的途径有哪些？其基本方法可归纳为哪几种？
6. 市场情报来源于哪些方面？
7. 造船行业的市场情报资料是如何分类的？
8. 策略与策划有何区别和联系？
9. 建立的营销系统有哪两种？各有何优点？
10. 促销策略有哪些方式？
11. 什么是成本导向定价、需求导向定价？
12. 价格风险主要有哪几种？
13. 造船企业市场目标确定因素有哪些？
14. 造船企业的营销组合包括哪些策略和途径？
15. 修船厂的经营管理与哪些因素有关？
16. 如何才能有效获得修船订单？

第二章　船舶工程招标、投标

● **学习目标**

知识目标

1. 能了解工程招标、投标的基本概念及招标方式；
2. 能了解招标书的主要内容及招标公告的方式；
3. 能了解标底的制定依据；
4. 能了解投标书的编制流程和投标报价分析原则；
5. 能了解投标的一般技巧和策略；
6. 能了解开标的方式、程序及招标公证的步骤；
7. 能了解投标评价方法和评价报告的撰写；
8. 能了解定标阶段应完成的工作及合同文件包含的内容。

能力目标

1. 会进行正确的制订招标公告；
2. 会进行正确的制订投标企业资格预审文件；
3. 会进行正确的制订投标书和投标保证书；
4. 会进行正确的制订招标公证书。

第一节　概　　述

一、招标投标的概念

在国际承包工程中，业主和承包人都是以招标投标的方式进行成交。而在采购物资、订购设备、销售产品、加工订货、劳务和技术服务等项目中，买卖双方也广泛地采用这种成交方式。特别是在利用世界银行的贷款进行项目建设时，按照世界银行规定，必须采用“国际竞争性招标”的方法进行。

在国际船舶行业中，船东和船厂也大多采用招标投标方式成交。在国内，随着我国经济体制改革的深入发展，国家要求越来越多的工程项目应以招标投标方式完成，在用船部门和船厂之间也往往采用这种方式。因此，了解并熟悉船舶工程招标投标的程序、方法和注意事项是很有必要的。

以前，国内的工程建设项目是按“承发包制”来进行的。所谓“承发包”是指一个建设单位(甲方)将其某项工程发包给一个施工单位(乙方)，前者就叫发包单位，后者就叫承包单位。由于我国的国情性质不同，甲方和乙方不是买卖关系，不是在做生意，而是由有关领导部门布置任务、接受任务，不需要竞争。但国外的承包工程，从形式上来看，虽然不同于一般市场上的商品交易有明确的买方和卖方，但从它的性质来说，仍然是一种发生在业主和承包人之间的经商行为,并具有商业上的特点。一个工程项目的承包和成交,要经过“发盘—还盘—收盘”的过程,即公布价格条件—开价—磋商和讨价还价。

从法律角度来看,上面所说的承发包是指发生在两个“法人”之间的经济行为,这种行为一旦用书面合同形式固定下来,就成为在法律上具有约束力的法律行为。这种在法律上具有约束力的承发包行为通常称为“招标”和“投标”。建设单位(发包单位)即招标单位(船东),而中标的投标人(船厂)则成为承包人。招标是船东寻求并最终选择、确立工程承包人,从而将工程发包出去;投标则是船厂根据船东的招标要求,自行承揽工程项目的一种方式。

所谓“标”通常系指一种“标的”。在工程承发包中,这种“标的”指“拟发包工程项目内容的标明”,包括项目的概况、数量、质量要求、采用的图纸和规范、标准等。因此,从这个角度来看,“招标”是指船东标明其拟建造船舶的内容、要求等以招引或邀请某些船厂对其承建该船所要求的价格、施工方案等进行报价,以便进行比价而达成交易。“投标”则是指船厂投送或提报其承建该船所要求的价格和其他事项,供船东选择成交。

二、招标方式

目前国际上所采用的招标方式一般可分为3大类别、4种方式,即:

1. 3大招标类别

(1)竞争性招标

这类招标方式有2种,包括公开招标和选择招标,后者又称邀请招标。

(2)非竞争性招标

这类招标方式称为谈判招标或委托招标。

(3)综合性招标

这类招标方式即两阶段招标。

在我国,目前大多数的招标项目都采用公开招标或选择招标,少数技术复杂的项目则采用两阶段招标。

2. 4种招标方式

(1)公开招标

公开招标是一种无限竞争性招标。采用这种方式时往往会在国内外主要报纸及刊物上刊登招标广告,凡是对这项招标工程感兴趣的承包人都有均等的机会购买招标资料、进行投标。

公开招标方式可以给一切自认为合格的承包人以平等的竞争机会,可以广泛地吸引投标人,因而有可能相互比较,以获得优质价廉的报价,降低工程造价,这是它的优点。但实践经验表明,国际上往往有些不严肃的小承包公司采用故意压低报价的手段,以挤掉那些态度严肃认真、而报价较高的大公司来进行“抢标”。如果招标单位对其资格预审不细、评价不准,使他们一旦中标并签订合同,他们便可能在工程后期以“濒临破产”为借口来要挟业主,而提出“加价”的要求。这时业主面临的选择只有2种:一是同意加价而支付给这种承包人一笔额外的费用,一是和一个“破产”的承包人散伙,而使工程陷于停顿,这是公开招标的缺点。不过,这种缺点是可以弥补的,只要招标单位加强资信调查、严格评审报价单,还是可以选出合适的承包人的。

(2)选择招标

选择招标又叫邀请招标或秘密招标。这是一种有限竞争性招标。采用这种方式时一般不在报纸杂志上刊登广告,而是建造单位根据自己积累的经验、情报资料,或由咨询公司提供的承包人的情况,或是经常有业务往来的公司厂家,由招标单位对这些承包人发出邀请,进行资格预审。再由这些资审合格的承包人提出报价,进行投标。

这种招标方式的优点是经过选择的投标人在经验上、技术上和信誉上都是比较可靠的,基本上能保证工程的质量和进度。它的缺点是不可能对承包人行情有全面了解,在邀请时很可能漏掉一些在技术上、报价上有竞争能力的后起之秀。

(3)谈判招标

谈判招标又叫委托招标,这是一种非竞争性招标。其做法是招标单位找一个承包人直接进行合同谈判,达成协议。当某项工程的总价较低或专业性较强只有此一家承包人,或工程紧迫不容许采用竞争性招标,或者招标内容是关于一些专业咨询、设计和指导性服务,专用设备的安排、维修以及标准化等,往往采用这种谈判招标方式。

谈判招标方式的优点是容易达成协议、取得成果,工作可以迅速开展,但缺点是合同谈判结果往往不够理想,无法得到有竞争力的报价,工程成本高。

(4)两阶段招标

两阶段招标实质上是一种无限竞争和有限竞争综合起来的招标方式,也可以称为两阶段竞争性招标。在第一阶段,按照公开招标方式进行招标,经过开标评标之后,再邀请其中报价较低或最有资格的三、四家承包人进行第二阶段的招标报价。

在第一阶段报价、开标、评标之后;如最低标价书在招标单位的标底以内,即可进行定标而不必再作第二阶段报价;如最低标价超过标底20%以上,而经过减价、重新比价之后仍不能低于标底时,则可邀请其中数家商谈,再进行第二阶段报价。

两阶段招标方式往往应用于下列2种情况:

①招标工程内容尚处于发展过程中,需要在第一阶段招标中广泛吸取意见,选出最新最佳方案,然后在第二阶段中邀请被选中方案的投标人进行详细的报价。

②在某种新的大型项目的经营中,招标单位对此项目的经营往往缺乏足够的经验。这时可以在第一阶段招标中向投标人提出要求,就其最熟悉的经营方法进行投标,经过评价,选出其中最佳的投标人再进行第二阶段的详细报价。

三、承包形式

承包工程的形式有总包、分包、二包和联合承包4种,各种承包形式都有其特定的内容和优缺点。

(1)总包

在一项承包工程中,建设单位可以将全部任务发包给一个承包人去完成,这个承包人可称为总包人。总包人对承包的工程项目包括施工管理、质量、进度、设备、安装、试生产、维修等承担全面责任,直至按合同的规定和要求全部完成工程项目的营建任务。在项目实施过程中,总包人通过监理工程师向业主负责并承担合同规定的经济和法律责任。

总承包方式的优点是,由有经验的承包人负责组织管理,与分包人协调,进度和质量都比较有保证,业主的风险比较小。总承包方式的缺点是,不易降低价格,总承包人要额外增加一笔管理费，投资大一点。此外，就目前我国的情况看来，这种形式不利于国内参加竞争，因为国内具有总承包能力的公司和厂家不多。

(2)分包

对于某些规模较大的工程项目，建设单位将其划分为若干部分或阶段，分别发包给各个不同的承包人，这种发包形式称为无总包单位的“分包”。分包人通过监理工程师直接向业主负责并在经济上独立自主、自负盈亏，各分包人之间是伙伴关系。这种方式的优点在于能发挥分包人各自的优势，对保证施工进度、质量和工期，降低成本，分担风险等都是有利的。这种方式的缺点是，建设单位的组织工作复杂，交接面多，风险程度较大。

(3)二包

有的工程项目，总包人也可以将其所承担的任务中的某一部分交给对其负责的另一个承包人，这种方式通常称为“二包”。还可以再分为“三包”或“四包”。

关于“分包”和“二包”这2个名词的含义和概念是不同的，是有区别的，容易使人误解、混淆起来。如图2-1所示表示了“分包”和“二包”的区别。

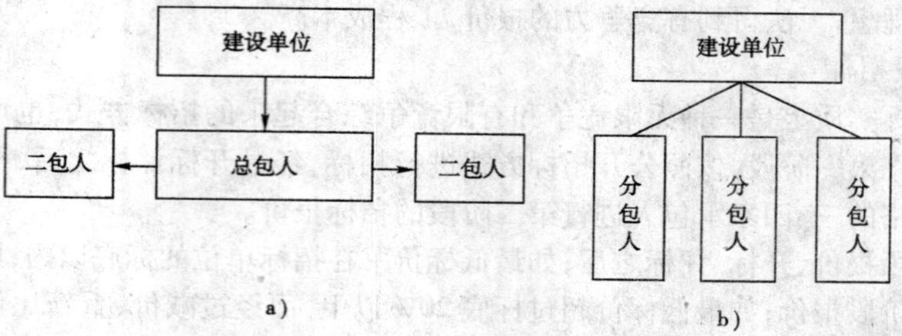

图2-1 “分包”和“二包”方式的区别

a)“二包”方式;b)“分包”方式

(4)联合承包

是指2家或2家以上的承包人组成合营公司，对外投标、签约并共同执行合同直至合同全部执行完毕为止。联合承包适宜于大型工程项目。当一家公司承包某项大型工程但又感到财力不足，或因风险太大，或因工程本身跨越多种专业，技术复杂，一家公司难以胜任时，往往采用联合承包这种方式。这样有利于发挥各家公司的优势，以便对外开展竞争，达到中标和提高经济效益的目的。这种形式的联合仅是在承包工程项目上的临时合作，彼此之间纯属伙伴关系。

关于联合形式(包括与当地公司联合)，国际上常见的有以下几种：

①两家工程公司组成有限的合营公司。

②就某一具体项目合资的单项合营。

③两家以上公司组成较为松散的联合集团。

④两家以上的公司组成合伙企业。

为慎重起见，一般按第②、③两种方式联合较为有利。

四、国际竞争性招标

在上述公开招标和两阶段招标中，如果招标对象涉及2个或2个以上国家，则称此种方式为“国际竞争性招标”。凡利用“国际复兴与开发银行”（即世界银行）或“国际开发协会”贷款兴建的工程项目都必须采用“国际竞争性招标”的方式。

世界银行对“国际竞争性招标”方式的实施规定了效率、经济、公平三原则。这些原则，从世界银行的观点来看，实际上包含下列3方面的考虑：

①在项目的实施中，无论是器材采购或工程施工，都必须经济实惠、讲究效率。

②作为一个合作机构，世界银行希望它的所有成员国（包括发达国家和发展中国家）和瑞士都能有公平的、均等的机会向世界银行贷款项目提供物资和进行施工。

③作为一个开发机构，世界银行希望鼓励借款国本国的承包人和制造厂商的发展。

世界银行认为，在绝大多数情况下，只有通过“国际竞争性招标”的方式，妥善地加以组织，并且适当地按规定条件给借款国的承包人或制造厂商以优惠，才能实现上述三项原则。

五、招标工作的原则

招标工作必须遵循以下各项原则：

1. 招标以竞争为前提，所有投标人机会均等，以取得最佳经济效益

工程招标的目的，在于寻求价格低、质量好、交货及时这3个因素，这必须通过竞争才能实现，才有活力。而招标为各投标人创造的机会都是均等的，无论是购买招标文件、资格预审，都是没有差别的，因而通过招标工作可以使工程得到最佳的经济效益。

2. 公正地对待所有的投标人，维护合法权益

招标单位对待所有的投标人都应该一视同仁、一律平等，不得有任何偏袒的地方，若发现招标单位有不公正之处，投标人在得到确凿的证据以后，有权向法院提出诉讼，并要求赔偿损失。

3. 招标工作要按规定的程序进行，并受公证人的监督

对于投标截止、开标、评标和定标等项目具体内容，都必须按规定的先后次序进行，在实施每一个步骤时，应受公证人的监督，以证明其合法性，并可受法律保护。公证工作从招标开始，一直到签订合同时为止，自始至终贯穿在招标投标的每一个关键时刻，并以公证书的形式来表明招标工作是符合法律规定的。

4. 严格遵守有关保密的规定

招标单位和投标人之间以及投标人相互之间，在招标的整个阶段，都存在或发生相互摸底、相互了解情况。工程项目的标底和各投标人的投标报价，都是严加保密的，若有泄漏，则在很大程度上影响中标。

5. 评标必须根据标书规定的要求和条件进行

评标的依据只能是招标书中规定的要求和条件，而不能是别的要求和新的要求，否则就会失去意义，并造成招标工作的混乱。

6. 经济合同条款应与标书的有关规定相符

定标以后，业主和承包人之间所签订的经济合同条款，其内容必须与原招标书中的有关规定相符，不得另搞一套；否则该经济合同可视为无效。

第二节　招标书的编制和招标公告

一、招标的准备工作

无论是国际招标或国内招标，其成败关键往往取决于招标前准备工作的好坏。由于准备不充分，事先考虑不周，招标的结果往往出现一些不理想的现象。如价格不好、条件不合理，双方权利义务不清、合同执行中的“尾巴”多等，这在国际招标中是屡见不鲜的。在国内，由于经济体制改革带来的势头，招标投标势在必行，但很多单位缺乏这方面知识，没有严格按照招标投标的有关规定执行，其间的问题就更多更易发生了。如图 2-2 所示为船东和船厂之间招标投标流程示意图。

图 2-2　船东和船厂之间招标投标流程图

二、建立招标组织机构

由于船舶工程的招标工作涉及到多方面的方针、政策、法规问题，因此，船东必须建立一个招标委员会作为招标工作的组织机构，以便有效地完成招标工作。

我国国内船舶工程项目的招标工作，一般由用船单位自行组织。我国要进行的国际船舶招标项目，应该由国家对外经济贸易主管部门组织项目主管单位及用船单位共同组成"×××项目招标委员会"进行。对外经济贸易主管部门负责方针、政策和法律方面的指导，项目主管单位及用船单位负责技术、经济、商务方面具体工作。由于目前我国很多单位对国际贸易有关规定和惯例尚未十分熟悉，有关国际招标商务方面的事情最好找一个国内有权威的对外贸易机构（如中国技术进口总公司国际招标公司）进行代理。

在招标机构中，除了应有精通国际贸易的决策领导者之外，还必须把各职能部门和各方面的专家（包括计划、技术、财务、施工、供应、劳动人事、法律等）组织进来，形成一个精明强干的班子，以便最有效地完成招标工作。

三、招标书的编制

招标书一般由船东编制。大型复杂项目的招标书编制工作量很大，可以委托给船舶咨询公司或船舶设计公司承担。招标书是船东向船厂提出任务、条件、要求的综合性文件。按照船型和大小不同，标书的内容篇幅也有很大区别。中小型或常规船舶的招标书比较简单，有的只有几页或十几页。大型或高技术船舶比较复杂，招标书长达几百页或几厚本。

招标书的内容应该系统、完整、明了、难确，应当包括投标人编写报价单所必需的全部资料和要求。

1. 招标书的主要内容

招标书的主要内容一般应包括下列10项：邀请信；投标人须知；投标书及附件；协议书；投标保证金或保证书；合同条件（一般的及特定的）；规定与规范；图纸及设计资料附件；工程量表；项目执行程序。

(1)邀请信

邀请信很简单，一般只有1~2页，仅说明以下几点内容：招标单位的名称，招标项目的名称及地点，标书发布的时间。

此邀请信由招标单位的主要负责人（总经理）亲自签署，被邀请单位在收到此信后则应以电传回复，说明是否愿意参加投标。

(2)投标人须知

这一文件应该详细说明对投标人在准备和提出报价单方面的要求，如提出的日期、时间、地点等，着重指出说明文件和说明资料。

投标人须知通常包含下述各点：

①工程项目简述。

②工程范围大纲。

③报价计算基础（如总价合同、费用补偿合同等）。

④在投标期间负责与投标人进行联系的人员姓名、地址、电传号码。

⑤报价单送达日期时间、地点以及报送份数。

⑥有关投标文件的要求及如何准备投标的说明。

⑦证明文件的格式及内容要求以及应随报价单同时提出的资料。

上述各项要求应由合同经济师负责制订，制订时必须有计划管理、工程技术以及船舶设计和施工部门密切配合，使这些要求明确而肯定，从而能够对报价单准确地进行评价，并为船厂能高效率地执行合同打下良好的基础。为了使上述文件的内容精确,不致因猜测而引起误解,最好能列出文件格式样本,以便用统一的标准进行评标。

这里必须强调指出,投标人须知中的内容通常不构成最终合同的内容。因此,任何合同意图的表述都应该纳入"合同条款"而不应列举于投标人须知中。当然,在国际上也有因"投标人须知"含有合同性内容而将其视为合同的组成部分的做法,但这样易使合同支离破碎不够完整。

(3)投标书及附件

投标书是由船厂充分授权的代表所签署的一项投标文件。通常是对承发包双方均有约束力的合同的一个组成部分,其主要内容一般应包括:

①投标人确认。审阅了船舶图纸、技术规范、工程量清单以及合同条款,愿意承建该型船舶工程。

②投标人确认投标书附件为投标书的组成部分。

③投标人确认一旦投标接受,则按要求提交一定金额的履约保证金。

④投标人确认在接到开工命令后若干天内开工(国际惯例一般为30~60天),并在合同规定期内竣工。

⑤投标人确认同意招标规定的投标书的有效期(国际惯例一般为90~120天),在此期间内该投标对其有约束力。

⑥投标人对招标单位提出的某些责任和义务的理解和确认。

投标书附件内容一般有:履约保证金额(通常为投标额的10%~15%)、保险额、开工命令与开工日期的间隔、总工期、违约罚金总额、工程维护期、签发验收证明后的付款期限、保留金的百分比、保留金期以及外汇寄出国外的百分比等。

(4)合同协议书

合同协议书简称协议书,是由工程承发包双方共同签署的、确认双方在承发包工程实施期间所应承担的权利、责任和义务的共同协定。协议书条文中应包括:

①与合同的关系。

②协议书的组成部分。

③承包人对发包人支付的各项费用所应承担的义务。

④发包单位对承包人完成本项目所应承担的义务等。

(5)投标保证金或保函

为了对招标单位进行必要的保护,招标文件中应规定"投标人必须提供投标保证金(或保证书)"的条款。投标保证金一般不必支付现金,而采用保函的形式。

投标保证书是由一家招标国的银行(或保险公司),或一家在招标国注册的国际银行(或保险公司)在当地的分支机构,代表投标人向招标单位出具的一种保单。投标保证书的金额通常为投标总额的2%~5%,要求保证金的额度不宜太高,否则将会使许多合格的投标人望而止步。

设置这一文件的目的是为了防止投标人在投标有效期间随意撤回投标或拒签正式协议等情况的发生,一旦产生这种情况,招标单位便可没收投标保证金以弥补因此而蒙受的损失。

投标保证书的内容通常应包括:

①保证单位确认自己承担支付保证金的义务。

②阐明上述支付义务和承担条件及义务的消失条件。

③确认承担义务的条件存在时应支付的额度。按照国际惯例，一旦投标人在投标有效时期内撤回投标或拒绝签订合同时，招标单位可与另一家投标人签订承发包合同。投标保证书所保证的金额，应该能弥补保证书所保证的投标人的标价和招标单位与另外一家投标人正式签订合同的标价的差额（当后者高于前者时）。当上述标价差额大于保证书规定的金额时，保证单位不负责其超额部分。

④确认当支付义务的条件存在时，收到招标单位的第一次书面要求（应申明要求索赔的原因）后，即无条件支付上述金额。

⑤阐明保证书的有效期相同于投标有效期。一旦定标完成，应尽快地向未中标的投标人退回投标保证金（或保证书）。

(6)合同条件

合同条件是承发包双方经济关系的法律基础，也是承包人据以计算价格的基础。因此，对投标人来说，必须彻底弄懂合同条件，对招标单位来说，其提出的合同条件不能过于苛刻，否则承包人往往会在其价格书中提出相反的意见。由于合同条件苛刻以致承包人亏本破产时，发包单位所得到的任何好处都不能弥补因承包人破产、停工而对工程带来的损失。然而，合同条件也不宜过于宽厚，否则就难以保质保量完成工程。

招标文件中提出的合同条件与定标后拟签订的合同内容应该相互一致。最理想的情况是招标文件的合同条件将是今后拟签订的合同草案。这样便可在同一基础上对所有投标人进行评价。经济师负责准备合同条件的草拟工作，同时负责与法律部门联系以取得必要的帮助。合同条件应吸取以往签订的合同中的经验和教训。招标单位应最大限度地采用国际通用的标准合同条件，因为这可以保证合同条款在应用和解释中的一致性。当然，采用标准条件也要因地制宜，根据实际情况而定，决不可全部照搬。

(7)规定与规范

规定与规范是招标文件一个非常重要的组成部分。每一个工程项目都必须严格遵守招标文件所提出的每一规定和规范，这是获得合格船舶工程的保证。船厂必须按照该文件的规定与规范进行。

船舶招标文件中的规定与规范，由总体规定和技术规范2部分组成：

①总体规定。阐述了该型船舶总的要求，规定了船厂应提供的设施和服务，船厂的责任等。制订总体规定必须慎重，规定内容必须精确而详尽，以避免在船舶施工过程中发生争议。因此，有关部门在拟订总体规定时应组织各有关部门，如经营管理、工程技术和施工部门等共同商议，以期获得一项完整的文件。

②技术规范应包括对该船舶工程的详细要求。它和施工图纸一起组成发包工程所必须完整的工程技术文件，尤其对工程所需材料、设备应达到的技术标准和最低要求必须详细说明，应符合国际通用并认可的各类标准。如：ZC（中国船级社）、ANSI（美国国家标准协会标准）、ASME（美国机械工程师学会标准）、AWS（美国焊接学会标准）、NACE（防腐工程师学会标准）、BS（英国国家标准）、DIN（联邦德国国家标准）、VBE（联邦德国电气工程师学会标准）、NF（法国国家标准）、JIS（日本工业标准）或招标国国家、有关部门颁发的标准等。如果采用招标国国家标准时，在一般情况下，应在招标文件中作如下规定：“投标人若采用与招标文件规定

的标准同等的或质量更高的技术标准时亦可予以接受”。技术标准对工程所需材料和设备应详述实际使用的要求，如型号、规格、尺寸、质量、性能以及配套附件等，注意避免引用“牌名”或“目录编号”。如必须引用时，则应同时注明上述详细要求。此外，也可以规定投标人选用质量和性能与引用的“牌名”或“目录编号”相同的、甚至更优的材料或设备。

例外的情况是，如果出于设备、材料标准化的要求，船东选用的非指定“牌名”或“目录编号”的设备、材料在不具备互换性，不具备获得零配件的渠道和维修条件时，可以拒绝采用。

技术规范应在完成工程的各项标准和实施要求上，精确地、全面地予以考虑、制订。

技术规范不允许船厂做任何修改或代用，否则将会降低船舶质量。同时还要注意执行规范与施工图纸不能相互抵触。这就要求两者在制订时不仅要协调一致，而且要同时加以审查以免相互矛盾。

(8)图纸及设计资料附件

这是随招标书一起发送的图纸资料。由于船舶工程的具体情况不尽相同，因此设计的详细程度和图纸数量也大不一样。如果在进行招标前对该船已进行充分设计（如已完成技术设计），则在招标文件中可以包括一套完整的图纸及附件；如果在招标时船舶尚处于初步设计（概念设计）阶段，则在招标文件中往往只能附上一张船舶总布置图。

在此情况下，招标文件中的图纸部分还应附列一份今后应该提供的图纸清单以及预计提供日期。

(9)工程量表

工程量表和招标文件中图纸的情况一样，随着设计进度的不同，招标文件中所附工程量表及工料单的情况也不相同。当处于概念设计（即初步设计）阶段时，工程量只能是个概数；当施工设计业已完成时，这部分则应列出分部分项工程数量。

工程量表是计算投标价格的基础，与工程成本的关系至为重大，因此必须由有经验的预算工程师予以审定。

(10)项目执行程序

这一部分的内容主要是指该船建造进度时间表，它既是检查工程进度的依据，也是支付工程款的主要依据。

2. 招标书的发售

招标书的发送和出售应尽量做到公平对待每一个投标人，在招标公告中规定标书发送和出售的日期、地点，由招标单位将标书发给带有委托书或证明书的投标人的代表。这样每个投标人接到标书直至投标截止日止这一段投标准备时间都是相等的。一般小型船舶工程项目的招标书可以邮寄。若有的招标书要花钱购买，则在招标公告中开列每份标书的售价，并收取现金。有的招标单位还规定中标人的标书必须在工程项目结束时回收，未中标的单位也应及时退还标书。

四、招标公告

凡采用公开招标方式的单位，在进行国际招标前应在国内外发布招标公告，以保证有承包能力的单位都能广泛地获得平等的投标竞争机会。招标公告包括招标通知和招标广告2种。

1. 招标通知

某船舶工程拟公开招标的消息应及时通知与项目所在国建立外交或商务关系的各国有关部门,其内容包括:

①项目名称。

②项目地点。

③项目内容概述。

④工程范围。

⑤费用支付方式。

⑥索取招标文件的日期、地址及截止时间。

⑦招标条件价格。

⑧项目所在国有关投标事项的咨询单位等。

如该项工程是世界银行贷款项目,则招标通知应发送世界银行会员国中与项目所在国有外交关系或商务关系的各国和瑞士。通常是将招标通知发到这些国家拟进行邀请的各承包人驻项目所在国的当地代表机构,必要时,还应同时发送世界银行;如当地没有上述机构,也可将招标通知送至各有关国政府派驻当地的外贸机构。

2. 招标广告

招标广告的主要内容和招标通知相同。

就世界银行贷款项目来讲,一般只要求在联合国"发展论坛"上或贷款国国内一、两家报纸上刊登广告即可。至于较大型的、专业性较强的船舶工程项目,世界银行还要求在国际广泛发行的、有名的技术杂志、报纸或贸易期刊上刊登招标广告。

在考虑刊登招标广告的范围时应记住一点:国际广告费用是相当昂贵的。因此,在进行招标广告时应考虑广告费用和项目总造价之间的适当比例。

一般在采用"选择招标"和"谈判招标"方式时可发出招标通知,而在采用"公开招标"和"两阶段招标"方式时,则刊登招标广告。但无论何种形式,这种公告都必须及时发布出去。按照国际惯例,从开始招标到提出报价单,其间隔期不应少于45天,对大型项目来说则应不少于90天,以便投标人有充裕的时间在报价前进行现场调查和必要的报价计算。因此,招标通知和招标广告一般应在开始招标两周前发出,也就是在报价截止60~105天以前发出。

有关招标公告的实例如下:

例1　中国技术进口总公司国际招标公司

招 标 通 告

铁道、交通、邮电和水电项目　　　　编号:ITCJ—871026

根据中华人民共和国对外经济贸易部与日本海外经济协力基金会签订的衡阳——广州铁路工程,郑州——宝鸡电气化铁路工程,秦皇岛港丙、丁码头建设工程,连云港扩建工程,青岛港扩建工程,天津、上海、广州电话扩建工程,天生桥(坝索)水电工程贷款协议,中国技术进口总公司国际招标公司授权使用上述贷款,以国际公开报标方式采购工程所需设备和材料(详见附表),全部贷款在贷款项下支付。

欢迎在合格货源国组成和注册并受该国控制的制造厂和/或贸易公司参加投标。根据贷款协议规定,合格货源国系指;包括中国在内的发展中国家和经济合作发展组织的所有成员国。

有兴趣供货者请于一九八七年六月十五日至一九八七年六月二十日上午九时至十一时(北京夏令时)到我公司106房间洽购资格审查和招标文件。

中国技术进口总公司国际招标公司第一业务部

电挂:TECHTENDER(国际)8907(国内)

电传:22075 CTCTC CN

电话:8314684 8969764

地址:北京海淀区苏州街万寿寺甲3号西门

设备材料清单:

(1)机械设备

①露天潜孔钻机。
②机动平地机。
③挖掘机。
④履带起重机及抓斗。
⑤混凝土泵。
⑥风送水泥机。
⑦钢轨接触焊机。
⑧钢轨探伤车。
⑨轨头加工机床。
⑩轨头精磨机。
⑪动力照明设备。
⑫卡车。
⑬散粮装卸设备。
⑭装载机。
⑮振动压路机。
⑯混凝土拌和机。
⑰门吊。

(2)工作船

①打桩船。
②抓斗挖泥船。
③绞吸式挖泥船。
④链斗式挖泥船。
⑤自航对开泥驳。
⑥起重机。
⑦拖轮。

(3)材料

①水泥。
②轨料。
③木材。
④钢材。
⑤电缆。
⑥市话用户电缆。

五、投标人的选择

在确定招标方式以后,船东应选择合适的船厂作为投标人,其原则是:

①技术能力和以往成就。

②信誉。体现在质量、交货期、工作责任心,经营作风等。

③工作关系和合作情况。

船东选择船厂时(特别是采用邀请招标方式),应根据平时工作中接触到的厂商,或是积累的资料,也可以由船东所委托的船舶咨询公司所提供的情况,选择对本工程项目最有条件的船厂作为投标人,这样可避免许多问题的产生。因此,慎重选择投标人,是船东在招标过程中必须决策的问题之一。

投标人的数量选择,并不是越多越好。有人认为投标人越多,竞争就越激烈,报价可以降得很低,船东的选择余地就越大。其实这种看法是不全面的。投标人过多也会带来很多弊端,其资格预审和评标工作均较大。当然,投标人太少也不好,缺乏竞争力,价格降不下来。因此,选取适当数量的投标人,可以减少招标、投标双方的工作量和不必要的财力、人力、物力的浪费。

在公开招标时，投标人数量可能很多，不易控制。在选择招标时，对于投标人的数量控制，可按船舶类别和范围确定：小型船舶可选 3～5 家，中型船舶可选 5～7 家，大型船舶可选 7～10 家，复杂的高技术船舶可选 8～12 家。另外，世界银行建议可在 3 个国家 4 家公司之间进行竞争，就可以选出满意的承包人。

六、投标人的资格预审

以前，我国在寻找外商进行国际经济技术合作时，往往要对外商进行“资信调查”，一般是委托中国银行信托部、中国国际经济咨询公司等信托咨询机构对拟与之合作的外商的资金状况和信誉好坏进行调查。由于外商五花八门，无奇不有，更有许多皮包公司，稍有不慎，便会上当受骗。因此，在和外商进行合作前，对他们进行“资信调查”是一项必不可少的工作。资格预审对于那些条件不具备、将来肯定要被淘汰的投标人来说也有好处，这样可以使他们节省许多投标报价的费用。

资格预审，类似资信调查，但前者比后者更加科学，其方法、内容更为完整。资格预审，简言之，就是对愿意承担招标项目的投标人在投标前就其财务状况、技术能力等事先进行一次审查，以确保参加投标人均系有承包能力的厂商。

在国际竞争性招标项目中都需对投标人进行资格预审。由世界银行贷款的大型项目更是如此，而且必要时对资格预审资料还须由世界银行予以鉴定。

国内的资格预审文件见如表 2-1 所示的“投标的企业资格报告”。国际上的资格预审文件和资格预审申请书如表 2-2 和表 2-3 所示。

投标的企业资格报告　　表 2-1

1. 企业全称及性质、隶属关系。 2. 地址、电话、电挂、电传。 3. 营业执照复印件。 4. 产品生产许可证复印件（只限投标产品）。 5. 企业简历及机构。 6. 固定资产原值、净值；流动资金。 7. 开户银行出具的企业资金证明书。 8. 生产的主要产品。 9. 企业产品执行标准。 10. 供货能力、销售情况及质量证书。 11. 生产能力。 ①企业占地面积。其中建筑面积、生产建筑面积。 ②生产设备拥有量。其中金属切削机床、锻压设备拥有量及与投标产品有关的关键设备。 ③与投标产品有关的关键检测设备。 ④职工总人数。其中工作技术人员和工人人数。 12. 工艺协作。

表 2-2

资格预审文件实例

凡申请参加"××××货船投标的资格预审"船厂需按下列项目填写:

(1)由公司法定代表签名的表示愿意参加投标的意向书。

(2)卖方——注册证明的最新版本及公证书。

(某地)

(3)由投标者的国家政府机构或外交使团提供的介绍函件,证明投标者的信誉和建造"××××货船"的能力。

(4)公司名称:

(5)公司创办日期:

(6)营业地址/电话/电传:

(7)组织形式与注册办公地址:

(8)公司的组织法和章程,或其证明无误的副本。

(9)董事长姓名:

(10)资产负债表,关于借项、贷项、固定资产、投资、股份和在其他公司合作及盈亏状态等,并附过去3年经审计的资产负债表损益计算书。

(11)详细说明债务及其他财务。附有阐明最近结账的经审计的损益计算书。

(12)银行、商业和信贷的参考函件。

(13)年度营业额(标明近3年的)

(14)本年度手持订单金额。

(15)在船舶建筑和造船工程方面的主要技术人员的姓名、专业条件、任职、经济及其特长。

(16)拟视情况决定提供国家或国际组织出具的证明书,以资证明该投标公司有经营业务的经验,曾向哪些国家或买主提供过类似的船舶。

(17)提供目前执行订单详情,包括工程名称、金额、地点、买主姓名、动工日期、预计完工日期、船舶类型、原产地、安装的设备、劳务及完工效率等。

(18)过去10年执行的大宗合同,请提供如下:

①客户; ②地点;

③金额; ④合同签订日期;

⑤交船日期; ⑥提供设备清单。

(19)请附上贵公司详细的技术资料。

表 2-3

资格预审申请书*

致__________________ 日期______________

先生:______________

兹代表_____________公司参加___________艘___________船投票申请书并授权以此名义予以接受预审资格。

按预审资格文件所列要求,呈送我公司与预审资格有关的情况和文件。

随申请书附上经官方当局签发的具有法律效力的证书和文件,请准予签字人代表我公司申请参加投标和签署合同。

本签字人知晓审查者对无签字的申请书,有权予以拒收。

申请人(签字)________

1. 资格预审的内容

资格预审的内容应该完全以投标人的能力为基础,而不应牵涉与此无关的理由作为审查内容,甚至因此而拒绝其投标。当然,如项目所在国的法令禁止与某国、某地区进行任何往来时(如我国与韩国、南非、以色列等),则该国厂商不能参加投标。

资格预审一般包含5个方面的内容：

(1)投标人概况

包括：

①公司名称、地址、电话、电报、电传号。

②注册国家及地址。

③公司等级、资本(包括注册及已认缴部分)、所属公司或租用的工厂设施。

④最近3年的年周转额、往来银行。

⑤公司及其合作者的协议类型。

⑥组织机构表(划分至处、室为止)。

⑦前2个会计年度的年报(复制件),包括资金平衡表、损益表、财务状况变动表及业主权益表等。

⑧已承担的业务(包括已开未完及拟开工项目,目前公司的剩余能力等)。

(2)经验及以往成就

包括：

①一般经验,如:与本招标项目类似的船舶工程的一般施工经验。

②特定施工经验,即特种船舶的施工经验。

③以往完成的类似工程项目数及其工程的内容、规模、总造价。

④列出第③项中近3年完成的部分。

⑤客户对第③项中所有工程项目的鉴定证明。

⑥对类似项目试运投产的经验。

(3)人员能力

包括：

①工人,指熟练工及半熟练工(分工种)人数。

②全部经营管理与后勤人员人数,分专业、学历(或学位)、经历、职称。

③拟使用二包人数及工种。

(4)拥有的厂房设施

包括：

①主要建筑物。

②设施总平面图(1:500)。

③室内、室外的工厂面积、结构、仓库、码头能力、预制能力。

④航运连接情况:铁路、公路、机场、码头。

(5)施工装备

包括：

①板材加工装备。

②管材加工装备。

③机械加工装备。

④铸、锻、热处理装备。

⑤焊接装备。

⑥起重装备。

⑦运输装备。

⑧其他施工装备。

⑨质量检验装备。

⑩其他试验检查装备。

2. 资格预审评价方法

在资格预审时,对上述有关投标人5个方面内容都应一一予以评价。但由于招标工程内容不同,施工条件不一,因此资料预审的内容评价重点也不尽相同。本节仅从财务状况、施工经验、以往成就、人员能力和施工装备等5个方面加以阐述。

对投标人进行资格预审,一般有2种方法:一是发"资格预审调查表";二是进行现场访问。通常多使用前一种方法,只有当根据资格预审调查表中所列资料不能明确判断投标人是否有能力完成承包任务、达到理想的质量水平时,才到投标人所在地进行访问、调查。

当决定建造一艘大型的、专业化、现代化要求较高的船舶时,应该慎重地处理投标人资格预审工作。对一个不太了解的投标人,如果希望对其有一个深入了解的话,最好2种办法同时采用。

下面所述"资格预审评价方法"是根据调查表提供的情况来加以评价的一种国际通用的方法。这种方法称为"定项评分法"。

假定有一项由世界银行贷款的船舶工程进行公开招标。对投标人资格预审的内容共5个方面,即:财务状况、施工经验、以往成就、人员能力、施工装备。预审内容的评价总分为100,根据各项内容的轻重情况,评价分数的分配如下:

(1)财务状况:10分

(2)施工经验:28分

(3)以往成就:7分。

(4)人员能力:15分

(5)施工装备:40分

合计:100分。

任何一个投标人,只要在上述5项预审项目中没有一项是0分,且当其评价总分达到70分以上时即被认为"预审合格"。如果在上述基础上评价合格的投标人不满5家时,船东可以决定前5名为预审合格单位。

现将每项评价方法说明如下:

(1)对财务状况的评价(满分10分)

评价财务状况的目的是确定投标人是否有能力筹措资金经营施工。投标人应提供下列3项资料以便进行评价分析:

①经过审计核准的最近3年财务报表,包括:资产负债表、损益表、财务状况变动表、业主权益表。

②当年财务报表。

③补充资料。

(2)对施工经验的评价(满分28分)

对投标人的施工经验进行评价时应从2方面加以考虑，即：一般施工经验（满分23分）；特定施工经验（满分5分）。下面分别予以介绍：一般施工经验（满分23分）是指造船工程中的放样、下料、加工、装配、船台合龙、下水、系泊试验和试航等。

特定施工经验是指投标人对招标项目中某项特定工程的施工经验。所谓特定工程是在招标项目中经招标单位特意指定的某项质量要求严格、施工难度较大而又是项目关键部分的工程，如：加工工艺设备制造项目中的焊接工程、成品准船中的特涂工程、冷风集装箱船中的特种集装箱等。

评价特定施工经验的方法可以按照足以衡量施工技术水平高低的特定工程的不同外界环境以及工程本身的技术难度，划分5个等级而予以评分。

（3）对以往成就的评价（满分7分）

评价投标人的以往成就一般是从投标人的客户方面进行考察。这包括2种含义：

①在本招标项目工程方面，投标人以往成交的客户总数（满分2分）。以往客户达5家时得2分，达4家时得1.5分，达3家时得1分，达2家时得0.5分，只1家时为0分。

②客户反映（满分3分）。由投标人提供以往类似项目的客户验收合格证明。提供5份合格证时得3分，提供4份时得2.5分，提供3份时得2分，提供2份时得1.5分，提供1份时得1分。

对以往成就的考核还包括以往对类似项目的试航、营运经验（满分2分）。有4次营运经验得2分，有3次的得1.5分，有2次的得1分，有1次的得0.5分。

（4）对人员能力的评价（满分15分）

对投标人承担本项目的主要人员的学历、施工管理经验应进行考察并评价。在进行资格预审时投标人应提出其承担本招标工程的主要人员（包括其为完成本项目而雇用的人员）履历表。主要人员是指项目经理、工地主任、专职工程师等，其专业要求则根据项目性质及内容而定。

（5）对施工装备的评价（满分40分）

投标人应将其拥有的关于招标工程需要的机械装备列表以便评价，评分标准为：基本装备30分；辅助及专用装备10分。

由于各类船舶需用的基本装备和辅助及专用装备互不相同，因此具体评分方法也不相同。

第三节 制定标底

船东在编制船舶总说明书（包括招标船舶情况、所需材料设备简要情况等），刊登招标广告后即可着手准备“合同价格”。这个合同价格就是通常所谓的“标底”，又称“底价”。

招标项目的标底是船东的“绝密”资料，应严格保守秘密，不得向任何单位以及任何无关人员泄漏，否则泄密者将要负法律责任。

制定标底实质上就是编制项目概算。标底制订过高或过低均不适宜，过高则造成工程浪费，过低又不易找到合适的承包人。

比较合理的船舶工程标底可按下列公式简单求得：

合理的标底 = 设计需要的材料、设备费 + 合理定额基础上的人工劳务费 + 合理调度的机械台班费 + 管理费 + 专项费 + 一般水平的合理利润上列公式中最后一项，即所谓的"一般水平的合理利润"是指船东允许船厂在该船舶项目中所赚的钱，它包括下面3个因素：

①银行利率。

②机会成本。

③风险费。

这3个因素的总和，对于船舶来说，约为5%~6%。这个比率的大小主要视市场需要而定。

第四节　投标书的编制和报价分析

一、招标信息的获得和评审

1. 招标信息的获得

船厂为了承接造船项目，必须从多方面得到与本单位经营业务有关的招标信息，以便从中选取合适的项目进行投标。

国际和国内的招标信息可以从下列几个渠道得到：

①从我驻国外使馆、对外承包公司办事处获得驻在国的招标信息。

②通过国际金融机构，获取国际性的或区域性的招标信息。如世界银行、亚洲开发银行、非洲开发银行等贷款给某国而发包的项目信息。

③通过工程咨询公司或国际经济合作研究机构得到招标信息，如我国对外经济贸易部国际经济合作研究所主办的《国际经济合作信息》中所提供的国际招标信息。

④通过国内外有关的、著名的报纸杂志直接取得国内外招标信息，如我国的《人民日报》或其他报纸就经常登载招标公告。

⑤通过各地代理人和信息网络得到信息。

⑥通过各业务往来的单位和人员得到信息。

2. 对招标信息的分析、筛选和跟踪

在得到国内外有关造船招标信息以后，船厂必须经过慎重的分析和筛选，务求准备参加投标的项目具有中标可能，对本单位有利可图。这种分析研究主要是根据该项目的技术复杂程度、支付条件、风险及本单位能力大小等因素，进行综合考虑和判断，筛掉不宜投标承接的项目，确定有希望的项目，然后进行信息跟踪。

信息跟踪是按照信息源提供的有关地址、电话、电报、电传号码，与之进行联系，对国外项目还可以通过我国驻外使馆经参处等途径进行直接或间接的联系。

3. 船厂对船东的调查和宣传

每一个造船项目从船东决定招标到某船厂中标，一般要经过宣传、调查、资格预审、编制投标书、工程答辩等几个阶段，其一般程序如图2-1所示。

作为一家船厂，为了工程中标的目的，必须时刻注意船东的每个动态和变化，船厂的一切行动，应处处满足船东的每一个要求。只有这样，工程中标才有可能。

(1)向船东调查、宣传的必要性

一项造船工程招标，船厂希望中标，但又不清楚工程的具体情况。因此，在得到该工程招标信息后，应立即制定出对船东调查的计划，以便得到详细的情况。向船东宣传、调查的目的主要是为了知道船东的工程开发计划，为制定本工程的投标决策提供依据，了解船东今后几年的开发动向，为船厂扩大再生产提供依据。船厂在向船东调查的同时，应向船东宣传自身的实力，使船东对船厂有一个概括的了解，取得良好印象，为工程中标打下基础。这是一举两得的事情。

(2)调查的主要内容

向船东调查应先列出提纲，分工负责，尽量进行全面了解，其内容大致如下：

①船东概况。组织机构、企业性质、经营状况、经理和各部门负责人姓名、通讯地址。

②工程概况。船型、主尺度、主机马力、航区、航速、入级、挂旗等。

③工程计划。建造数量、交货期。

④本工程项目的招标计划。包括发标、收标、评标的时间及要求。

⑤本工程项目的设计单位。所采用的工程标准，规定的检验机构。

(3)向船东宣传的主要内容

①船厂的简历、通讯地址、电话、电报、电传号码、历史状况、企业性质、所属机构。

②组织机构。各职能部门和车间的情况。

③船厂的地理位置及场地布置图。水、陆、空交通情况，自然条件，场地大小。

④生产能力。包括工人、工程技术人员、生产设备与能力、特点。

⑤质量保证和检验系统。包括质量保证机构，质量保证、控制和检验人员，资格证书，设备能力，管理制度。

⑥历史业绩。已完工交货的造船工程的名称、船东、建造时间、数量(最好有幻灯片或录像)，重点突出，宣传讲解。录像放映时间为15~20分钟，不宜太长。

⑦其他。与外商合作、财务状况等。

(4)调查宣传代表团的组织

调查宣传的目的是为了争取工程的中标，因此在选择代表团成员时，应考虑到今后参与该工程项目的人，如项目经理、经营人员、工程技术人员等，这些人必须具备业务知识面广、善于交往、宣传能力强、讲解生动、善于利用一切条件收集信息的能力，以便在技术、管理、质量等各方面给业主留下一个良好深刻的印象。

(5)应注意的一些问题

为搞好调查宣传工作，达到预期的目的，船厂应做到组织严密，准备充足，资料齐全，讲解生动。由于船东此时正忙于工程的开发准备，因此，船厂在调查宣传时，应注意如下几个问题：

①在得到该工程项目准备开发的信息后，应迅速决定何时前往船东所在地进行调查宣传。

②调查前应先与船东联系，说明去拜访的时间、人数，在得到船东同意后方可前往。

③准备好调查提纲和宣传资料。

④调查宣传的时间长短最好由船东确定，船厂提出的建议时间不宜过长。

4. 投标组织的建立

在国际竞争性招标中，从工程项目的投标报价角度来看，它有4个基本特点：

①及时性。工程项目的投标报价工作量很大，特别是大型、新型或高技术船舶，报价计算更是浩繁异常。由于受招标时间的限制，如果不能按时完成，就会失去得标的机会。

②准确性。投标必须严格按照招标文件的规定进行,标书的编制应建立在科学分析和可靠计算的基础上,要能比较准确地反映工程造价。报价高了不利于竞争,低了又难以获取利润,无利可图,有的甚至造成亏损。

③复杂性。在参与国际投标中,光靠及时、准确地提出报价是远远不够的。因为大多数工程项目的招标程序背景是比较复杂的。在办理完各项繁琐投标手续的同时,为了获得这个项目,还要视具体情况制定竞争策略(包括适当调整报价)。

④连续性。投标报价的业务班子,往往又是合同谈判班子。从资格预审直到中标签订合同是投标工作的全过程,因此,保持各个阶段的连续性,对全面周详地考虑各种问题,维护投标人的切身利益是有极大关系的。

鉴于这些原因,有经验的船厂都非常重视投标报价专业班子的人选及其业务建设,将这个班子放在承包业务重要的位置上。

在国际上,工程项目的投标工作时间短、节奏紧张频繁,船厂在招标书到手以前就应着手做好下列几项工作:

①成立一个项目投标组作为投标工作班子,该组人员条件和数量,一般应是经营管理人员和项目经理,要有专业人员,并配备少量助手和中英文打字员。该项目组的主要人员应精通英语,能独立和对方谈判对话。缺乏经验的船厂还应聘请一些专家当顾问。

②项目组应千方百计了解投标项目的各种要求,收集有关资料。对于规模较大的工程项目,船厂往往由主要领导人亲自主持和决策,项目经理分析市场情况,提出投标策略建议,施工技术方案,投标价格估算等。

③准备好本单位通用的资格预审材料,如公司(船厂)简介、人员履历、业绩介绍、主要设备名称和数量等。

5. 投标意向书

无论在国际上或国内,在采用邀请招标时,船东在选择几家船厂以后,往往先向这些单位发出询问信,了解一下他们是否愿意参加这项工程的投标。船厂在收到初期询问信以后,即应考虑给对方以同意投标或不同意投标的答复。

国外投标意向书的格式如表2-4所示。

投标意向书格式 表2-4

________国________单位(名称)

先生们:

兹声明我公司对上列工程投标的意思:

我们已于20____年____月____日收到了贵____关于____项目工程____部门投标文件,文件号________

以后请与下列通讯地址联系:

地址:中华人民共和国 北京____大街____号

电话:________ 电挂:________ 电传:________

姓名:(或公司名称)________

签名:

署名者:

职称:

日期:

二、投标前的准备工作

投标与招标是一项经济活动成交过程的 2 个不同侧面，但投标与招标又有所不同，投标有它自己的独特的程序、方法和策略。

1. 投标准备期

当船厂收到投标邀请信后，即开始进入投标文件编制阶段，其主要内容包括 10 点：填制资格预审调查表、调查研究、确定担保单位、选择咨询单位、分析招标文件、核定工程量、整理报价依据、分析各项定额、确定利润方针和费用依据、编制投标书等。

从船厂收到招标文件之日起至投标截止日止，这一段时间为投标文件编制期，或称为投标准备期。

投标准备期的长短应根据项目规模及其复杂程度而定，按国际惯例，在国际招标中，一般的工程项目不少于 45 天，大型复杂的造船工程项目则应不少于 90 天，以便船厂有充分的时间进行研究和编制报价书。

上述 10 个方面的投标准备工作相互交叉、相互影响。因此在编制资料前，船厂应设计一个"统筹运行进度表"用以指导、安排工作，掌握时间，以便在投标截止期之前务必将投标文件编制出来。

总之，投标准备期是有限的，投标文件的编制工作是复杂而紧张的。此时，船厂的投标项目组应立即增加必需的专业人员，如财务、采购、施工等，着手进行投标工作。

2. 资格预审调查表的编制填写

资格预审调查表是船东为进一步评定船厂的能力、资格而要求船厂按船东规定的内容和格式填报的一种文件，以便对所有参加资格预审的船厂进行比较、评定，从而确定可以参加投标的单位。这是船东对前一阶段工作的了解和总结。

船厂应在规定期限以内，将这些资格预审文件递交船东审查。

(1)资格预审调查表的主要内容

①致业主的一封信。在此信中应高度概括本厂的能力，并表达出希望参加投标的愿望以及在投标过程中将任命的项目经理、给予的权力等。此信一般是由厂长签署。

②船厂的地址、名称、主要领导成员和投标联系人的办公地址、电话、电传、通讯地址。

③船厂隶属情况和企业性质。上级单位的名称、地址、企业性质、注册时间、地点、注册证书以及颁发单位、性质，注册时所规定的权力、经营范围。

④经营范围和专业技术能力。产品名称、各专业技术能力，特殊专业的技术能力。

⑤商业状况。船厂代理银行的名称、地址，船厂在银行中的存款、注册时的资本，近 3 年的营业额、税收情况。

⑥场地道路和布置图。船厂所在地的省、市地区地图，场地布置图，水陆空交通状况、码头、机场、公路、铁路、车站、桥梁情况，允许运输的最大限量。

⑦人员状况。船厂职工人数、工种、资格证书、级别、技能以及专业人员的数量、资格证书，包括工程技术人员、工人、检验人员。

⑧厂房设施。厂房的数量、种类、长×宽×高、设备、布置以及主要功能。仓库的数量、长×宽×高、有效能力，露天仓库的面积、长×宽、装卸设备的能力。

⑨质量保证/控制系统。流程图,检验机构,检验流程图,检验人员的资格证书,颁发单位,检验设备的名称、性能、数量,质量保证/控制的管理制度,检验人员的职责和分工。

⑩历史业绩。近3年来船厂所建造的船舶名称、数量、建造时间、船东名称(包括照片资料)等。

⑪目前的承包工作量和劳动力计划。船厂目前或今后所承担的项目、工作量、工作计划、所占用的劳动力和设备计划状况。

⑫对船东的建议。凡对工程有利的意见、建议、方案都可以提,对于合同草本也可以提出一些看法和意见。

(2)资格预审调查表的编制

资格预审调查表是船厂向船东正式提交的第一份资料,要求面广,内容繁多。因此,要把该文件的编制工作组织好,将调查表迅速、准确、及时地交给船东。

编制资格预审调查表应抓好以下各个环节:

①在投标项目组中成立编制资格预审调查表的组织机构,明确各人分工。该组织机构如图2-3所示。

②制定编制资格预审调查表的计划。该计划分为2部分:一是控制计划,主要确定各环节完成时间,项目负责人可随时按此计划检查督促。二是资料编制的具体计划,要落实时间、人员和内容,保证控制计划的完成。

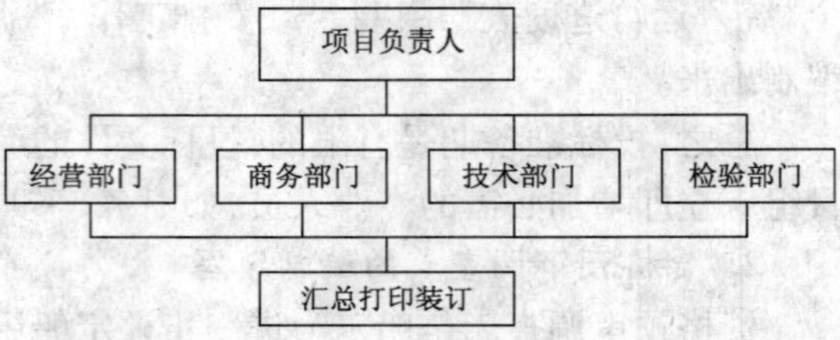

图2-3 资格预审调查表编制的组织机构

③资料内容应符合要求,针对性强。编制资料的人员应认真阅读船东的资格预审调查表的内容,按要求搜集、提供资料,回答问题的格式、内容标准、使用的术语要统一,以便船东可以和其他投标人所提供的资料进行对比、评定。

(3)编制资格预审调查表应注意的几个问题

①人员选择要适当,最好是有经验的、以后将参与编制投标书的人员。

②资料内容应完全符合船东的要求。

③资料要标准化、系统化,尽量将资料储存在计算机中,用时即可取出。

④不要引用本单位的保密资料。

⑤资料装订要整齐,封面颜色要柔和,字号要统一,文字、图片要清楚,尽量采用计算机来制作。

船东根据各份资格预审调查表填制的内容,可能对各船厂作出3种判断:具备资格的、不具备资格的和介于两者之间的。为了慎重起见,船东往往对1、3类的投标人进行现场调查,以便确认他们的承包资格。

3. 船东对船厂的现场调查

船东对船厂进行现场调查的目的,主要是进一步考察船厂的建造能力,核对所提供的各种资料。通过现场调查,船东可以获得第一手材料,并对船厂的各个方面有一个确切的认识。

(1)船东现场调查的主要内容

船东赴现场调查一般只有2~3天的时间,而调查的项目和内容却相当广泛,提出的问题也很细致，主要包括以下几个方面：船厂的技术、声誉和质量，设施情况（船台、码头、仓库），职工总数，领导和管理能力，已完成的工程质量及用户评价等。

(2)船厂对船东进行现场调查所采取的对策

首先应欢迎船东来现场进行调查，这是参加投标的前奏。因此，船厂要提前作好安排，做到热情、诚恳、服务周到，以显示船厂各方面的能力，应做好以下几项工作：

①用幻灯、录像、广告和资料向船东介绍，使其了解船厂的情况。

②参观施工现场、设备以及正在建造的其他船舶工程，以显示船厂所具有的能力和技术。

③业务人员要和船东有关人员交谈，包括管理、技术、质量保证和控制等各方面。

④为船东准备好一套可供带走的书面资料。

(3)船厂应注意的几个问题

①接待工作要有计划，时间安排要紧凑，事先做好资料准备。

②态度要诚恳热情，顾客第一的思想要充分显示出来，接送、讲解要客气，讲礼貌。

③实事求是。因为船东来现场调查的人员中，有些是造船专家，故不能虚假搪塞。回答问题要正确，对于不清楚的事情不要乱答，可请另外的人来回答。对于调查中船东提出的存在问题，要敢于承认，并说出解决办法。

④回答问题时要讲究技巧

接待人员可能对船东提出的某些问题不清楚，此时不应一问三不知，而可以说“这个问题如有机会请我厂的×××先生来解答”。这样，老资格的人员一听就知道你虽然无法回答，但你厂有人能回答，其效果较好。

船东对于那些资历较浅、经验不足、初次承接某项工程的船厂，其资格审查比较严格。如上所述，有的船东亲自赴现场调查，也有的请第三方专家来进行考察调查。如：有的船东委托美国船级社（ABS）对某造船厂进行资格审查，以确定其是否有能力建造所需船舶。

某些船东对待一些有信誉的船厂在资格审查方面比较简单，船厂向船东表示愿意参加投标，附带把资格预审材料送上，船东通过书面材料审查也会表示接受。

4. 情报协作和情报分析

对于船厂来说，工程报价资料是保密的，但可以通过下述2种方式得到：情报协作和情报分析。

(1)情报协作

这有2种办法，一是找船舶咨询机构或情报机构建立正常的情报协作关系；另一是和有关单位建立合伙关系，利用对方的资料或人员去获得必要的情报。

(2)情报分析

这是指将若干间接的情报资料加以科学地分类、对比、分析、推算，找出我方所需要的数据。这可以通过有关工程的公开招标、投标、开标、定标资料，对各投标人的投标总价、中标标价与工程内容综合分析，便不难算出有关工程单价水平。

5. 确定担保单位和开具银行保函

船厂在提交正式投标报价文件时，还应同时提交“投标保证书”。为此，船厂在准备投标资料的同时，即应寻找一家为招标文件所规定承认的金融机构或保险机构作为投标担保单位。

担保单位对所担保的投标厂家在法律、财务和承包工程业务方面向船东承担责任。一般来说，聘请担保单位要签订担保合同，在合同中详细规定担保单位所履行的义务，并商定担保金额和支付方式。

我国船厂对外投标时可找中国银行或中国人民保险公司作为投标担保单位。因为这2个机构在世界各国广泛地设置了分支机构，且为世界许多国家所承认。

船厂同时应向指定银行开具投标保函，按银行规定交纳手续费和抵押额度。

6. 选择咨询机构

在投标过程中，船厂在各个不同阶段都会碰到许多经济、技术、法律、财务、管理等方面的复杂问题，尤其是在国际竞争性招标中，它所需要的专业知识和情报资料，其范围之广为任何其他经济活动所不及。这些问题的解决往往需要集中各方面的专家。任何一个公司企业甚至政府机构要想拥有自己一套完整的、包含各个领域专家的参谋部门几乎是不可能的，而且也是不必要的。

为了这个目的，目前在国际上有许多工程咨询机构能协助承包人解决这些复杂的问题。这些工程咨询机构能够很快地集中一批经济、技术、法律、财务、管理、施工、计划、物资供应等各个方面的专家，迅速地为你提供进行决策所需的完整资料。作为一个国际招标项目的投标人来说，如果其对项目所在国的情况了解甚少，或者是第一次打交道，往往会产生极大的困难。如果投标人想在投标项目中获胜，就应该选择一个合适的咨询机构，为其出谋策划或提供情报资料。在国内，很多单位对投标事务也不太熟悉，故可聘请一个咨询单位，这样虽然花费一些极少量的费用，但其收益将是巨大的。

7. 注册登记

注册登记是投标人根据工程所在国的法令规定，在该国政府有关部门进行注册登记，从而取得在该国经营承包业务的合法身份。什么时候应该申请注册，是先注册后开展业务，还是先开展业务后注册登记，这要视各国具体情况而定。

8. 研究分析招标文件

船厂通过资格预审取得投标资格，并决定参加该项工程的投标后，必须按照招标公告中的要求，在规定的时间内向船东购买或接受招标文件（标书），在得到招标文件以后，船厂的投标项目组必须立即详细研究、分析招标文件，以便准确地进行报价。

（1）检查招标文件

招标文件除图纸外，其余一般可分成3册：第1册包括投标人须知、投标书格式、一般条款、专用条款和承包合同格式；第2册为技术规范；第3册为技术说明书和报价单。邀请招标的还有邀请信，在投标期间还可能增加设计修改方案等。船厂购买招标文件后，首先要检查上述文件是否齐全，每册按目录是否有缺页、缺图现象，有无字迹不清的页、段。如发现上述问题，应立即向船东交涉补全。译文缺条应对照原文仔细校对，看有无漏译、错译及含糊不清之处。这些都要作认真细致的检查。

（2）通读招标文件

在检查以后，应将招标文件复制若干份（图纸除外），使投标项目组成员人手一份，以便都能随时通读所有招标文件。尤其是初次参加投标的人，更应从头至尾认真阅读一遍。当然，按各人分工不同，阅读重点应有不同。负责作业的技术人员应精读第2、3册和图纸。其他人员应精读第1册和报价单。通读的目的是为了正确理解，进而掌握招标文件的各项要求和规定，以便考虑所有的报价因素。

(3)讨论招标文件

在通读的基础上,应组织投标组全体成员集体讨论。要重点讨论报价单,逐项研究,弄清所含内容,以便报价时列出细目。如果是初次投标,则全组人员应先讨论第1册,学习掌握投标的基本知识。讨论时,大家多提问题,互相解答。在讨论中解决不了的问题,一般可归纳成3类:

①招标文件本身的问题。如图纸尺寸与工程说明书不一致,报价表上的项目可能有错漏之处,技术要求不明,文字含糊不清以及专用条款中应由招标部门规定的一些数据缺项等。

②与项目的实际状况有关的问题。

③投标人本身由于经验不足或承包业务知识缺乏而不能理解的问题。

对于上述3类问题,应通过不同途径予以解决:对于第1类问题应向船东咨询解决,第2类问题应通过实地考察解决,第3类问题,则最好向本国兄弟船厂或有关人员请教解决,亦可向关系较好的外国公司有关专家请教,但不宜向船东咨询,以免招来不信任。

三、投标书的编制

在经过一系列活动之后,船厂得到了投标的机会。投标书编制好坏、报价的高低、施工方案的优劣、这些都是中标的关键。因此,船厂在编制投标书的时候,必须组织严密、方案正确,在充分掌握市场信息的基础上,报价要低而适中。只有这样,才能增强竞争能力,才有可能中标。

船厂要根据招标文件对投标书的要求,按时、按规定份数向船东提交。有的船东连投标书的纸张大小、字号、封面颜色等都有规定。因此,船厂在编制的时候要十分注意这些细小的问题。

投标书的编制流程如图2-4所示。

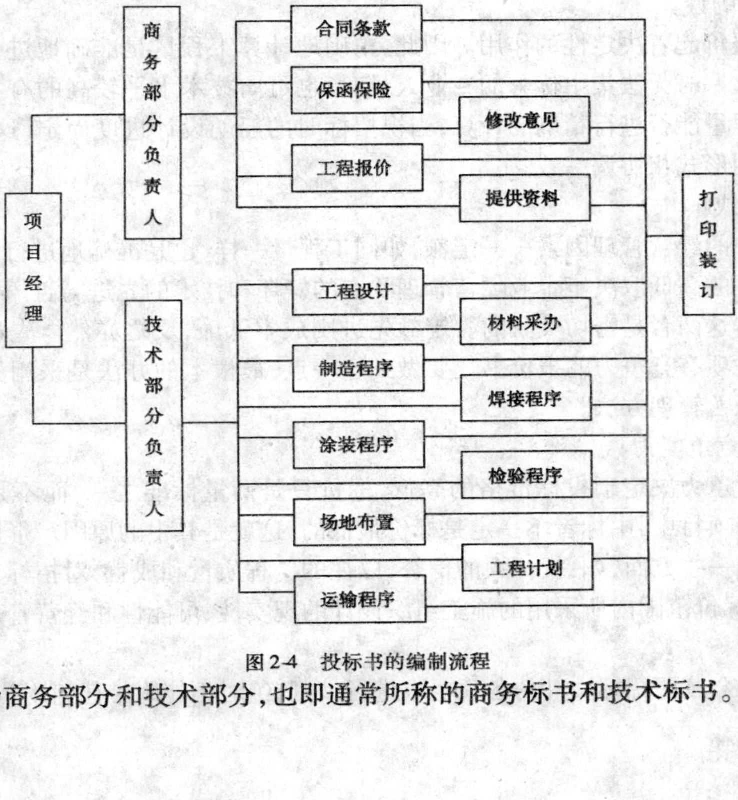

图2-4 投标书的编制流程

投标书分为商务部分和技术部分,也即通常所称的商务标书和技术标书。

1. 投标书的商务部分

编制投标书的商务部分主要有2项工作,一是报价,二是合同条款的研究。

1)报价

报价是投标的核心,可以说整个投标工作实质上是一部报价书的编制过程。报价是国际承包工程的一项专门业务,涉及的内容十分广泛,报价的准确与否直接关系到投标的成败。因此,造船厂应将报价放在第一重要的位置上,大多由总经济师直接领导报价工作。

(1)报价依据的整理和分析

报价的依据可以归纳成3大方面:投标人经营管理的因素、招标项目本身的因素和客观环境的因素。这3方面的因素形成一个报价的整体依据。对这些依据加以恰当的整理和分析是提出一项有竞争力的报价所必不可少的重要步骤。

投标人经营管理方面的因素系指诸如分部分项工程的工、料、机械台班定额和各项管理费用定额等,对这些因素的整理和分析应贯彻到企业日常经营管理活动中而加以制度化,定期整理分析、积累成册,以备投标时应用。

招标项目本身的因素已系统地详细列于招标文件,因此报价时必须对招标文件有关部分仔细地予以分析和研究。

客观环境的因素既包括投标人的国内环境,也包括国外环境。客观环境因素从性质上看可以概括为:第一,形成价格内容的费用因素。如物资来源及价格、运输状况和费用以及经济法规等。第二,决定竞争力的市场水平因素。如市场的工程价格、其他投标竞争者的报价水平等。前者是实质性的依据,后者是决策性的依据。报价人员应对这2方面的依据分别整理、进行分析,对前者据以编制报价内容,对后者供当局以确定竞争策略。

(2)工程量的计算

工程量对报价起着决定性的作用。因此,精确地计算工程量是准确地进行报价的重要前提。如果投标人一时无法集中优秀的专业人员时,也可向技术水平较高的有关工程咨询公司进行咨询。工程量能否进行精确的计算,当视招标时的船舶设计进度而定,这样,报价方法必须和采用的合同形式相协调一致。

(3)定额与成本

报价依据中的经营管理因素——定额,如同工程量一样,也是准确地进行报价的重要前提之一。定额水平的高低取决于企业经营管理状态的好坏和技术的先进与否。

定额和成本这两者是密切关联的。定额先进则成本低廉,反之亦然。先进的定额与低廉的成本将导致一项有竞争力的报价书。要做到这一点,最根本的办法是采用先进的施工技术和有效的现代经营管理方法。

(4)报价的竞争能力

报价有无竞争力决定于投标价格的高低,标价只是衡量标准之一,而不是衡量的唯一标准。在许多招标项目中,中标者不一定是标价最低的,这就是其中的原因。形成报价竞争能力的因素还有其他一些方面,如:投标人的信誉,以往的工程质量和成就,对招标项目有关的特定施工经验,在其标价范围内所采用的施工组织设计的现实性、可能性和经营管理能力等。

(5)报价书

报价书应完全按照招标文件的各项要求进行编制,绝对不能附带任何附加条件,否则将使整个标书作废而成为废标。报价书包括：

①投标书。投标书的格式如表 2-5 和表 2-6 所示。

投 标 书 格 式 表 2-5

投标者姓名：

致×××国际有限公司招标委员会主席提供__________投标书

数量：__________提供给__________

1. 兹遵照贵方____年____月____日招标通告和招标一般条件要求，按本标书所附"清单"2 中所列的价格表的价格和所附"清单"3 规定的性能规格投标，提供上述____艘____船。若能中标我们约定将____一起履行和完成上述所含的书面条件和规定。为按时履行本合同我们有义务向____按招标条件____条款规定给予合同价格的 5% 金额的保函，其金额为____美元，存于____。

若出于各种原因不能履行上述文件所含的书面条款而造成难以准确估计的损失，合同价格的 5% 金额即____美元，可由×××国际有限公司招标委员会主席作为违约赔偿金没收，不作罚款论。

2. 兹同意在规定招标截止日期后的 120 天内信守本招标条件。

3. 在未签订正式协议前，本投标书和贵方书面中标通知书一并形成贵方与我方双方之间合同，其全部内容视作合同内容而执行。

4. 兹理解贵方不拟以最低价格为准来接受投标，同时也不偿付我方在投标中发生的一切费用。

日　　期：

签字全名：

名称和地点：

见证人姓名：

签名：

地址：

文件及报告书清单 表 2-6

____投标书应附文件及报告书清单（简称清单）____

1. 投标书。
2. 价格表。
3. ××××货船的性能规格。
4. 机械设备清单（按：技术说明书由投标者提供）。
5. 对"招标一般条件"的建议说明书。
6. 银行保函。
7. 公证书。
8. 委托书。
9. 关于履行招标一般条件的保证书。
10. 介绍信。

②投标保证书。

③分部分项工程量表及单价分析表，包括材料费、人工费、设备台班费、管理费及利润等内容。

④价格表。各类合同价格表的格式区别很大，它一般根据所采用的价格计算方法、工程类型及合同形式而定。

⑤为完成主要部分分项工程拟雇佣二包人的有关资料。

⑥施工方案。

⑦施工组织机构表及拟任命的主要管理人选及其简历。

⑧主要工程进度表。

⑨人力安排计划曲线图

⑩对完成特定任务的体制和方案的说明。

⑪招标文件中规定的其他必须随报价书呈交的有关资料,如合同条款等。

2)合同条款的研究

合同条款的主要研究内容有:

(1)工程范围

特别是有关工程的交接面,一定要搞清楚,因为这与报价高低有极大的关系。

(2)甲乙双方的义务和职责

在合同中,一般对乙方的规定和要求比较多,应仔细研究。有时属于甲方应做的事情业主也交给乙方去做,在这种情况下,国外承包公司是不拒绝的,只要船东同意增加费用。即使本公司做不了,也可以承接下来,转手委托二包人或三包人去做,从中赚一点管理费。

(3)工程变更的条款

船东要求改变工程,应向乙方额外付款。船厂由于自身的质量原因而发生返工、修改等,船东则不承担经济责任。

(4)付款条款

确定付款的次数和每次付款的百分比。

其他一些通用条款,如不可抗力、仲裁、保密、中止、合同有效期、税收、保险等,可按常规办法处理。这些合同条款的内容还要根据国内有关法律规定、规范、条例进行制订,若存在问题,则可在预中标单位的"澄清会"或"答辩会"上提请船东解释。

2. 投标书的技术部分

投标书的技术部分的编写工作量很大,主要内容是详细叙述船厂对本工程项目如何去做,包括质量保证和质量控制体系,进度控制和成本控制。因此,技术标书大致上已把本工程项目开工前的准备工作都安排好了,这样就可以提供业主全面地、准确地进行比较、判断和选择。

投标书的技术部分一般内容如下:

①保函。包括履约保函及银行保函,这些保函的作用主要是为了防止投标人中途毁约,船东可向担保银行没收担保费用,补偿由此而产生的损失。这些保函的格式已在招标文件中提供出来,投标人只要研究同意,落实担保银行、签字即可。

②船厂简介。这和资格预审材料差不多,能说明本厂的概况即可。

③证件。本厂法人地位的证件复印件。

④项目组织表。这份表格应列出为完成本工程项目的组织机构、关键人员所在位置及工作关系。提交这份组织机构表的作用,主要是使船东对船厂的人事安排一目了然,便于指挥管理。

⑤关键人员简历。关键人员是指在组织机构表上列出姓名的人,即项目经理、部门经理、专业组长、高级工程师等人员。

从上列的第④和第⑤两项(即项目组织表和关键人员简历)来看,在评标的时候,船东会以此来衡量这几家投标人的项目组织机构是否健全，配备的人员是否强而有力，这正是评标的重要内容之一。

⑥项目执行计划。这个计划主要介绍投标人怎样进行这个项目。

⑦项目管理计划。投标人应向业主表明在执行本工程项目时，如何控制质量、进度和成本。

⑧承包厂的设备及能力。用表格形式表达。

⑨承包厂的经验。用表格和文字形式表达。

⑩可供利用的人力计划。投标人拥有人力应按月列出实有工人数，可以投入本项目的人力以图表形式表示。

⑪分包公司名单及简介。

⑫设备供应商清单及拟采办的设备名称。

四、盈亏预测和报价分析

投标人在完成内部投标报价以后，要立即对此报价进行盈亏预测，使有关人员对该工程报价的高低，盈亏的大小以及可能承担的风险有一个比较全面的了解，做到心中有底，作为最后确定报价的决策依据。以前由于受资料、时间和人员各种因素的影响很少对此进行系统的研究和分析，往往取决于决策者的主观愿望和判断。有人怕承担赔本的风险，就把报价订得越保险越好，层层加码；而有的决策者则中标愿望强烈，尽可能压低报价，哪怕做亏本生意也要中标，把中标变成了投标的目的。这 2 种做法无疑会导致报价工作的失败，都是不可取的。如果能提出一个高质量的盈亏预测资料，将会对确定报价起到很好的作用。

进行盈亏预测，主要解决资料、方法、判断 3 个问题。资料是决定预测是否正确的基础，方法是导致预测得以正确反映的手段，判断是决定预测是否成功的关键，三者互为因果，是一项很复杂的工作。这项工作必须通过长期的实践，积累丰富的经验和资料，探索出进行科学预测的计算方法，才能真正提高预测工作的质量。

在预测过程中，必须从不同的角度分析内部报价，有哪些地方偏紧，有哪些地方没有把握，可能有哪些风险，将造成多大损失。同时，又要正确地判断哪些地方留有余地，哪些地方可采取措施降低工程成本，增加盈利，从而进行详细的对比分析，预测出按内部报价投标时，可能获得利润的幅度，并据以提出高、中、低 3 档报价，以应付其他造船厂的激烈竞争和在可能的情况下争取获得较优厚的利润，供领导者决策。

盈亏预测工作可以从盈余分析和风险分析正反 2 个方面进行：

1. 盈余分析

指在内部报价基础上对报价中留有余地之处通过分析计算定量反映，一般可以从下列 5 个方面进行：

(1)效率分析

指对内部报价所采用的人工工效、材料消耗定额、施工机械台班定额的水平进行分析，考虑是否有可能采取措施提高效率，突破报价编制所采用的定额水平。如在现场推行以超额完成定额计奖为中心的经济责任制，签订分包合同，实行部分计件工资制，购置质量较好的国外施工机械，提高机械台班产量和降低燃料动力消耗数量，推行造船目标成本管理，争取最优的经济效果,达到降低成本的目的。

(2)价格分析

价格分析的内容很广泛,应抓住重点、抓住影响价格的主要问题,即大宗主要材料,施工机械的来源对报价的影响,在编制内部报价时已经说明了原则上均应采用当地市场价格或材料供应商的报价,不宜按从国内采购的价格计算,除供应商绝对保证的材料可以例外,在编制报价时这样处理是妥当的。但有些国内材料原价大大低于国际价格又可以为国家多创外汇,其外汇又可以按贸易外汇内部结算价格计算,提高对外竞争能力。当然有些原价较低的材料通过长距离运输大大提高了成本而导致不可取。因此在价格分析中应将几种主要材料,主要设备、主要施工机械按国内采购计算出运到现场的预算价格与报价编制中所采用的价格进行对比,分析由当地供应改为国内供应或国内供应改为当地供应,可以降低成本的材料、设备和施工机械,计算出可节约的资金数。

(3)数量分析

是指工程数量的分析,包括永久工程和临建工程数量,前者是标书中列出的,后者主要按施工组织设计确定。但均已在编制内部报价时进行了全面认真的分析,除特殊情况外,一般可以再考虑。

(4)比值分析

内部报价中用国内人民币支付的工程款折算为美元。外汇价时建议采用的比值应略大于中国银行公布的外汇牌价,但小于贸易外汇结算价格,以留有一定的余地。比值分析是计算这部分的余地有多大,实际还可以节余多少资金。

(5)其他分析

除以上4项分析外,还可以进行一些其他的分析,如各项费用指标盈余的分析,贷款数量可否减少而节约利息支出的分析,施工机械余值再利用分析,税务分析等。

经过上述5个方面盈余的定量分析计算,并从内部报价中减去上述5个方面计算的节余资金数,作为低价的报价。但实际上不会发生那么多盈余,因为只要在某一环节上出现一点问题就可能突破报价。因此,宜在各项盈余总和基础上乘一个盈余修正系数,该系数的大小按盈余分析的结论确定,一般在0.5~0.7之间。

工程的盈余额度 E_1 可按下式计算:

$$E_1 = k_1 \cdot \sum(\text{采取各项措施后降低的成本金额})$$

式中:k_1——降低成本折减系数。

2. 风险分析

国内外承包市场的竞争是激烈的,要承包工程就意味着要冒风险,对此缺乏预测就不可能取得成功。但一个精明强干的承包人,往往能把风险降低到最小程度以争取获得最大利润。因此在投标过程中对一些可能发生的风险进行预测,采取一些必要的措施,减少风险是非常可取的。

(1)工程建设失误分析

工程建设失误本来是可以而且应该避免的,国际上的承包人就很少发生这方面的问题,但我国的一些承包人,由于思想上的混乱和经济领域中的不正常现象,如机构臃肿重叠,人浮于事,官商作风,物资渠道不畅通,工人的积极性不能充分发挥,精干的施工队伍组织不起来,不能令行禁止,不能充分体现按劳分配的原则等。这意味着承包工程的计划,可能由于材料设备买不到,或不能按原计划运输,其结果必然是拖延工期和可能发生质量问题。按国内目前的体制和施工队伍现有的素质,这些问题是难以避免的。因此应根据工程规模,工期长短,施工项目的工艺复杂程度和质量要求,适当地考虑因工期延期而需支付的罚款以及质量返工所需增加的费用,这些费用在编制内部报价时是不宜考虑的。

(2)劳资关系分析

从目前我国可能进行对外承包的第三世界国家和地区来看,大部分国家的工人工资水平低于我国派遣工人的工资水平,这就导致要尽可能多雇佣当地的劳动力,减少出国工人,节约人工费用的开支;而当地的工会组织无疑会竭尽全力要从国外承包人的腰包里为工人谋取好处。在承包一项具体工程上,劳"资"关系客观存在,双方发生摩擦的可能性也就存在。如工人过分要求提高工资,增加津贴,享受舒适的生活条件,甚至消极怠工等,都可能给工程造成经济损失。

(3)低价风险

为了使工程中标,用压低报价去达到竞争的目的,作为中标的手段之一。如果这是为公司打开局面,为了今后获得厚利,争取在该地区站稳脚跟,或者是政治上的特殊要求,当然还是可以的。但如果把压低投标报价作为争取中标的主要手段,其造成的后果将可能是中标越多,风险越大,造成的损失越多。工程亏本还会严重地损害公司的信誉,是非常不可取的。

根据国外承包人的经验,如果一个承包人在 5 次投标中,有 1 次投低标那就可能意味着风险。在缺乏承包工程和竞争激烈的地区,几次投标有 1 次低标还可能太高了,其比例应在10:1或12:1左右才合适。那些常投低标的承包人最后可能获得倾家荡产的可悲下场。因此,中标不是目的,获得利润才是目的。这里投低标多少合适的经验可供承包人借鉴。

(4)其他风险

其他风险是很大的,有的风险又是无法预料的,一些可能发生的费用在编制内部报价时已经进行了推算,增加了费用,如价格上涨费用,意外费用等。有的是无法考虑的,如业主工程师的欠公正而带来的麻烦、对标书研究不够透彻而造成的失算、因对当地法律不清楚而失当以及地质条件太差,气候恶劣、工潮等,都可以根据搜集到的资料进一步作些分析推算工作。

通过上述 4 个方面对风险的分析,一方面应提出预防措施,另一方面最好提出一个概略的损失量,用风险损失修正系数进行修正以后,按内部报价增加这部分费用后作为高标价。风险损失修正系数可按风险分析的结论确定,一般在 0.5 ~ 0.7 之间。

工程的风险额度 E_2 按下式计算:

$$E_2 = k_2 \cdot \sum(\text{各项风险造成损失的金额})$$

式中:k_2——风险折减系数,含义和取值同 k_1。

3. 投标报价分析

(1)预算利润 F

目前我国承包工程应采取薄利政策,预算利润视工程的具体情况可取总造价的 5% ~ 12%,特殊情况也可不受此限。造船的利润一般取 6% ~ 8%,海洋平台工程的利润可取到 20% ~ 25%。

(2)高、中、低 3 档报价

①高档报价 B_h。在工程预算成本 D 的基础上，加上由于风险而发生的费用 E_2、并加上预算利润 F 即为高档报价 B_h。从理论上说，高档报价是无风险报价，其计算公式如下：

$$B_h = D + E_2 + F$$

②中档报价 B_m。在工程预算成本的基础上，再加上由于风险而发生的费用 E_2，扣除降低成本金额 E_1，并加上预算利润 F 即为中档报价。从理论上讲，中档报价是既无风险又无降低成本（仅有预算利润）的标价，其计算公式如下：

$$B_m = D + E_2 - E_1 + F$$

③低档报价 B_e。在工程预算成本的基础上，扣除降低成本，这是有风险的报价。此种报价在工程实施过程中只要一发生风险，就会抵消一部分预算利润。若风险的金额大于预算利润，就会造成亏损，其计算公式如下：

$$B_e = D - E_1 + F$$

有了高、中、低 3 档报价后，就能做到心中有数，即能做到在投标的各种具体情况下，选用适当的投报价。

（3）投标报价（A_1）的确定

按高、中、低 3 档报价，并根据所收集的情报以及自己得标的决心确定其投标报价。若业主的标底及竞争对手的报价均偏高，则投标报价可在高、中档报价之间取值，甚至可超过高档报价。对业主的标底和竞争对手的报价若无可靠情报时，则投标报价一般在中档报价附近取值。若业主标底和竞争对手的报价偏低，而自己又很希望得标时则投标报价可在低档报价上方附近取值。若工程较小，又是本公司在该地区的第一个承包工程，为了打入该地区的承包市场，投标报价亦可取低于低档报价之值。此种情况很可能会造成亏损，但因工程不大，其亏损金额亦不会多，却换来了在该地区的立足点，也是合算的。应该说明一下，投标报价取高值或取低值，必须要取得确实可靠的情报资料，再下决心。

（4）报价下限（A_2）的确定

业主一般在开标后取前三标进行议标，以进一步压低报价，故有了投标报价后还需确定一个小于投标报价的报价下限。确定报价下限的因素与确定投标报价的因素相同，但考虑分析问题更为细致。

五、投标有效期及其延长

投标有效期是指从投标截止日起到公布中标之日为止的一段日期。在此时间内，全部投标均为有效，船东可以任选其一作为中标人。按照国际惯例，投标有效期一般为 90～120 天，由船东确定后载明在招标文件中。有效期的长短可根据船舶工程量的大小和内容繁简而定，其目的是要使船东有足够的时间来对全部投标进行比较和评价，并获得有关方面的批准，以便在有效期内公布定标结果。

投标有效期一般不应延长。在某些特殊的情况下，应在有效期终止前征得所有投标人的同意后才能延长。投标人可以同意延长投标有效期，也可以拒绝延长投标有效期。根据亚洲开发银行的招标规定，对于那些同意延长投标有效期的投标人，可以修改他们的标书内容。对于那些拒绝同意延长投标有效期的投标人，船东不得没收其投标保证金，但可以把他们提供的投标保证金或保函予以退还。

六、投标文件的装封和递送

1. 投标文件的装订

投标文件的装订以美观大方为原则。有的投标文件很多,应分类合并,用精致的文件夹装订成册,如无本单位专用的文件夹,最好在每册封面上打以单位标记。文件用纸,质地要好,光滑洁白,规格要统一。文件要编总目录,每册也应有分目录,使阅读人一目了然。

2. 投标文件的装封

按照国际投标惯例,投标文件应分别装在2个信封里,第1个为A封,主要装投标书,第2个为B封,装余下的投标文件。然后将A封和B封合装在1个正式的专用信封里,用红蜡封口。在信封上按招标书的要求只写明船东的地址名称,而不写投标人姓名,也不能有投标人的标记。信封不应残破,也不能涂改,否则船东将不予接受,视为废标。

3. 投标文件的份数

投标文件应分为"正本"和"副本"2种,根据船东的需要,一般正本为2份,副本为2~4份不等。提交船东的文件以正本为准,并注明"正本"字样。在投标截止日期之前,允许投标人对已经提交的投标文件作书面修改,修改部分的文本经投标人同一授权代表签字方为有效;开标之后不允许对投标文件做任何修改。

4. 投标箱

船东应在指定的办公处所设立一个投标箱。此箱的大小应能装纳全部的投标信封,箱孔的尺寸以使能投入投标信封但又不能从其中取出信封为宜。标箱应上锁并严加保管,锁的3把钥匙,分别由招标单位(如招标委员会)主席、副主席和秘书保管。

投标箱应在招标文件规定的日期和时间予以封闭,并在公证人的监督下加封红蜡,直到正式开标时打开为止。

5. 投标文件的递送

投标文件应在投标截止日期以前递交船东,并投入投标箱内。递交的时间不宜过早,以便在发生新的情况时可以对文件作必要的修改。一般可在投标截止日前1~2天为宜。无论是派专人递送,或通过邮局寄送,都必须考虑到招标机构一定能在投标截止日之前收到标书,以免误期作废。若通过邮局寄送,则以当地邮局收到的邮戳时间为准。递交标书以后,投标人应密切注视开标信息。

船东对由于不可抗力原因所引起的投标文件遗失、损坏不承担责任。

七、投标费用的处理

对于每一项工程的投标来说,投标人要组织一批技术、经济人员,从事调查、编制标书等工作。这些工作往往时间紧迫,又非常繁杂,要花费不少开支。这些投标费用包括2部分:

①差旅费、招标文件费、人工费、招待费、咨询费、办公费等。

②投标人请银行开具投标保函时的手续费。

这些费用加在一起少则几千、上万美元,多则数十万美元。如果投标人在1年之中多次投标,这对投标人来说也是一笔相当可观的支出。

如何处理投标人的投标费用呢?它是投标人自己主动揽接生意的,既然如此,其费用自然由投标人自己承担。这是投标费用的一个处理办法。

但是为了提高投标人的积极性,更有效地开展工程招标投标活动,国内外的部分公司有一个不成文的习惯做法,即根据工程规模的大小,通过招标人给予未中标单位一定的经济补偿。补偿费的多少可按照投标标价或投标保证金的多少,由招标人确定一个比例,并列入招标文件中。

这些补偿费的支付有2种办法:一是由招标人支付一定费用补偿给投标人;另一种是由项目中标人支付一定费用通过招标单位分给所有投标人作为补偿之用。在一般情况下,这项费用的数额约为工程价格的0.1% ~0.2%,以此均分给各投标人。

第五节　投标的技巧及策略

工程投标是国内外市场竞争的常用方式。船东通过招标对船厂进行选择;船厂通过投标争夺造船工程项目。因此,开展工程承包业务,必须学会投标,学会竞争。

投标竞争,从表面上看是价格的竞争,实际上则是实力、技术、经验和信誉的竞争。许多国际性招标的标书中明确规定:船东不一定授标给报价最低的投标人,并且不公布理由,也不做任何解释。船厂报价低固然为得标创造了有利条件,但还要求其实力、技术、经验和信誉等,这些因素也是船东定标的依据。

在实力相当的公司中,有的公司得标率较高,有的较低,其原因是多方面的。但其中策略和技巧起着相当大的作用。这里谈的技巧,不包括行贿、收买、偷窃情报等不正当手段,因为这些手段一旦暴露,不仅对船厂而且会对国家的信誉造成严重损害。

1. 投标前的项目选择

通过多种渠道搜集船舶招标项目信息,搞清招标项目的大致内容、船型、资金来源、招标时间等。经常编制招标项目情况一览表,并及时补充修改,以供选择和跟踪。

只有项目选择得当,才有可能提高中标率。在项目的选择过程中,有以下几方面的因素应当考虑:

①适合本船厂的施工能力和特点。

②可以充分发挥本厂的优势,如有可供利用的现有设备、充分的技术劳务等。

③造船周期适当。若造船周期较长,则船厂的风险较大,材料、设备、汇率变化都会使船厂亏本。

④船东的资金来源有可靠保证。

⑤适当考虑船东的能力和经验。

⑥支付条件比较合理。应研究是否有预付款,船东是否要求贷款、延期付款或以物资抵付工程款等;对某些承包人是否有优惠和限制条款,维修期是否太长,扣留的保证金是否太高。

2. 代理人的物色

在对国际船舶工程进行投标时,在工程所在国应寻找一位代理人或者代理公司,有的国家甚至规定必须要有本国代理人,才能参加投标。物色一位当地好的代理人,尽管可能花费较高的代价——支付佣金,但他将会对得标起很重要的作用。当地代理人在投标过程中有以下作用:

①为委托人办理法定的投标手续。

②协助检查标书的表达式和费用的分类组合等是否符合招标规定。

③协助了解落实当地物价及其他价格因素。

④可以利用其经验和关系模底和探听对手的报价情况。

⑤向投标人提供当地投标经验。

⑥协助投标人采用一些特殊手段。

总之,当地代理人能起到外国投标人耳目、喉舌和顾问的作用。因此,不管当地政府是否有必须通过当地代理人办理投标手续的规定,都以聘请一名当地代理人为好。

好的代理人应具备以下条件:良好的信誉;广泛的社会关系;较强的活动能力;有经验、确实愿意为委托人出力、并且亲自出面活动;不是只拿钱不干事的人。

最好签订项目代理协议,争取不搞排他性的独家代理,更不搞无所不包的总代理。如果不行,也应当在代理范围和代理时间方面作些必要的限制,防止束缚自己的手脚。

1 个项目不要同时找 2 个代理,这样花费代理费太高,且容易引起矛盾。同样,也不能同意代理人在 1 个项目中代理 2 家公司。

代理费用要根据该国的一般惯例,随行就市。如有特殊情况,可在代理费用之外根据贡献及报价等情况,适当奖励或开支某些其他费用,不宜提高佣金比例。

应规定代理人对自己进行的各种活动承担责任,如果没有委托人的书面要求,代理人不得用委托人的名义进行活动或承担任何责任和义务。不要用任何书面文件指示或暗示代理人进行违法活动。

3. 写好资格预审调查表

这是投标人以书面文件的形式给船东的第一印象,该文件的外表装潢、颜色、排字以至其内容是否符合要求,在中标的天平上都具有一定的分量。所谓第一次的印象良好即是成功的一半,这是有一定道理的。

4. 深入研究标书

深入研究标书的内容和要求极为重要,其目的是:

①弄清投标人的责任和报价范围,不致发生任何遗漏。

②弄清各项技术要求,以便确定经济适用而又可能加速造船周期的施工方案。

③找出需专门询价的特殊材料设备,及时调查价格,不致因盲目估价而失误。

④理出含糊不清的问题,及时提请船东或顾问公司予以澄清。

标书中关于承包人的责任一般是十分苛刻的。应当懂得,投标和承包工程有着制约和反制约的斗争,船东聘请有经验的顾问公司编制严密的招标文件,对船厂的制约条款几乎达到无所不包的地步,船厂基本上是受限制的一方。但是,有经验的船厂并不是完全束手无策的。应当接受那些基本合理的限制;同时,对那些不合理的制约条款,可在投标中和以后的议标中争取作某些修改,以改善自己的地位;甚至可以用价格方面的某些让步来换取船东修改某些条款。这种情况在国际承包合同中经常发生。因此,应当认真消化和研究标书中的各种限制条款,并采取相应的对策。一般来说,可以在投标时递交一份致函,提出不同的处理方案和相应的价格调整,供船东选择。如标书中规定没有预付款,船厂可以按此算标,将周转资金的利息计入成本。还可以在投标致函中提出建议:如船东支付一定的预付款,则报价可降低一定的比例。

要全面消化标书,既不放过任何一个细节,又要特别注意一些重点问题。

(1)在合同条件方面

①造船周期。包括开工日期和施工期限等,是否有分段分批竣工交付的要求。

②拖期罚款。是否有罚款的最高限额规定。

③维修期和工程结标的保险期。

④保函的要求。包括投标保函、履约保函、维修保函等;保函值的要求,允许开出保函的银行规定,保函有效期限的规定等。

⑤保险。是否指定保险公司和指定最低保险金额等。

⑥工程数量变更对价格的影响。

⑦付款条件。是否有预付款及其回扣方法如何?材料设备到厂后可否获得部分付款,可否按订货、到港、到厂等阶段分段付款。中期付款方法,包括付款比例,保留金比例,保留金最高限额,退回保留金的时间和方法,拖延付款的利息支付,中期付款的最小金额限定等和中期付款的结算;付款货币,自由外汇兑换的规定。

⑧税收。是否免税或部分免税。

⑨战争和不可抗力因素的损失,中途停工的处理。

⑩争议、仲裁、法律的规定等。

(2)材料、设备和施工技术要求方面

①采用何种施工验收规范。

②特殊的施工要求,注意这些特殊的要求对施工方案和机具设备以及工时定额的影响。

③特殊材料的技术要求,是否有专门指定的厂商的材料、设备和附件。

④关于材料设备代用的规定。

⑤摘出尚需进行询价的材料设备,编出细目名称及规格、型号、技术标准或技术要求,并估出需要量,以备询价。

(3)工程范围和报价要求方面

①合同种类是属于总价合同、单价合同还是成本加酬金合同,有些标书对不同的工程内容采用不同的计价合同种类。

②工程量表的编制体系和方法。有无初期付款,工程量的分类方法,工程量表中子项的含义和内容。

(4)答复或询问

国际性招标中,一般均规定在一定的期限内业主可答复投标人提出的问题。应当充分准备并利用这一机会澄清含糊不清的问题。如何提出询问,也要注意下列策略和技巧:

①对标书中出现的对我有利的方面或含糊不清的条款,不轻易提请澄清。

②不要让竞争对手从我方提出的问题中窥探出我方的各种设想和施工方案。

③注意提问题的方式,不要使船东和顾问公司感到为难,甚至反感。

④对含糊不清的重要合同条件,可以请求澄清、解释,但不要提出改变合同条件(改变合同条件的要求,只宜在投标致函中提出)。

⑤对招标文件和图纸相互矛盾之处,可请求明确以何者为准,但不要提出修改技术标准

（修改标准这样的建议，可在投标致函中提出，并作出相应的报价，供船东选择）。

⑥对工程内容范围不清的问题，可提请说明，但不要提出修改设计方案的要求。

⑦请船东或顾问公司对问题所作的答复出书面文件，并宣布与标书具有同样的效力。千万不能凭口头答复来修正我方报价。

5. 算标、填标和投标

在搞清标书全部含义的基础上，按报价单的要求计算价格。这是一项严肃的工作。算标的指导思想应当是：细致认真、科学严谨、不存侥幸心理，也不搞层层加码。

按照各标的计价合同类别（总价合同、单价合同或成本加酬金合同），根据各厂本身的经验和习惯，确定算标的方法、程序和报价结构体系。如单价分析法、系数法和类比法以及这几种方法的混用等。无论采用何种方法，算标有 3 大要素应事先确定：

（1）工程量

必须核实和详细计算工程量，特别是对总价合同，决不能轻信标书中的工程量表。即使算标时间十分紧迫，也要复核主要工程量。根据工程量来制定施工方法，算出用工量、用料量等。

（2）基价

按各项开支标准算出工程基价；按市场调查和询价结果，并考虑运输、税收等算出运抵现场的各项材料基价；按国内和国外船用配套设备的购价及运输和税款等算出设备基价。

（3）各类附加系数

对于管理费用，可按实际开支估算后折算为管理附加系数；对于材料，要按市场价格波动趋势确定价格上涨系数；对设备要根据不同情况考虑折旧摊销系数。此外，要根据情况考虑周转资金贷款利息、佣金或代理人费用、利润和其他额外开支，并折算为系数。系数的确定也要坚持实事求是。只要 3 大要素计算准确和确定得比较合理，就能保证既有一定的竞争力，又不致严重失误。

计算中，最好不采用单一方法算标，可用多种方法进行复核和综合分析。如主要采用单价分析法逐项计算，并采用类比方法复核。不管采用什么方法，在投标之前一定要详细分析风险、利润报价让步的最大限度，而后参照可能获得的各种情报资料以及预测竞争对手情况，最终确定我方实际报价。

除了材料和劳务费用按实际计算外，怎样将造船当中各种管理费用摊入各子项工程内容中去？这里有许多技巧问题。如果平均分摊将会造成子项内容报价出现某些项过高或过低的情况。因此最好是按子项工程内容的性质和实际情况分摊，并利用过去已得标工程的报价单复核和调整单价。这就要求承包人注意积累和收集这方面的资料。

对于列入总价进行评标的项目须持审慎态度，不轻易提高单价，以免使得总价偏高；对于不列入总价的项目内容，适当提高其价格并不影响总价水平，并有可能在工程实施阶段得到额外的利益。

除非标书中有明确的规定，不要更改标书中的任何条件和工程量表，应当严格按标书中的规定填标。对于希望更改的部分，可在投标致函中说明，并声明如被采纳，标价可降低的幅度。应当注意，有许多标书规定，如对标书进行涂改，该投标书有可能被宣布作废。

写好投标致函极为重要。除招标书中规定的致函内容外，可写明各种建议以及对标书中工程量表和报价计算的主要依据。致函中可含蓄而有礼貌地暗示，某些报价是可以协商的，使船东在选择议标对象时，对我感兴趣。

标书的填写要清晰、端正，数字的计算要反复核对，使之准确；投标书的装帧要庄重，美观、大方；各种说明资料（如施工方案说明、工程进度表等）要讲求科学性和逻辑性，使船东和评标委员会有良好印象，认为该厂是严肃认真和讲求质量的。

投标保函内容须严格按招标单位的规定，在招标书指定范围内的银行开出，随投标文件密封报送。应注意开保函时可能泄露我方报价，因此，必须注意到银行开保函的恰当时间，不致造成泄露我方报价的机会。有的投标人故意加大保函金额数，即使报价被泄露，也可使竞争对手产生错觉，这也是一种可行的办法。

严格遵守报标时间，不得有任何迟误。如有可能，争取公开开标。

对于确无把握的标，宁可放弃，也不要抱着侥幸心理提高标价。标价过高或过低，不仅不能得标，而且会严重损害船厂信誉。

6. 报价低而适中

投标成败的关键在于报价。怎样的报价才具有竞争力呢？过去的实践反复证明：报价太高，无疑会失去竞争力而落标，报价太低，也未必能中标，即使中了标，也难免潜伏亏损的风险。只有报价低而适度才是中标的基础。据分析，国际投标的中标率通常在20%左右，其中大部分为低标。所谓低标，是指最低标或次低标，起码是第3名。否则就难于进入评标之列。

想要做到报价低，通常有以下途径：

①切实贯彻薄利方针，运用获胜概率理论。

②发挥我国人工费用低的优势。我国由于实行低薪制，工人和技术人员的工资比西方工业国家低得多。发挥我国人工费用低的优势，可加强竞争能力。

③修改设计，减少工程量。有经验的船厂在研究标书过程中，在发现设计不合理、有可改进之处，或可利用某项新技术使造价降低时，除了按设计要求提出报价之外，另附一修改设计的比较方案，往往能得到船东的赏识，收到出奇制胜之效。

④适度的报价必须是建立在保本薄利的基础上，并接近船东的标底，在投标中名列榜首，至少是在3名以内。要做到适度，有以下几点可供参考：

A. 核实工程量，落实项目成本。报价要立足于保本薄利基础之上，就要求成本计算要符合或接近实际，而成本的科学计算又取决于工程量准确和所用价格属实。对标书所估计的工程量，一般从2方面入手：一方面认真研究投标文件，复核工程量，吃透图纸要求，改正错误，检查疏漏；另一方面要进行调查，取得第一手资料，掌握一切与计算工程量有关的因素，进行如实的计算。

在核实工程量的基础上，还需查实与直接费用因素（人工、设备、材料）有关的价格，切忌粗估冒算。询价方式有多种：可直接向市场或厂商询价；也可以以准备订购或聘请人员的方式要有关公司报价；还可将某些单项工程，如电器、管道、空调、卫生设施等以准备分包名义，要求二包人报价，以资参考。诚然，价格资料应在平时积累，当一项工程投标时，只是针对工程的特点补充已有资料的不足，是点上的深化。

B. 同类项目比价法。通过成本加利润作价法计算的报价与近年来建成同型船舶的价格比较，是对报价是否适度的一种有效的检验方法。

C. 对手法。这是当代国际上运用竞争性投标理论报价的方法之一，分一般对手法和具体对手法。这2种对手法都是建立在了解竞争对手报价基础之上的。一般对手法就是使自己的报价低于其他对手一定比例时，对获胜概率的估计。当报价低于对手20%以上时，得标即成为可能。

D. 具体对手法是认定主要对手，使自己报价低于一定幅度以取胜。

模标底。一般来说，一项工程的造价，国家有预算，贷款有协议，招标有标底。因此，一项工程的造价在招标时，至少有以下几个方面人士掌握：国家计划部门和财政部门的头面人物和经办人员；贷方驻该国机构的人员（如果是贷款项目的话）；参与招标的有关人员。标底当然是保密的，但总会通过各种渠道泄露出来。外国往往千方百计，甚至不择手段去获取这一秘密。手段之一是通过当地代理人进行活动，做到心中有数，以便在必要时采取适宜的对策。

投标报价除了力求低而适度外，还要运用作价技巧，提高经济效益，这也是投标策略的重要组成部分。

E. 采用不平衡标价。

F. 提高工程量可能增大的单项工程单价。招标文件一般都规定，船东有权对任何单项工程的数量作一定比例（如30%）的增减，但增减总金额不得超过合同总金额的某一比例（如25%）。投标人通过审核图纸和工地考察，可以发现报价单上所列工程量哪些与实际不符，在作价时，就可提高那些工程量可能增大的单项工程的单价。这样做对报价影响不大，却能在工程实施时增加收入。同样，压低那些工程量可能减少的单项工程的单价，既可降低报价，在工程实施时减少收入也不大。对于一些暂定工程项目，估计以后不会发生的工程，也可降低其单价。

G. 报价灵活机动。在报价问题上，开始可根据市场情况和竞争对手的实际情况，比对手适当低一些。这样，就给自己被确定为预中标单位有机会参加船东召开的澄清会创造了有利条件。这是因为能参加澄清会的投标人往往只有2～3家，对手是谁，已经明了。此时可根据情况，有时候报价还可以适当回升一点。

7. 争取中标的辅助手段

(1)优惠条件

投标报价附带优惠条件，是行之有效的一种手段。招标部门评标，除了以价格水平为主要条件外，还要考虑到支付条件（或信贷条件）、工期、物价浮动等诸因素。因此，投标人除了力争报价低而适度外，还可在上述诸因素中附带某些优惠条件，以增强竞争力。就信贷条件而言，要以获得最小折现值为条件，击败对手。在贷款期限、利率、宽缓期、无息期和预付款等影响折现值的5个因素中，无息期对折现值的影响最小，而对卖方最为不利应尽可能避免使用。利用周期和物价浮动因素做文章，也能收到一定效果。

(2)与当地公司联合投标

借助于当地公司的力量也是争取得标的一种有效手段。有不少国家，给本国承包公司以优先条件。如规定某些中小型项目、劳务密集型项目只在本国公司范围内招标；进行国际招标的项目，在同等条件下，本国公司或本国与外国合营公司优先得标，甚至规定在外国公司得标的一些项目中也必须将其中一定比例分包给本国公司的附带条件。因此，与当地公司联合投标，首先是为超越"地区保护主义"障碍的需要，并可分享当地公司的优惠待遇。其次，当地公司熟悉当地市场情况，与官方及当地经济集团关系密切，外国公司与之联合，可取长补短，为得标疏通渠道。

(3)与外国公司联合投标

日本和西方国家的承包公司以先进技术设备和丰富管理经验见长,韩国、印度等第三世界国家的承包公司则拥有劳务费用低的优势。二者联合则可取长补短,收到良好效果。由于我国拥有经援项目的良好影响,不少国家主动邀我参加项目投标,但又往往在一些技术设备方面存有疑虑,甚至提出须采用某国设备的附带条件。因此,对一些技术密集型的大型项目,若能与日本或西方国家的联合投标,必有利于竞争。

(4)幕后活动

我国是社会主义国家,行贿受贿是不允许的。但是在国际交往中,请客送礼是司空见惯的。其实,在国际承包界,行贿受贿是"公开的秘密"。行贿方式多样,有重金收买、有珍品馈赠、有当面交钱、也有向受贿者在国外银行账户汇款的;有投标人登门赠送的,也有通过第三者转交的等。总之是幕后活动,即所谓"桌下交钱",其作用难以估量。

(5)外交手段

凡重大的国际性项目招标,无不伴随着频繁的外交活动,或是劝说,或是施加压力,如此等等,不一而足。

第六节　开标及招标公证

一、开标

开标是指在规定的日期、时间和地点将全部投标人寄来的报价书中所列报价予以公开宣布,记录在案,使全体投标人了解各家报价及最低报价。

1. 开标方式

国际招标的开标方式常见的有以下3种:

(1)公开开标

将开标日期、时间和地点在国际发行量大的报纸上公布,并通知投标人,在投标人参加的情况下,当众公开进行。

(2)有限开标

将开标日期、时间和地点分别通知每个投标人,在投标人自愿参加的情况下开标。

(3)秘密开标

由船东秘密进行,船东有时邀请有关人员参加。

大部分的招标项目都是采用公开开标,以避免第(2)、(3)种开标方式带来的弊端。

2. 开标程序

开标日期、时间和地点应在招标广告或招标邀请书中明确予以规定。投标箱应放在船东的专门房间里,并在开标时进行启封。如果出席开标仪式的人数不符合法定的人数时,则标箱不能启封,船东应写一份备忘录,证实标箱当时完封,并应防止再投入任何其他的标。

开标应在船东指定的会议室或较适宜的大厅里进行,会场布置要庄严肃穆,主席台上应配备有扩音器、录音设备、电子显示设备等。在开标以前,先请投标人在签到簿上签字,以示出席开标仪式。在船东宣布开标开始后,先由公证人检查投标箱的密封情况,封条是否完整,上锁是否完好。在得到公证人的证明以后,在公证人监督下将投标箱打开,取出投标函件,分类登记并校对数字。投标人代表检查本单位投标文件密封状况签字确认无误,拆封,验证营业执照及法人资格证书。其后由开标主持人先拆阅 A 封(在国内招标时,一般没有 A 封和 B 封之分),认为投标文件没有与招标规定不符以后,再拆阅 B 封,由唱标人大声唱标、朗读投标人名称及其对该项目的报价,进行书面及音响记录在案,同时在电子数字显示仪中示出报价数。

在开标过程中,参加开标的所有投标人代表应集中精力记录好各家的报价结果,这不仅能了解最高和最低标价以及本单位报价在第几位,还可以利用这些数据来分析各投标对手的报价水平和趋势,以便为今后同类工程的投标打下基础。

如果船东要求提出某种供选择的比较方案,或投标人业经获准提出某种选择方案时,这些方案的报价也应该加以宣读并予以记录。

开标以后任何投标人都不得更改其投标内容,尤其是标价和其中的重要部分,但可以被允许对其投标作一般性的说明或疑点澄清。对船东来说也可以要求投标人对其投标文件中的某些含糊不清之处予以说明,但不允许更不得要求投标人修改其标价或实质性的内容。

开标仪式结束以后,船东可以与各投标人作一般性交谈,询问情况,结识朋友,以利今后工作的开展。

3. 对迟到报价书的处理

对未按规定日期和时间寄送到的报价书,原则上应视为废标,可予以原封退回。但如果这种延误并非投标人的过失,而接受这种迟到的报价书也不会使该投标人得到某种优惠时,船东也可以同意该迟到报价书为有效。

二、招标公证

招标公证就是国家公证机关公证处对招标投标这一法律行为的真实性和合法性给予法律的审查、认可和证明。

招标公证的具体做法,可根据招标工作的特点,分为以下 8 个步骤:

①协助招标单位做好招标前的一切准备工作,如宣传有关法律知识,草拟招标章程和招标工作程序以及做好开标、评标前的准备会议等。

②封存投标箱上锁,贴上盖有公证单位印章的封条并保管钥匙。凡招标单位均要设立 1 个标箱,把各单位的投标文件一律投入箱内,待开标之日方能取出。

③验箱启封。即检查封条、标箱等是否完整无损,然后打开箱子,取出函件,分类登记并校对数字,如果有出入,则要查明原因。

④监督唱标、评标。函件分类后即进行唱标,公证员对唱标过程中的差错应及时纠正,对不符合招标章程的投标文件应当即宣布为废标。

⑤公证员发表公证词,对招标、开标、唱标、评标等一系列的法律行为的真实性、合法性给予法律上的确认和证明,向各投标人证明开标结果有效。

⑥出具公证书。在公证员发表公证词以后,对整个招标活动及投标人分别说明招标项目的真实性、合法性、有效性,出具加盖公证处印章和公证员签名盖章给予证明的公证书,以形成书面的法律证据,并归档备查。公证书如表 2-7 所示。

公 证 书 (1) 表2-7

我方查询号＿＿＿＿＿＿ 关于＿＿＿＿＿＿船投标事宜 先生:＿＿＿＿＿＿公司向＿＿＿＿＿＿投标委员会 致意! 我公司愿意对＿＿＿＿＿＿所需的＿＿＿＿＿＿船进行投标。 顺致敬意 ＿＿＿＿＿＿公司 ××年××月××日 盖章

公 证 书 (2)

证字第　　　　号 兹证明前面文件上所盖的＿＿＿＿＿＿公司之印鉴属实,并证明所附英文译本与中文正本内容相符。 ＿＿＿＿＿＿公证处 公证员签字 ××年××月××日 公证处印章

⑦对预中标单位及时进行审查,主要是审查法人资格、权利能力和行为能力。

⑧对招标单位与中标人所签订的经济合同进行公证。

第七节 评审投标书及报价单

一、审查报价书

开标以后即转入幕后评价阶段,对投标进行审查、鉴别、比较直至定标、批准中标人。所有的报价书在评价以前应该先进行初步审查,看有无漏洞和疑点。要使所有的投标人提出的报价书不漏不缺,合乎标准,其关键在于如何协助投标人来澄清投标过程中的疑问。

1. 疑问的澄清

由于种种原因,投标人在投标过程中必然会产生有关报价的各种疑问。因此,在投标人须知中应载明在投标期间负责与投标人联系的人员姓名、地址、电传和电话号码等,以便随时答复质疑。

联系人在受到质疑时,首先一定要弄清疑问的实质,如果对提出问题不够清楚,应立即与投标人接触,彻底弄清。联系人将问题向有关专家说明,请其按期答复。然后再由联系人审查答复的内容,务求明确而不会产生新的疑问。最后将该项答复用书面形式通知提问的投标人,并同时转达全体其他投标人。

2. 审查的内容

对投标文件进行初步审查的要点如下：

①有否计算上的技术错误。

②是否在总体上、实质上符合招标文件的要求。

③是否已提供所要求的各项保证。

④是否在全部文件上都已按规定签了名。

⑤文件在其他方面是否完整。

⑥是否提出了船东无法接受或违背招标文件的保留条件。

根据上述审查，如果在内容、实质上与招标文件不相符合时，这类报价书即列为废标，而不予考虑。但如果这种备选方案事先曾取得同意或出于船东的要求，则这类附有条件的报价书仍应视为有效。

二、投标评价与比价

投标评价的目的就是从技术、商务、法律、施工管理等各方面对每份报价书提出的费用予以分析评价，以便船东能在这个“评定费用”的基础上将全部投标加以比较。应当看到，经过评标后，船东认为最有利的投标应该是“评定费用”的最低投标，而不一定是“报价”的最低投标。因为“评定费用”最低的投标是经过从技术上、财政上、商务上进行全面鉴别、比较以后得出的最经济合理和最有成效的投标。而有时候那些在报价书上列出的费用最低的投标，在经过技术上、财政上、商务上的比较以后，却并不一定是经济效益最高的投标。

因此，不难看出，评价的根本目的是要评定出一个技术上较合适同时费用又最低的报价书，这 2 种要求往往是相互对立的。评价就是要从这个矛盾的对立中找出一个最佳的平衡统一点。因而评价工作是异常复杂和困难的。要想得到理想的评价结果必须组织一个有力的评价班子，制定一个完善的评价计划。

1. 建立评价组织

评价工作一般由总经济师负责领导，并决定一个合理的评价方案。

国际上通用的投标评价方法一般有 2 种：

①将投标文件分发给各职能部门征求意见，按期收回、比较评定。

②组织一个评价小组联合办公，会审投标文件并进行对比评选。

当采用第①种方法时，投标文件应分送下列各职能部门：

①工程技术部门：负责工程技术评价。

②施工管理部门：负责施工组织措施评价。

③计划调度部门：负责施工进度评价。

④财务会计部门：负责价格及支付条款评价。

⑤法律顾问部门：负责商务及法律的合同条款评价。

⑥总经济师本人：负责标书的全部内容以及对例外的条款进行综合评价。

由总经济师规定评价完成日期，届时并组织上述各个部门的代表分析评价结果并准备评价报告。

如果采用第②种方法，则应从上述各个部门挑选一批经验丰富的专家组成一个评价小组。

小组成员必须由该项目评价所必需的各方面专家组成。这些专家包括下列各方面：

①评价技术方面的工程专家，其专业应为船体、轮机和电气。

②评价施工管理和施工方法的施工专家。

③评价计划安排及施工进度的计划专家。

④评价价格、定额、支付条款及其他财务资料的会计、财务及成本管理专家。

⑤评价商务、法律条款的经济管理及法律专家。

⑥评价投标文件内容条款的合同专家。

评价小组由总经济师领导，并由他指定2名专家为助手，进行协调。1名为技术评价助手，另1名为商务、法律评价助手。

2. 评价计划与评价内容

评价小组首先应确定评价报告内容及报告格式，然后订立评价计划，开展评价工作。

评价计划的制订方法大致如下：总经济师将评价专家分为2部分，即技术部分和商务、经济法律部分。技术评价助手负责工程、施工、计划3个方面的评价组织工作；商务、法律评价助手负责合同、财务、成本3个方面的评价工作。这2种评价分2处同时进行，然后综合在一起组成完整的评价报告。

评价内容则按上述6个专业，分别予以制订。评价的基本内容一般规定如下：

(1)商务、法律方面

①合同方面的评价内容。条款的例批情况、保险方面的安排、对协调程序的合作程度、法律方面的有关问题。

②成本方面的评价内容。对全部数据的复核、劳动定额、二包工程价格、调值(升值)公式、额外费用、可比工程的工时估算。

③财务方面的评价内容。投标人的财务实力、投标人的借款能力、支付条款、可指望的审计文件、外汇兑换率。

(2)技术方面

①工程方面的评价内容：执行任何设计上要求的能力、数量控制程序、质量控制程序。

②施工方面的评价内容：按期竣工的施工管理方案——预定的制造方法、物质设施、吊装(或下水)及运输计划、类似工程的施工经验、拟定二包人的资格审查。

③计划方面的评价内容：工程进度、人力及目前承担任务情况、关键二包人的人力提供计划。

上述评价内容中有一些已列入资格预审表。但在评价时对其重新检验，可以进一步证实是否有所变动以及核对其设施及人力能否与合同要求及计划进度相配合。

3. 比价

比价是指对各家的报价书在同一的基础上进行比较，比价不仅仅是比较各家标价的高低，同时还要考虑下列5方面的比价依据：

①船舶竣工期限和材料、设备的交货期。

②船舶竣工投产后的营运成本。

③对所提供的设备的效能互换性。

④设备维修的服务以及所需零配件的供应可能性。

⑤所提出的施工方法的可靠性。

比价的具体做法一般分为3步：

第1步，从资格预审合格的所有报价书中取出2个标价最低的投标，标出2者的平均数，称为“平均标价”，然后将标价超过平均价20%及以上的投标予以排除，暂不考虑。这是第一次筛选。

第2步，按照标准的“比价表”的要求列出投标范围中的每项价格因素。然后将各家的报价书按表中的各项因素一一加以填列。这样便可以在同一基础上衡量各家的报价费用，并按照前述5项依据进行鉴别和比较，是为第2次筛选。如表2-8所示是一种目前国际上较常用的比价表的式样。

比　价　表　　表2-8

序号	项　目	投标人						
		a	b	c	d	e	…	n
1	标价（当地通货）							
2	标价（折合标准通货）							
3	额外项目的估价							
4	对主要资格审查项目的估价							
5	对计算技术上的校核调整额							
6	总计							
7	先后次序							
8	与最低价相差的%							

第3步，在第2次筛选基础上，选出2～3个最理想的目标，必要时再将这几家投标人请来进一步查询和讨论，弄清某些问题和疑点，最后选定1名中标者。

在初步筛选过程中排除标价超出平均标价20%的报价书以外，将初步选中的单位继续进行下列3项工作：

①处理在审查报价书时所发现的问题，如对合同条款有不同意见时的处理等。

②审查未被邀请的投标（当采用邀请招标方式时），决定是否应对其做进一步评价。

③处理截止日期后收到的投标。如果这类投标确实因气候条件的影响而延迟了投递，或者因罢工而影响了发送等，也可考虑其为有效。但必须肯定这类报价书确实是在投标截止日期前已经寄出，否则虽有上述原因的影响，也不予以考虑。

在第二次筛选过程中还应该设计出一个标准的比价表，以便在同一可比基础上对全部报价书进行比较。

在如表2-8所示比价表格式中，第1步，填入各投标人用其本国通货表示的标价；第2步，将此标价换算成统一的标准通货价格（所谓标准通货可以是招标单位的本国货币，也可以是招标单位选定的某种硬通货）；第3步，填入某些额外项目的预估费用，如由于各投标人所在地理位置的不同而发生的一些运费差价；第4步，列出在初步筛选中弄清的一些主要资格预审项目的货币价格，对于这类价格应列出辅助表以表明它的计算依据；第5步，如果报价中有任何计算技术上的错误时应将其调整额列入表中；第6步，总计经过上述步骤处理后，各家投标的价格；最后按标价高低排出各家次序，将最低标价列为第1名，并以第1名标价为基数，依次列出其他标价与基价相差的百分数。这样，比价工作即告完成。根据比价结果便可以进行评价报告的编制工作。

4. 撰写评价报告

在制订评价计划、开展评价工作之前，先应确定评价报告的内容，这是因为评价计划和评价工作本身都是以评价报告的内容为依据的。

评价报告通常由下列3部分组成：

①评价总情况，包括：邀请投标人清册（这是指邀请招标而言，如为公开招标，则应列出购买招标文件单位清册）；列出报价书清册；授予合同的推荐意见。

②对每份报价书的技术经济分析。

③作为分析依据的各种计算明细表等资料。

当全部评价工作完成后，即可按上述内容准备评价报告。

这一阶段的关键工作有3项：

①对每份报价书做1~2页纸的评价摘要，列出需要进一步商谈的问题以及评价小组对此报价书的评价。

②准备总评价推荐意见。

③将全部有关评价的详细资料按一定顺序加以整理附于评价报告之后。

评价小组应将评价报告送呈招标有关负责人以便做出决定。小组并应向负责人作口头汇报，解答有关的询问、提供定标所需的论据，然后准备和拟定的中标人就评价过程中提出的若干问题进一步谈判。

5. 确定预中标人

评价小组经过仔细分析研究以后，应确定2~3家投标人（一般取3家）作为预中标人，并书面通知这些单位应作好工程答辩准备和进行答辩的时间、地点。

三、资格后审

如果在投标前因故尚未对某些投标人进行资格预审，当经过评价，比价、确定最低标价之后，船东还可以对几家报价较低的投标人进行资格后审。

资格后审的内容基本上和预审相同，但对在评价过程中已做详细计算并进行了评价的项目则可不必再予后审。后审结果如发现最低价的投标人其技术能力及财务状况不足以有效地完成该船舶工程项目时，则这一最低报价的投标人不应再予考虑。

整个评标过程应在公证人监督下进行。无论在招标工作结束前后，评标过程的情况都必须严加保密，任何人不得以任何形式透露给与投标有关的单位或个人，如有发生将追究其法律责任。

经过评议，对违反国家政策和利益的投标文件，船东应根据情况决定部分废标或全部废标，并拒绝提供任何解释。

第八节 定标及合同签章

一、定标

定标就是决定中标人并授予合同，即双方签订合同。定标应以投标评价报告及其推荐意见为依据。定标之前还应就评价报告中所列出的需要进一步商谈的问题和投标人进行谈判。

在定标阶段应完成下列3方面的工作：

1. 定标前的谈判和第2次报价

在谈判前应将评价报告中所列举的问题进行分类，确定谈判日程。分类的方法仍应按照评价小组的划分方法进行，即分为：合同、成本、财务、工程、施工、计划6个方面。谈判时由上述6方面的有关技术及经济专家参加。

在谈判时船东和投标人彼此就标书及整个工程有关事项提出问题，要求对方作出明确的、肯定的回答。这既是船东为选择理想的船厂而进行的最后一次考查，也是船厂为中标而迈出的重要一步。通过答辩讨论，进一步把船东的指导思想、技术要求，传达给投标人，使双方对合同的条款、技术要求、施工方案、程序达到统一，为签订合同作最后准备。

(1)谈判的主要内容

①标书中技术问题，各种程序、方案、设备能力、技术条件、工程计划等是否满足要求。

②工程内容的变更、工程的追加和减少对程序、周期、价格的影响。

③其他，如为业主服务的设施、生活条件等。

(2)谈判人员的组成

领队是项目经理，成员是合同、工程技术人员。

(3)应注意的问题

①准备要充分，在投标书提交船东之后，就应着手答辩准备，考虑对方可能提出的问题。

②合同条款修改应多设想几种方案。

③准备修订工程价格。

④答辩人员应精通英文，熟悉业务。

在谈判中得出的结论应用书面形式予以记载，措辞应完善以便直接载入合同文件。只有当某一项目的谈判结论经双方一致同意以后才能转入下一项目的谈判，根据谈判中所达成的协议再对合同文件予以修改。

当谈判结束、形成最后文件以后，双方应各派一名高级代表审阅合同文件，并在文件的每页上签字。如果在最后审阅时发现还存在问题，应该就这些分歧再组织谈判，直至意见完全一致为止。

谈判期不可过长，中标结果必须在招标文件中所规定的“投标有效期”内宣布，不得逾期以免失信。

在谈判结束以后，船东可要求投标人进行第2次(最终)报价，以便船东最后决定中标人。第2次(最终)报价是以定标前谈判所达成的意见为依据的，3家预中标人可能在报价中有较大的出入，这就取决于投标人的经验了。

2. 定标和中标通知书

定标谈判一经结束，船东应尽快决定中标人以及预中标人的先后排列次序。船东一般应选择总价最低的投标人作为中标人。但如果该投标人的总价过低，以至于到不合理的、不能令人放心的程度，这种价格将对今后工程实施产生潜在的危险，船东也可以把标授给报价较高的投标人而不必作任何解释。

在最后确定中标人以后，船东应立即向中标人发出“中标通知书”(也可用电传发出中标通知)，其内容简短扼要，只要告知该船舶工程项目已由你单位中标，并确定签约的时间、地点即可。对于所有未中标人也应同时给以通知，只需说明“经过认真的评价，××工程已确定由××单位中标”即可，并退回投标保证金。

中标人一经宣布，投标阶段即告结束。

3. 履约保证书

投标人中标以后随即改变了“投标人”的身份而成为“建造方”，按照国际惯例，这时建造方应立即向船东提交履约保证书。

履约保证书是建造方保证履行工期合同的一种担保，也是约束建造方从合同签订之日起，经过船舶开工、竣工、试航直至保修期满为止的整个期间，按合同履行义务的一种手段。如果建造方一旦中途毁约，船东便可持履约保证书到担保单位索取保证金作为在另雇其他单位继续施工中所遭受的损失的补偿。

履约保证书的格式和保证金须由船东事先在招标文件中予以明确规定。履约保证书和投标保证书一样，其担保单位应该是经船东同意的银行或保险公司。保证金额的大小视船舶类型和大小而定，总之足以保证船东在更换船厂的情况下不致遭受重大损失。按照国际惯例，履约保证金一般大约为合同总价的10%～15%。如建造方信誉卓著而为船东所信任时，保证金额也有低至10%的。

履约保证书的有效期一般延续到船舶保修期时为止。之所以作这种规定，其理由是：如果在保修期内船舶发现缺陷和故障而船厂未能按期保修时，船东则可以将保金兑现另行雇工维修或者返工。

履约保证书是使船东能够获得质量合格的船舶的一种担保。在某些情况下，这种担保往往是“双保险”的，也就是除船厂向船东提供履约保证书外，船东还拥有另一种约束手段——保留金。保留金（也叫押金）是指船东从定期应付给船厂的工程款中扣留一定百分比的金额作为船厂的履约保证，直至船舶保修期满后再予退还。

二、废标——拒绝全部投标

在招标文件中通常都规定船东有权废标，即拒绝全部投标。但如果船东仅出于“压低标价”的目的而拒绝全部投标，然后又以同样条件再次招标，这在国际惯例上是绝对不允许的。只有在下述3种情况下船东才可以拒绝全部投标：

①最低“评定标价”大大超过标底（一般达20%以上），船东无力接受投标，进行开工。

②所有报价书在实质上均未按招标文件的要求编制。

③投标人过少（如不超过3家），没有竞争性。

如果出现上述原因之一而“拒绝全部投标”时，船东应认真研究“拒标”发生的原因，重新审查原标底或招标条件。按照国际惯例，只有对原招标文件中的规定、规范或其他条件重新加以审订修改或对船型予以修改后才能重新招标。

三、合同签章

船厂在接到正式的“中标通知书”后，应在规定期限内和船东签订合同。船厂如不按中标通知书规定的时间、地点和船东签约，则按违约论，船东有权没收其投标保证金作为罚款。然后，船东按预中标人的排列顺序递次选定第二中标人，并通知对方前来签约。

合同由谁起草,谁就可以掌握合同的主动权。因此,在国外将争取合同格式的草拟权的斗争称为“格式之战”,由此可见起草合同的重要性。

在我国,1979 年国家建委颁发的《关于试行基本建设合同制的通知》中所附“建筑安装工程合同试行条例”第六条曾规定:“签订合同时,由承担任务的一方,提出合同草稿,经与对方共同协商确定,由双方签章后生效”。

但在国际竞争性招标中,招标单位在招标文件中即已草拟有合同协议书及一般合同条件。按照国际惯例,招标单位发出的招标文件和投标人提交的投标报价书,在法律上已构成了承发包双方的施工契约,对双方均有约束力。因此,按照国际惯例,在实行国际竞争性公开招标方式时,合同文件应由招标单位准备。

1. 规定的合同文件

在本书前面所介绍的“招标文件”中曾列举了招标文件的内容。这些内容中的绝大部分,如:投标人须知、投标书及附件、合同条件、规定与规范、工程量表、图纸及附件等都是合同文件的组成部分。

除上述组成部分外,合同文件还包括:价格资料、发包人提供的器材项目表(如有此规定时)、主要工程施工进度表、合同协调程序以及合同协议书、履约保证书的格式及内容等。

由此可以看出,合同文件包含的内容是很广泛的。理想的情况是:发包工程的所有细节都应该在合同文件中(尤其是技术规范和施工图纸)详细加以规定而无任何相互抵触之处。然而实际的情况却往往是:船舶合同的内容越复杂,便越容易在技术文件中出现矛盾,如在 2 张图纸之间或规范与图纸之间。因此,在合同条文中必须明确规定对出现下述矛盾或资料短缺情况时的处理程序和处理方法。

在合同文件中,应注意各项文件有无解释上或法律上的优先次序以及是如何规定的。目前看来还没有任何国际组织对此做出明确规定。但是,当对某些比较典型的国际案例进行分析时,不难看出,合同文件中的某一部分的确是优先于另一部分的。这种习惯上的优先次序大致如下:

①合同协议和合同条件优先于其他合同文件。

②条款正文优先于附件或附录。附件或附录只对条款加以描述,有抵触时以条款为准。

③图纸优先于规定(如建造方事先得到书面指示按规定与规范报价时则例外),后续图纸优先予前面提供的图纸。

④在以工程量清单为基础的合同中,工程量清单优先于图纸及规范;但在其他类型合同中图纸优先于其他。

⑤在合同协调程序中,应明确规定:协调程序如与合同条款发生抵触时,合同条款优先。根据上述惯例,在执行合同、解释合同、处理合同纠纷时,基本上可以有规可循。但是惯例决不等于法规。像“合同文件优先次序”这类容易招致合同纠纷的问题最好在合同的一般条件中加以明确规定,以获得必要的法律保障。

2. 合同的签章与批准

合同协议中的内容及合同条款必须由合同双方授权的合法代表签字,并加盖双方单位公章以及双方签证单位的公章后方能生效。

合同条款的每页同时也须由双方负责人签字。至于合同的批准手续可以按双方有关法律规定办事。

合同一经双方签章和有关单位批准，招标工作便全部结束而转入施工准备阶段。

思考与练习 SIKAOYULIANXI

1. 什么是招标和投标？
2. 国际上采用的招标方式有哪些？各有何优缺点？
3. 招标工作应遵循哪些基本原则？
4. 招标书的主要内容有哪些？
5. 招标公告有哪两种方式？各使用于什么场合？
6. 船东在选择船厂作投标人时主要考虑哪些因素？
7. 什么是资格预审？其内容包含哪些方面？
8. 合理的标底是如何制订的？
9. 招标信息可从哪些渠道获得？
10. 投标的准备工作包括哪些主要方面的内容？
11. 投标书可分哪几部分？各自主要内容是什么？
12. 进行盈余分析时可从哪些方面着手？
13. 合理选择投标项目应考虑哪些主要方面的因素？
14. 选择的代理人应具备哪些方面的优势？
15. 计算标书时应事先确定哪些方面的要素？
16. 国际招标的开标方式有哪几种？
17. 什么是招标公证？它是如何操作的？
18. 对投标文件进行初步审查主要表现在哪些方面？
19. 评价报告通常由哪几部分组成？
20. 定标阶段应完成哪些工作？

第三章 船舶建造工程报价

● **学习目标**

知识目标

1. 能了解船舶建造的报价原则;
2. 能了解船舶报价的工作环节和一般程序;
3. 能了解国内外造船成本组成及其造船成本的估算方法;
4. 能了解修船报价的计算方法;
5. 能了解船舶改装工程报价计算方法。

能力目标

1. 会进行正确的造船成本估算;
2. 会进行正确的修船出厂价格计算;
3. 会进行正确的船舶改装工程报价计算。

第一节 船舶建造工程报价原则

一、报价概述

1. 询价与报价

造船询价与报价互为因果,同时也互为验证,是市场供需的具体反映。

(1)询价

是船东对所需船舶产品的资金投入进行咨询、调查了解的过程。它包括船东向船厂的询价以及船厂向各设备、材料制造厂的询价。船东向船厂的询价旨在使其投资资金预算准确并建立在最经济的基础上,而船厂向设备材料厂商的询价,则是为了使其船价的组成和报价能达到及时、准确、具有竞争优势和确保利润的目的。

询价可分为一般征询和具体询盘。就船东而言,一般征询属简单函询,并不附有对所询船舶的各种详细的技术和使用要求,也不要求附有具体的报价设计,只是意在进行对价格的一般性了解。而具体询盘则不仅对上述各项有较为具体和详细的要求,且附有报价设计或要求提供以报价设计为基础的报价。船厂的一般征询仅仅是为了解设备供应商的产品目录、价格单或样本;其具体询盘则是对指定的材料、设备、要求按各项具体要求报出实价。

一般情况下,船厂在日常工作中应就上述内容进行调查研究,不断搜集、整理、掌握、积累各类材料设备的基本价格资料,建立与供应商的经常联系,以便随时能报出较为准确的船价。

因船舶工程的性质、建造所在地、船厂的经验、能力、设施和管理水平以及积累资料信息的多少不同,询价应注意下述各点:

①询价内容。包括造船工程所需的材料、设备价格;施工机械的价格,有关运输价格;各分

项工程的单价等。这里必须注意的是,询价的设备是否包括各种附件、备件,若有遗漏,价格会相差很多。

②询价要求。可按询价项目向供应单位提出不同的要求,如要求供应单位同时报材料设备的 FOB 价和 CIF 价;分不同情况,有的要求报单价,有的报设备总价;对重点设备材料要求提供说明书、图纸及制造厂名称,而且要限期提供等。

③询价对象。对大部分项目可按"货比三家"的原则,每种设备都向几家供应单位同时询价,以便有所比较,从而选择质量好、价格低、交货及时的单位。

④催询。在询价单发出后,有的供应单位答复较快,有的迟迟不作答复,有的则只报一部分价。为获得更多的比较机会,造船厂还需及时催询,一般要求在 7~10 天的时间里报价。对迟到的报价也可以留作今后参考。

⑤研究报价。在询问得到答复,收到报价单后,应将其分类整理,以便比较。各供应单位报价表的项目不尽一致,一般包括序号、物资(材料、设备)名称、规格型号、数量、FOB 价、运费、保险费、CIF(或 C&F)价、发货期限、付款条件、制造厂名称或报价有效期等。经过比较,在考虑下列 4 项原则:技术性能符合文件要求;价格低、条件优惠;供货时间必须满足造船进度的需要;有明确的报价和技术说明书以后,便可决定采用哪一种产品。

(2)报价

报价是大多数国家和地区对承包工程所开列的工程总造价的一个习惯叫法。有的国家(如美国)叫"估价",有的地区(如中国的香港地区)叫"开价"或"作价"。

一般所讲的工程报价包括劳务报价和承包工程报价。前者比较简单,而承包工程的投资报价的内容就复杂得多、难度大、考虑因素多,要承担相当风险。

所谓造船报价是指造船企业(公司或船厂)根据船东订购新船的各项技术经济指标,通过详细的工程项目计算,考虑市场因素,得出该船的建造价格。造船报价是新船成交的核心问题,它对买卖双方来说都是至关重要的。

(3)报价的重要性和竞争性

随着国内外航运事业的兴衰,造船成交的方式比以往更为复杂,而报价就是成交过程中的一个重要环节。它是船东与船厂之间进行磋商的基础。报价工作是整个谈判过程的核心,是一项专门的业务。要想取得船舶订单,第一步就必须报价,它关系着船舶工程的成败与否,国外造船企业都将报价工作放在第一重要位置上,一般都由企业主要负责人亲自过问和直接领导。

报价的竞争力是针对一项工程的价格在磋商过程中被业主认可并接受,从而获得承包该项目的可能性而言的。从某种意义上说,报价的竞争力主要是指所报价格水平的高低。船东发包造船工程正是利用报价竞争力这个特点,使许多造船厂相互之间,在以价格为主要内容的许多方面(如工期、质量、施工工艺和技术能力等)展开竞争,来达到工期短、质量好、费用省的目的。有的造船厂的技术水平高、能力强,建造质量和速度都是一流的,但如果报价太高,一般来说船东也不愿意让该船厂取得订单。

(4)报价的原则

船舶建造的报价,应遵循下述各项基本原则:

①根据承包的方式,确定报价的内容。

②按照船东对船舶建造的文件要求开列报价项目并确定计算深度。

③以建造文件中对双方经济责任的划分，作为确定报价内容中各种有关费用计算的基本依据。

④应充分利用所搜集和积累的价格资料，并通过深入的调查研究和现场考察船市行情加以比较核实。

⑤以船舶建造方案与实际技术水准，作为考虑和确定不可预见费用和报价计算的条件。

⑥报价计算应简明适用，报出的价格应符合有理有利的竞争策略。

(5)关于报价的价格水平问题

在报价的时候，确定怎样的价格水平才有可能成交，这是一个关键问题。报价定得太高，船东无法接受，不仅竞争力差，且使船厂给业主以及有关人员产生一个不好的影响，有损船厂名誉；报价定得太低，不仅船厂无利可图，甚至亏本，且同样会使业主产生怀疑。所以，这 2 种价格水平都有一定的问题。怎样才能达到既成交又赚钱的目的呢？这就要求报价的价格水平保持在一个合适的范围里。

合适的造船报价价格水平应符合、满足以下几个条件：

①造船工程项目的各项费用的计算比较准确、高低适中。

②造船报价的价格与船东的工程合同价格相接近。

③报价与船厂本身具备工艺的技术设施和水平相适应。

④按国际和国内的船市行情变化而随行就市，灵活运用。

⑤遵循我国的价格政策，符合本企业的经营方针。

二、造船报价

造船报价不仅是被询方向询价方报出所询船舶的建造价格，还应包含下列条件和内容：

1. 船价及其依据

船价有“虚盘”和“实盘”2 种。其依据包括船舶总长、型宽、型深、吃水、载重量、满载推水量、航速、续航力、主机功率和型号、耗油量、起货设备及容量等，即船舶规格当中属于船舶主要尺度和技术规格的主要内容。“实盘”报价应附有简要规格书及布置总图，必要时还应附有主要设备的厂商表。若询价方在询价时附有报价设计，则在报价书的报价依据中应标明“按提供的规格书及总布置图”的字样。

2. 报价项目

船价中已包括及未包括的项目，如“本报价不包括……”，内容有：船东提供的材料和设备、船舶检验及入级费用、法定检验费用、船东对本船超出建造规范要求的项目、不属本船建造地点应由建造方支付的税收及保险费等。

3. 交船时间、地点及条件

如合同签订生效之日起若干个月；或合同签署生效后收到买方首期付款之日起；或合同签订生效后收到买方首期付款，并按买方提供的设计图纸目录收到全部业经船级社审批同意的规格书及图纸之日起若干个月在工厂交船；或本船在船厂建造完工经试验合格签署完工证书后，由买方/建造方或买方指派船员驶至指定地点进行交接船，并写明此项费用由何方支付等。

4. 付款

说明付款期数及每期付款占船价的比例。一般来说,付款期数可分为:签订合同、铺龙骨、下水、交船。在现代造船程序中,"铺龙骨"一词的概念已不清晰,又可将其分为:下料和上船台。所以,付款期数由原4个阶段分为5个阶段,每阶段付款所占合同总价的比例一般为:

15%、15%、20%、20%、30%;

或10%、15%、25%、25%、25%;

或10%、10%、20%、30%、30%;

或5%、15%、25%、25%、30%;

或其他比例方式。

分期付款数无固定格式可循,也无统一规定,由买卖双方根据财务安排及利息支出相互磋商达成一致。但在报价时,其成本估算应根据船厂的资金周转率、建造贷款及利息支出额,提出船厂较为有利并可能被对方接受的付款方案。诚然,偏高的船价辅之以优惠的付款方案,属竞争策略的一个方面,但优惠的付款方案,必然导致船厂的利息增加,若非银行支持取得优惠贷款利率,则两者之间难以求得折中效果,报价中应全面衡量能力和需要的可能。

5. 财务安排

报价书中的财务安排是指延迟付款,即信贷。若船东要求信贷而船厂具有取得优惠信贷利率的可能,这不失为一项重要的竞争优势。

6. 买方提供的项目和内容

若某些设备项目一时不能得到设备厂商或供应商肯定的报价,或因价格昂贵不能得到优惠而影响船价的竞争力,则该部分设备项目可要求船东提供而暂不包括在所报价格之内。

7. 报价有效期

报价书经签署后,不论以何种方式发出,包括信函、电传、图文传真,即形成法律文件。若报价方任意否定或改变其中内容,则征询方有权据此向报价方提出指控。因此,在市场波动、捉摸不定的情况下,报价有效期不可过长。造船报价的有效期一般不少于15天。若询价方要求延长至1个月,则船厂应慎重对待。

上述各点为造船报价中不可忽略的内容。若为虚盘报价,可不必如此严密,除必要的几点之外,其他可予简免。实盘报价则在此基础上增加必要的内容。报价者可视具体情况和需要而定。

三、报价机构和报价人员

船舶报价工作是船厂经营工作的一个重要方面,报价是否准确既决定了能否取得船东的订单,又直接影响到船厂的盈亏和经济效益。因此,报价机构的设置和报价人员的素质都是船厂经营决策者必须考虑的首要问题。

从我国以前的传统习惯来看,一般是船厂接受上级的指令性计划,由用船单位提出技术任务书(或委托船舶设计部门编制),船舶设计部门按此进行方案设计和技术设计,待审查通过后,再行施工设计。船厂的估价部门则按施工设计图纸逐项估算工料,待该船建造进度过半,估价工作才算完成。这实际上是一种事后估价,仅作为船厂经济核算的依据。这种做法是不能适应商品经济市场竞争的。一般来说,船东的询价总要求船厂尽快答复,有的要求2~3天,慢的也要求15天内报出船价。因此,这涉及船厂报价机构设置、报价人员的素质以及报价手段的现代化。

1. 报价机构的设置

目前,我国船厂的报价机构大都设置在经营部门(处或科)。国外有些船厂把报价机构设置在设计或技术科室中。这种报价机构的设置是有很大区别的。

按照前一种做法,可能会对报价工作带来以下一些弊端:

(1)报价迟缓

目前船厂生产任务不足,厂际竞争加强,因此,船东询价十分活跃。由于价格部门与设计部门有横向的间隔,技术、经济情报信息的交流反馈渠道不很畅通,估价人员只能依靠略深于方案设计的技术设计资料,进行报价。有的只有简单的示意图和简要说明,其他一无所有。即使有同类型船舶可作参考,考虑到各种因素,往往也难以决断,不能快速报价。

(2)价格谈判与技术谈判不协调

由于价格与技术分家,商务、技术谈判由2套班子进行。要做到船东提出的建造要求与船价大致相适应很困难,有时脱节很大,无法“按质论价”。特别是目前船厂生产任务有缺口,材料设备订货困难,船厂意欲尽快成交签补,往往“先接订单,后讲成本”就与船东进行快速商务接触。船价谈到差不多接近时,换另一套技术谈判班子进行工作,洽谈技术协议。

(3)估价工作与设计工作脱节造成估价与订货脱节

由于价格部门与技术部门在估价工作中脱节,而物资供应部门按技术部门提供的订货(外协)明细清单订货,价格部门就无法控制材料、设备的订货。材料、设备部分的价格十分容易失控,对产品成本影响极大,所以估价人员对材料、设备的订货,经常担心,生怕“冒出”、“豁边”。

(4)实行目标成本管理难度较大

价格部门十分赞同实行目标成本管理,估价人员希望通过目标成本管理来降低产品成本。从本部门的业务角度考虑,应以获得的利润额来检验估价的工作质量。但设计目标成本要由技术部门编制,这对外来设计较多的中、小型船厂来说局限性很大,这是一方面。另一方面,技术人员刚开始从纯技术型向技术经济型转变,成本管理还是一个颇为陌生的课题。

因此,后一种做法使技术与经济相结合,较能适应快速报价的要求,可能会对报价工作带来一些好处。如:

(1)技术性能要求明确清楚

设计人员在报价设计时,对该船舶产品的技术性能、主尺度、结构、钢材重量、主要配套设备都能掌握,与母型船的差异也清楚。如果设计人员能掌握一套估价所必需的设计标准、方法、经验数据等,则无疑能又快又准地进行报价。

(2)借助计算机进行报价

设计部门能较早地采用现代化设备、工具,利用计算机储存和积累大量信息资料,为报价工作提供较好的工作条件。

(3)对开发新船型、高技术船型有利

随着世界科学技术的发展,许多高技术的新型船舶相继问世,这种船舶的性能、设备、选型、建造要求往往是船厂从未接触过的,缺乏报价依据,这就要求设计部门提供更多的资料和情报,以便进行分析。

根据目前我国的实际情况,这2种报价机构的设置还需要进行慎重的考虑,相互结合,互为补充,以使船舶报价工作更能符合国情。

2. 报价人员素质

船舶报价人员必须具备以下各项基本知识,才能胜任报价工作:

①掌握本企业各种产品的材料及工时消耗定额。

②了解本企业成本水平、成本结构及小时费用情况。

③懂设计图纸。

④了解国际、国内船舶市场行情,掌握大部分原材料价格和国内外配套设备价格。

⑤了解国际、国内金融市场动态及借贷款条件。

⑥熟练掌握国内外船舶建造规范。

⑦了解新技术、新工艺、新材料在产品中的应用情况。

⑧掌握合同条款及经济法的应用,了解国内税种及有关税率。

⑨具备一定的外语基础,能够翻阅专业英文资料。

⑩保持清醒头脑,能对问题迅速作出反映。

由此可见,船舶报价人员所具备的知识,不但面广,且有一定深度。有经验、熟练的报价人员几乎掌握了船舶经营的全部知识,这是船厂的一笔难能可贵的财富,对船厂的经济效益起着极大的作用。

四、报价前的准备工作

报价前的准备工作包括以下2个方面:

1. 报价的主导思想和组织机构

①报价的主导思想应是明确的,其要点是如何确定该项造船工程的价格水平和盈利大小。

②报价的组织机构和人员应是精悍而强有力的,其中包括经济、技术、商务、法律、翻译等各种专门人才。报价工作的具体组织者和领导者应该精通业务,能够对各方面工作给予及时有效的指导,并进行最终的全面审核和决定。

③要有一个合理的工作计划进度和日程安排,必须按报价规定日期以前完成全部的报价工作。

2. 报价的业务工作准备

①有针对性地了解、搜集、分析和整理与该项造船工程报价有关的基础资料和比价资料,包括:

A. 业主所在国(地)的有关经济法规、规定和条例。

B. 各种船舶设备、机械的最新价格。

C. 国内外同型船舶,已签合同的价格水平。

D. 有关各类费用的计算依据和资料。

②熟悉有关文件,着重分析研究工程报价的部分,弄清其内容。

③确定报价计算或工程量计算的基本原则。

④有关定额资料的搜集、整理、研究和采用。

⑤搜集、分析报价各项费用的计算依据，确定费率标准。

⑥根据不同工程性质特点，确定报价工作方法。

第二节　船舶建造工程报价程序

1．造船报价的各项工作环节有

(1)收询

记录、分类、立档。

(2)评估甄选

一般征询、具体询盘。

(3)策划

计划、生产、财务、选择询价单位(船厂或供应厂商)。

(4)报价

各项价格费用的计算核定。

(5)呈报

审批、备案。

(6)发盘

发出报价单。

2．造船报价的一般程序

(1)船东询价

(2)询价处理

经营部门提出报价意见，生产部门协调定厂。

(3)组织报价

组织船厂报价，报价设计(规格书编制、布置总图、材料清单、设备厂商表)，成本估算。

(4)财务安排

信贷、利息、材料设备付款、合同支付条件。

(5)提交审批

报价单、成本组成、规格书、厂商表。

(6)审核批准

主管领导审核批准。

(7)对外报价

第三节　造船成本的组成及估标

一、造船成本的组成

造船成本组成的分类习惯虽不尽相同，但其分类原则基本上都按原材料、配套设备、劳务等项费用划分，如图3-1所示。

在我国造船工业成本管理中存在“专用费”这一项目，其内容包括：专用胎架、工具、船台、下水、试验、试航与交船、各项动遣费用及检验入级费用等。按国外分类习惯，专用胎架及工具其制作部分的材料计入原材料费，而劳务则计入总劳务费中，其他则计入管理费或单列。

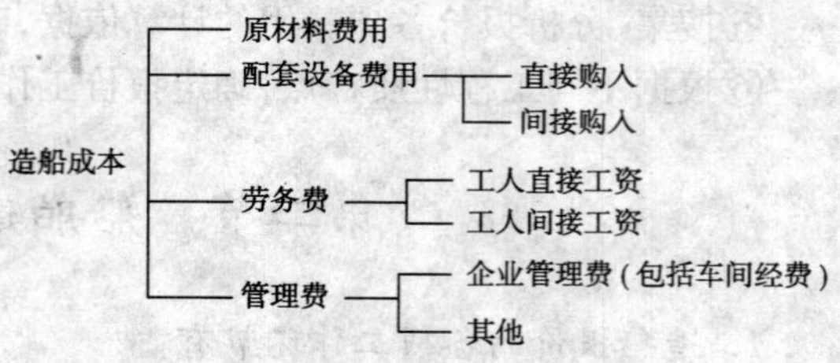

图 3-1　造船成本的组成

由于国别和地域工业水平、配套能力、管理方法和水平的差异，其成本组成比例和项目分类也各不相同。现按国内外的分类习惯，将造船成本组成的详细分项分别说明如下：

1. 国内造船成本组成及其项目（图 3-2）

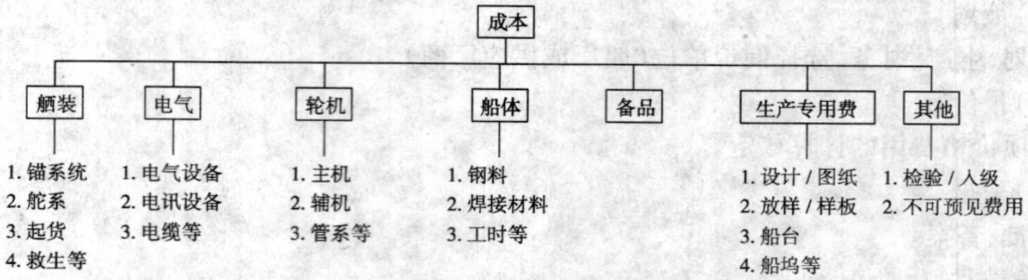

图 3-2　国内造船成本组成及其项目

2. 国外造船成本组成及其项目（图 3-3）

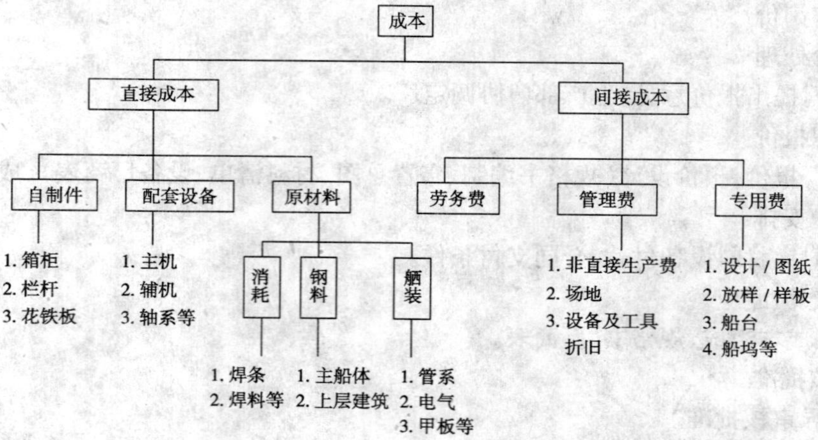

图 3-3　国外造船成本组成及其项目

国内与国外造船成本的组成，应包含成本发生的全部项目，遗漏或重复将导致报价的失误。船舶为综合性的工业产品，由于其种类、用途、航区、入级、挂旗的不同，组成成本的项目也不一致，且不同的船东对同型船的要求亦不尽相同，因此在成本估计或预算时，必须对该船有详细的了解与周到的考虑。

由于成本的估计与预算将决定报价的准确与报价竞争策略，故此不论成本的组成与分类如何，均必须达到不致亏损与取得订单的目的。

3. 中国船舶工业总公司《产品估价成本组成情况表》

为便于对船舶总公司系统内各船厂的造船成本进行比较、审核和管理，中国船舶二业总公司编制了《产品成本组成情况表》，供系统内使用。其内容如下：

(1)原材料费用

包括：

①船体钢材用量及金额。

②油漆用量及金额。

③管材。

④阀件。

⑤焊条。

⑥电缆。

⑦木材。

⑧其他材料。

(2)外购配套设备

包括：

①主机：型号、数量、规格。

②发电机组：型号、数量、规格。

③起货机(货船)。

④货油泵(油船)。

⑤甲板机械。

⑥电机与电器。

⑦其他。

(3)舾装件和自制件

(4)备品和属具

(5)人工费(工时总量及工时费用)

(6)专用费

包括：

①放样、胎架及生产准备。

②设计费。

③船台及下水费用。

④检验费。

⑤保险费。

⑥试航和交船费用。

⑦佣金。

⑧接待费。

⑨不可预见费。

⑩其他费用开支。

$$工厂成本=(1)+(2)+(3)+(4)+(5)+(6)$$

二、造船成本组成的比例

不同类型、不同技术要求和不同标准的船舶，其成本组成的比例也各不相同。一般干货船的原材料、配套设备、劳务3项主要组成部分中，成本费占总建造成本的89%～93%。

1. 组成比例

若以上述3项主要组成部分为100%，则其各项成本的分项比例大致如下：

原材料费	26%～33%
配套设备费	45%～52%
劳务费	24%～26%

在劳务费中，包含了生产工厂的直接工资、福利费、车间经费、企业管理费及生产制造专用费。如此划分，则其中直接生产工人的工资仅占劳务费的8%～10%；而产品制造专用费将占劳务费的40%～50%。

2. 原材料费的组成比例

若以原材料费用为100%，则一般干货船的原材料费用的组成比例大致如下：

主船体钢材（包括钢板和型材）	65%～70%
管材	2%～3%
电缆	7%～8%
绝缘及隔热材料	7%～8%
油漆	5%～6%
油料	3%
辅助材料	4%
其他材料（包括铸锻件）	3%

3. 配套设备费的组成比例

若以全部外购配套设备费用为100%，则以下各种设备所占外购配套设备费用比例为：

主机及其变速齿轮箱	22%～29%
电站	5%～6%
推进装置及轴系	2.8%～3.2%
冷藏、空调及通风	2.5%～3%
甲板机械。	28%～35%
导航、通信及电器	9%～9.5%
仪器及仪表	5%～12%
救生和消防	3%～4%
其他	7%～10%

三、造船成本的估算方法

船舶报价设计是造船成本估算的主要依据。在尚未完成报价设计阶段，造船成本可按照船舶主要尺度及各项初步技术性能要求进行估算。

根据船舶成本估算程序，一般先列出船舶建造的工程项目内容，分别估算各项的数量及费用,然后汇总得出全船总费用。

在造船成本组成中,原材料及设备采购费用通常占总成本的80%左右。为有利于价格竞争,特别是在微利保本接获订单的情况下,必须切实掌握设备材料的现行价格和市场调整趋势,并通过必要的询价予以核实,尽可能减少估算偏差。

船舶原材料的实际耗用量和总工时的估算结果,还应与母型船的实耗数据相比较,加以核实修正,在得出比较准确的材料用量和总工时的前提下,再乘以市场和本企业的单价,从而求得材料和工时费用。

我国目前正处于物价改革和调整阶段,因此在估算船舶成本时不可忽略物价上调因素,这对建造周期长、批量建造的船舶来说特别要加以注意。

本书将对船舶建造成本的各种简略估算方法予以介绍,其中包括:

1. *方案设计研究阶段的船舶成本估算*

1)方案设计研究阶段估算船舶成本的重要性

①对于船东来说,在方案设计研究阶段,方案设计、船舶成本估算和经济论证是同时进行的。如:考虑船舶配备有较好的起货设备,可以节省在港的装卸时间。而节省装卸时间又可以完成更多的装货量,但这就增加了船舶建造成本。是否在船上配备起货设备?起货设备的起吊能力要多大?是选用液压还是电动?是双臂还是单臂?这些只有经过经济论证才能决定。而设计方案的不同会引起船舶造价和营运成本的变化,直接影响到船东的绝对收益(一般船东投资资金有限,需要最大的绝对收益)。在方案设计研究和经济论证阶段还要考虑时间因素。绝对收益用净现值(*NPV*)来体现,净现值这个名词有时被叫做"冒险值"。净现值的大小一般在方案设计和研究论证阶段被船东用来作为衡量船舶方案优劣的指标。

一般在方案设计研究阶段,船东通过估算船舶建造成本作经济论证,计算*NPV*值,从而确定了能接受建造者所报船价的范围。以某船为例,假定其运费率为2.7英镑/t,公司规定纳税后的贴现率为13%,船东根据方案设计阶段的研究和经济论证,选择一个最佳方案,根据最佳方案提供的参数,通过计算,可以确定该船的建造成本为1 310万英镑左右。

②对于建造者来说,同样存在着方案设计研究阶段的船舶成本的估算问题。尽管船东的询价单提供的船舶参数有简单和复杂之别,简单的询价只附了一份很简单的要求说明(如只有船型、吨位、航速3个要求),复杂的询价单提供一个轮廓设计,包括船长、设计水线长、两柱间长、船宽、船深、吃水、航速、主机型号、规格、主机马力、发电机功率、台数、起货机台数、起吊能力(也可能注明某国产品)等。对于前者,可能是船东,也可能是中间商询价。一般根据母型船设计出一个能满足询价单上的简单要求和说明的船,根据设计参数,估算出最低的建造成本,并参考国际船市行情报出一个有竞争力的船价。对于后者,该方案已经经过船东详细研究,对船东来说是最佳方案。因此,根据询价单上船舶的参数可以只作简单的设计研究,结合方案和具体要求,进行船舶造价的基本估算,参考国际船市行情,根据建造者具体情况报出一个既具有竞争力,又有较大利润的船价。

综上所述,无论是船东还是建造者,方案设计研究阶段对船舶成本的估算是必不可少的。

2)估算方法

船舶建造成本的估算方法,近30多年来各国都进行了广泛的研究。但是由于各个国家或各企业在归类习惯上有所不同,因而形成计算方法上的不同。我国把大部分管理费用包括在工时单价之中,因而计算工时单价按平均单价较为合适。而有些企业按系统估算建造成本,有些按大项估算建造成本。这里参考国外有关资料和国内的船舶建造成本资料并经过分析研究,把建造成本分成船体工程费用、轮机工程费用、舾装工程费用、电气工程费用、专用费用5大项。根据搜集到的数据经过分析、整理,各大项费用的计算方法大致如下。

根据方案设计参数及专用设备型号、规格,按项目估算建造成本可以写成公式:

$$C = C_{船} + C_{轮} + C_{舾} + C_{电} + C_{专} \tag{3-1}$$

式中:C——船舶建造总成本,万元;

$C_{船}$——船体工程建造费用,万元;

$C_{轮}$——轮机工程建造费用,万元;

$C_{舾}$——舾装工程建造费用,万元;

$C_{电}$——电气工程建造费用,万元;

$C_{专}$——专用费用,万元。

(1)船体工程建造费用

$$C_{船} = C_w + C_1 + CH_1 \tag{3-2}$$

式中:C_w——船体钢料费用,万元;

C_1——船体焊接材料费用,万元;

CH_1——船体工时费用,万元。

①
$$C_w = W_s / K_1 \times R_1 \tag{3-3}$$

式中:W_s——船体钢料净重,t;

K_1——建造厂钢料利用系数;

R_1——钢料每吨平均单价,万元。

根据主尺度计算船体钢料 W_s 的方法很多,如:

$$W_s = K_2 \times L^{1.55} \times (B + D + T/2) \times (0.5 \times C_B + 0.4) \tag{3-4}$$

式中:L——设计水线长,也可以近似用两柱间长(L_{BP}),m;

D——型深,m;

T——设计吃水,m;

C_B——方形系数;

K_2——系数。

一般随着船型、吨位大小适当变化。中小型散货船一般在0.0336左右,船舶吨位小 K_2 也小,吨位大 K_2 也大些。

②
$$C_1 = \frac{W_s}{K_1} \times K_3 \times R_2 \tag{3-5}$$

式中:K_3——焊条、焊丝等焊接材料占钢料重量的百分比数,一般约在3%左右。船舶吨位大一些,K_3 小一些,船舶吨位小一些,K_3 大一些。

R_2——焊接材料平均单价,万元。

③
$$CH_1 = K_4 \times (W_s^{\frac{2}{3}} \times L_{BP} / C_B) \times R_3 \tag{3-6}$$

式中:K_4——船体工时消耗系数;

R_3——工时平均单价,万元。

船体材料费用(C_w+C_1)也可以用式(3-7)进行计算:

$$C_w + C_1 = K_5 \times W_s^{0.93} \quad (3\text{-}7)$$

式中:K_5——价格系数;

W_s——船体钢料净重,t。

(2)轮机工程建造费用

$$C_{轮} = C_2 + C_3 + C_4 + CH_2 + CH_3 \quad (3\text{-}8)$$

式中:C_2——主要设备和特殊要求的费用(如主机、发电机组、空压机、焚烧炉、废气锅炉、付锅炉、污水处理装置、制淡装置、侧推装置、机舱自动化控制等价格之和),万元;

C_3——管系材料费用,万元;

C_4——除主要设备、特殊要求、管系材料费用之外的费用,万元;

CH_2——轮机机械安装费用,万元;

CH_3——管系安装费用,万元。

①C_2 是主要设备和特殊设备之和。主要设备由于所选型号、规格的不同,对价格影响较大,对整个船舶的造价影响也较大,这些设备容易查价或询价。特殊设备应根据船东要求估算其价格,如侧推装置、无人机舱等。

②

$$C_3 = R_4 \times P_m + K_6 \times P_m \times P_4 \quad (3\text{-}9)$$

式中:P_m——轮机管子材料用量;

R_4——阀件、阀箱材料用量;

K_6——阀件、阀箱同管子材料价格之间关系系数。

建造者根据建造资料也可以用公式(3-10)计算:

$$C_3 = K_7 \times HP_1^{n_1} \times HP_2^{n_2} \times DW^{n_3} \quad (3\text{-}10)$$

式中:　K_7——系数;

HP_1、HP_2、DW——主机功率、发电机功率、载重吨;

n_1、n_2、n_3——指数。

③

$$C_4 = K_8 \times HP_1^{n_4} \times HP_2^{n_5} \quad (3\text{-}11)$$

或

$$C_4 = K_9 \times HP_1^{n_6} \quad (3\text{-}12)$$

式中:K_8、K_9——系数;

n_4、n_5、n_6——指数。

C_2+C_4 也可以用式(3-13)来计算:

$$C_2 + C_4 = K_{10} \times HP_1^{0.71} \quad (3\text{-}13)$$

式中:K_{10}——回归系数,但这样计算的建造成本与实际建造成本误差较大。

④

$$CH_2 = K_{11} \times HP_1^{n_7} \times HP_2^{n_8} \times R_3 \quad (3\text{-}14)$$

或

$$CH_2 = K_{12} \times HP_1^{0.71} \times R_3 \quad (3\text{-}15)$$

式中:K_{11}、K_{12}——系数;

n_7、n_8——指数。

⑤

$$CH_3 = K_{13} \times P_m^{0.92} \times R_3 \quad (3\text{-}16)$$

式中：K_{13}——系数。

(3)舾装工程费用

$$C_{舾} = C_5 + CH_4 \tag{3-17}$$

式中：C_5——舾装设备、材料费用，万元；

CH_4——舾装制造安装工时费用，万元。

①
$$C_5 = K_{14} \times W_o^{0.90} \tag{3-18}$$

式中：K_{14}——系数；

W_o——舾装件、设备、材料等重量，t。

②
$$CH_4 = K_{15} \times W_o^{0.91} \times R_3 \tag{3-19}$$

式中：K_{15}——系数。

由于这样计算精度较差，也可以用式(3-20)进行计算：

$$C_{舾} = C_6 + C_7 + C_8 + CH_5 + CH_6 \tag{3-20}$$

式中：C_6——起重设备、舱口盖、锚机、舵机、救生艇等主要设备价格之和，万元；

C_7——油漆材料费用，万元；

C_8——除去 C_6 中包括的设备和油漆材料费用之外的材料、外购件费用，万元；

CH_5——油漆工时费用，万元；

CH_6——舾装工时费用，万元。

③C_6 是主要设备查价或询价。

④
$$C_7 = K_{16} \times L_{OA} \times (B + D) \times B_5 \tag{3-21}$$

式中：K_{16}——系数；

L_{OA}——船长，m；

D——型深，m；

B_5——油漆材料平价单价，万元。

⑤
$$C_8 = K_{17} \times DW^{n9} \times MEN^{n10} \tag{3-22}$$

式中：K_{17}——系数；

MEN——全船船员人数，人；

n_9、n_{10}——指数。

⑥
$$CH_5 = K_{18} \times K_{16} \times L_{OA}(B + D) \times R_3 \tag{3-23}$$

式中：K_{18}——油漆工时系数。

⑦
$$CH_6 = K_{19} \times DW^{n11} \times MEN^{n12} \times R_3 \tag{3-24}$$

式中：K_{19}——系数；

n_{11}、n_{12}——指数。

(4)电气工程费用

$$C_{电} = C_9 + CH_7 \tag{3-25}$$

式中：C_9——电气工程材料、设备费用之和，万元；

CH_7——电气工程消耗工时费用，万元。

①
$$C_9 = K_{20} \times K_w^{0.82} \tag{3-26}$$

式中：K_{20}——系数；

K_w——全船耗电功率，kW。

②

$$CH_7 = K_{21} \times L_k^{0.89} \times R_3 \tag{3-27}$$

式中：K_{21}——系数；

L_k——电缆长度，m。

电气工程材料、设备费用也可以用式(3-28)计算：

$$C_9 = K_{22} \times e^{\frac{-n_{13}}{DW}} \tag{3-28}$$

式中：K_{22}——系数；

n_{13}——指数。

(5)专用费用

一般说来专用费用包括设计、检验、船台、试航费用等。在这些费用项目中，由于建造期、设计单位、各建造单位具体地理条件不同，一般不易用公式计算。专用费用与建造成本之间有一个大致的百分比关系，所以以建造成本的百分比估算专用费用较合适。

式(3-1)～(3-28)中，由于建造时间、技术力量、工艺水平不同，因此适用于各单位的计算公式中的系数和指数不可能完全相同。如果应用公式估算建造成本，应该把掌握的资料加以回归分析，求得适用于本单位的系数及指数。为使公式计算出的船舶建造成本和实际船舶建造成本之间的误差较小，一般采用把5年之内的船舶建造成本资料进行回归分析较合适。因为从技术上讲，如果造船技术水平不在相同水平上作比较是困难的，而现代造船技术发展很快，设备更新周期越来越短，船舶设计水平和造船水平在不断提高。从经济上讲，无论材料价格波动、工艺改进、工时单价的变化等都会影响到船舶建造成本。因此，根据相距较长时间的船舶建造成本资料回归出的计算公式的系数、指数不能代表目前船舶建造成本的计算公式的系数和指数。为使公式计算出的船舶建造成本和实际船舶建造成本基本一致，在有条件的情况下，可以在计算机上建立动态的船舶建造成本计算公式。如果没有条件，也必须结合每年的具体情况的变化，用搜集到的资料，对计算公式中的系数甚至指数进行一次检验和作适当的修正。由于计算的普遍应用，这件工作是容易做到的。

2. 以实用能力为基础的船舶成本估算

1980年，澳大利亚运输经济局的一份报告中采用了造船成本估算方法。这比简单的用美元/吨级单位的计算方法进了一步。其公式是：

$$P = C \times (DW)^B \times F$$

式中：P——船的资本值，百万澳大利亚元；

C——每种船型特有的系数；

DW——载重量，t；

B——每种船型特有的指数；

F——随机误差项(澳大利亚运输经济局取1)。

在该报告中，各值的变化范围如下：C：集装箱船为1.45，滚装船为3.14；B：散装货船为0.6，集装箱船为0.85。这篇报告中的数值是以1977年和1978年出版的贸易刊物中的数据为依据，采取回归分析的办法得出的。对于一艘特定的船来说，按这种方法估算成本，结果误差较大，然而对于整个船队来说，累积总数还是相当准确的。在进行回归分析时，如果要求细致一些，则对不同的设计速度或功率，要采用不同的 C 值，而且对于不同的舾装件和船用设备，要给定修正系数。该报告中的信息不一定总是可以取得的，因而澳大利亚运输经济局所采用的方法有其一定的地位。

3. *以技术特征为基础的船舶成本估算*

船的技术特征这一概念是与船体本身及其组成部分有关，并不与船的实用能力有关。采用这种方法估算成本的依据是很多的。可以是船的轻载重量，也可以是船各部分的重量、轴功率、舱室面积、机械功率等。后者的成本又可分为材料费和劳务费这 2 项，不管是以船的轻载重量为基础，还是以船的各部分分类计算为基础，每种估算都是以某一种技术特征和单位成本（如工时/t 钢材）为依据。如果要求最终的估算结果十分可靠的话，必须通过人的判断来选定单位成本，特别是工时，这是计算机程序功能所不能代替的。下面举例说明：

（1）以船的轻载重量为基础

如果以船的轻载重量为自变量来画曲线图的话，无论是各种大中型船舶，还是水翼船、气垫船，它们的成本均表示为一条直线。因而得出这样的通用表达式：

$$P = C(W_E)^{0.87}$$

式中：P——若干艘同类型船中，每艘船的累积平均成本，万元；

C——近似系数，其值是该船相对复杂性的函数；

W_E——轻载重量，t。

对于一般货船来说 C 的相对值为 1，其他类型船的 C 值要偏大些。这种方法有其明显的局限性，但在缺少特种船舶（如气垫船）成本信息的情况下，该方法还是有用的。我们可以推导出 C 的平均值，然后用内推法或外推法求出船的成本。

（2）以船体尺寸和轴功率为基础

美国西北大学在 20 世纪 60 年代初撰写的一份研究报告中，以船体成本和船用机械成本为双重基础，估算船的资本值。船体成本为船长、船宽和船深三者的积再除以 100 得出的数，船用机械成本从轴功率中求出：

$$P = \$688(C_n) + \$29600(shp)^{0.5}$$

式中：P——船的资本值（以 1950 年的美元值计），\$；

C_n——立方数，即（船长 × 船宽 × 船深）/100 得出的数，m^3；

shp——正常航速时的轴功率，kW。

在船舶初步设计阶段，船厂工程师也常用类似的方程式估算船舶成本，但为了减少船体体积的影响，所选用的指数略小于 1。船厂工程师是用已知的船体成本对船体体积以及已知的船用机械成本对功率的指数曲线推导出类似的方程式。

1979 年，挪威一位经济学家发表文章，论述了一种更为确切的船舶成本估算方法。该方法也只适用于船舶初步设计阶段。该方法是针对油船而言，但具有较广泛的用途。这位学者将船分为船体、机械和舾装等组成部分。首先估算出钢材重量，然后按下列方法估算出每个组成部分的成本：

$$船体成本 = h_0 + h_1 P_s W_s + h_2 P_w W_s^{a}$$

式中：h_0，h_1、h_2——正的常数；

a——小于 1 的正的常数；

P_s——每吨钢材价格，万元；

P_w——每工时价格，万元；

W_s——钢材重量，t。

$$船用机械成本 = m_1(shp)^b + m_2P_w(shp)^c$$

式中：m_1、m_2、b、c——正的常数；

shp——轴功率，kW。

$$舾装件成本 = e_1P_wN_t^d(DW)^f + e_2(DW)^g + e_3P_w(lbd)^h + e_4(lbd)^i + e_5P_w(lbd)^j + e_6(lbd)^k$$

式中：DW——载重量，t；

N_t——由隔舱壁划分的油舱数；

lbd——船长、船宽和船深三者的乘积。

在上述方程式中的右边各项中，第1、2项为货物装卸设备成本，第3、4项为船员起居设备成本，第5、6项为其他设备成本。

(3)以简明的重量划分为基础

在初步设计阶段，将船的轻载重量分成下列3部分或4部分，然后估算出重量。

船体结构

舾装件
船体工程 }（有可能组合在一起）
推进装置

总计：轻载重量

再进一步，分别估算出材料费、劳务费和管理费。各部分的材料费和劳务费是分开计算的，管理费则算出一个全船总数。

将船分成3~4个主要部分，可以提高成本估算的精确度，其原因是设备部分可使用与之相适应的成本系数。推进装置的材料费和劳务费估算通常以安装的功率为基础。

(4)中间方法

一些工程师在不偏离基本原理的前提下，使成本估算更深化一些，以便更好地反映船舶设计替代方案之间的差异。

如：电子设备在现代船舶中的作用越来越大。若以电子设备的重量为基础，估算出其材料费和劳务费是完全不对的。这就要求在成本估算中另外加上电子设备类。又如：若一艘船配备特殊的货物装卸设备，如散装货自卸设备或艉部滚装跳板，这些设备的成本需另行估算。

为了提高舾装件和船体工程成本估算的正确性，可以将上述各类进一步划分成小类，然后找出各小类成本估算的逻辑基础。如厨房、配膳间和公用舱室的材料费和劳务费以船员数为依据估算出来。

另外，对材料和劳务这2项，可分列直接费用和间接费用。直接费用是指和完工船只特定部分如船壳、隔舱壁、主机等有关的费用。间接费用亦称杂项费用，是和一艘特定的船有关，而不是与该船哪一部分有关的费用，如脚手架、临时照明、下水和试航等。但要注意，不要把间接费用和管理费用混淆在一起。

随着船舶设计方案的深化，也可以采取其他的逻辑划分方法。如将钢材分成板材、型材和锻件，对船体艸部、艏部和艉部的加工制作，采用不同的系数，计算出各自的劳务费。

4. 散货船的建造成本估算

美国的哈里·本福教授和R·M·舒尔先生对散货船的建造成本提出了以下的估算公式和数据，单位分别为米、长吨和美元。这仅是模式之一，供简略估算成本使用。

(1)空船重量

①船体重量 W_s：

$$W_s = 1.185 \times 10^{-3} E^{1.36} [0.65 + 0.5C_B + (1 - C_B)(0.8D - T)/6T]$$

其中：

$$E = L(B + T) + 0.85L(D - T) + 0.75L_eH_e$$

式中：L——垂线间长，m；

B——型宽，m；

D——型深，m；

T——吃水，m；

L_e、H_e——升起甲板或上层建筑的长度和高度，m。

②舾装重量 W_o：不包括专门的起货设备、起重机等。

$$W_o = 0.0290LB - 1.59 \times 10^{-5} L^2B$$

③机电重量 W_m：以低速和中速柴油机为主要考虑对象。

$$W_m = 0.124(MCR)^f(RPM)^{-0.167} + 0.555MCR^{0.7}$$

其中：

$$f = 1.299(\lg RPM)^{-0.44},\quad f \leqslant 1$$

式中：MCR——柴油机额定功率，kW；

RPM——主机转速，r/min。

④船员及其重量：每名船员为0.35长吨。

⑤空船重量裕度：为①～④重量之和的3%。

(2)建造成本

①钢船体成本 C_s：包括平均钢料费工时数、平均船厂工时费和车间生产管理费的估算。

A. 平均钢料费：按550美元/长吨估算。

B. 平均船厂工时费：按9美元/工时估算，其中工时 MH_S 计算如下：

$$MH_s = 157W_{si}^{0.9}$$

其中：

$$W_{si} = W_s(1.167 - 0.117C_B)$$

式中：MH_s——工时，h；

W_{si}——估算工时所用的总钢船体重量，t。

C. 车间生产管理费：按平均船厂工时费的100%估算。

②舾装成本 C_o：包括舾装材料费、平均舾装工时费和车间生产管理费的估算。

A. 舾装材料费：按4 350美元/长吨估算。

B. 平均舾装工时费：按9美元/工时估算，其中工时按270工时/长吨计算。

C. 车间生产管理费：按平均舾装工时费的100%估算。

③动力装置成本：包括购进及安装中速柴油机动力装置成本的估算。

$$C_m = 8\,090(MCR)^{0.70} + 450\,000(\text{美元})$$

对于低速柴油机，根据主机速度，适当考虑增加18%～30%。

④电气和通信导航设备成本 C_e：按 350 000 美元估算。

(3)船厂利润

为总材料和工时成本的 7.5%。

5. 出口船的建造成本估算

在出口船舶的报价过程中，最重要的是估算出船舶的成本（指生产成本，即材料、设备、人工等直接生产成本）。成本估算的精度对报价影响很大，精度太差，如估算得比实际成本低，报出的价也低，船东会迅速接受，签订合同，建造时工厂就会吃大亏。如估得太高，报出的价格船东无法接受，船厂就接不到订货。如何提高成本估算的精度，也即如何准确估价就成了船厂建造出口船舶的非常重要的一项工作。有了准确的成本估算，在船价谈判中就能掌握主动。报出去的船价是以估算成本为基础，并根据国际市场的船价、船东的好坏、付款方式、交船期及工厂的生产状况进行调整后才最后确定的。在报价过程中必然会讨价还价，工厂初步报出的价格是虚盘价格，船东肯定还价，即使工厂的成本估算比实际成本低很多，船东也要还价。在讨价还价过程中，逐渐降到双方可以接受的、接近成本的价格。如果成本估算准确，就有把握确知再降价会不会亏本；如果估算精度很低，就不知再降价会不会亏本？要亏的话亏多少？这样报价就可能失败；如果实际成本没有估算的那么多，那就失去了一次谈成生意的机会。所以正确估算成本，特别是第一次报价前的成本估算是非常重要的。

1)成本组成

估价时船舶产品的成本组成各国不完全相同，如广州造船厂的估价成本组成如图 3-4 所示：

- 船价
  - 佣金
  - 利息
  - 生产成本
    - 在材料（包括主船体）钢材、管材、油漆、焊条、木材、有色金属材料、油料、主船体铸件等）
    - 外购设备费（船、机、电全部外购设备）
    - 舾装件和自制件费（包括工、料）
    - 生产劳务费（管理费按工时分摊在内）
    - 属具备品费
    - 生产准备和专用费（包括放样、胎架、试航、下水、码头钢材预处理、船检、保险、图纸设计等费用）
  - 税金
  - 利润

图 3-4　成本组成（广州造船厂）

成本组成应能计算出固定费和变动费，从而可以计算出边际利润，以便在造船不景气、有时亏本也要建造时，供决策层使用。

2)合同签订前的成本估算

(1)成本估算方法

通常采用下列 2 种方法进行成本估算：

①用过去建造的船舶的统计资料进行估算（统计法）。

统计法比较灵活通用，在被估价的船与以往建造过的船差别较大时也能进行估价，其关键在于要有丰富的统计数据。有了船上各种材料用量的统计数据、材料设备单价的统计数据、单价变化情况的资料、工时的统计数据、估价人员的丰富经验，再加上分项估算，即使个别项目不准确，总和起来误差不会太大。估算误差应控制在 3% 以下。

②按母型船或标准船的价格进行比较，然后增减项目估算出该船的船价（比价法、标准船法）。

标准船法在所估船与标准船相近时，可以相当准确地迅速估出。其关键在于标准船或母型船的资料要准确,如果标准船的资料不准确,估出来的船价也不会准确。

由于船舶是一种复杂产品,有时用一种方法很难估价,就要将2种方法综合起来使用,某些部分用统计法,另一些用比价法,估价人员应灵活运用。

除材料设备与工时影响船价外,该船适用的规范、规则、船东的好坏对船价也有很大影响,在估价时要充分考虑。

另外,由于从询价到完工交船的时间很长,一般为2~3年左右,在这期间,材料设备的单价、外汇汇率都会发生变化,估价时要充分考虑这些变化才能准确估出船价。

(2)出口船估价现状

广州造船厂生产成本分6大类,即原材料费、外购设备费、舾装件和自制件费、工时费、供应品属具费和准备工程及专用费。但该厂估价工作存在以下问题:

①设计部门在报价设计及合同设计阶段只提供简要规格证书和主要设备清单,只在价格讨论会上核实一下估价部门估算的主船体钢材,或粗估一个特种涂装的面积、不锈钢加热管之类的特殊项目的重量,其他材料的重量或面积一概不提供,全部由估价人员自行估算。

②除少数几种主要设备有询价数据外,大部分的设备价格只有以往建造过的船舶的资料。

③主船体钢材依据的是很粗糙的经验公式,或某几艘船的实际数据,估出的重量精度不高。

④可以按重量、长度或面积来估价的项目,因重量、长度、面积的统计数据数量太少,难以按船种、吨位大小分类统计,因而精度太差,据此估出的价格误差较大。

⑤有些可以按重量、长度、数量来估算的项目,如阀件、法兰、舱口盖、人孔盖、电缆导板、紧固件等缺乏统计资料,难以采用统计法估价,只好采用比价法估价或干脆包括在其他项目中,因此误差较大。

⑥缺少供应品属具费中所述的单价数据,如每个法兰多少工料费、每个小舱盖工料费多少等。

⑦成本计算除生产准备和专用费、生产劳务费有分项表格外,其他几大类全由估价人员自行分项,同一项目有的人分在这一类,有的人分在另一类,因次经常会漏估某些项目。

⑧技术要求不明确,估价容易出问题。如3 750吨位多用途船,船东要求锚机、系缆绞车能遥控,油水舱能遥测,全船计算机操控等,技术规格要求很高,若按一般技术规格估价,价格就相差太远。

⑨没有分类、分项统计积累工时数据,工时估算太粗糙,误差大。

⑩由于没有实行分专业、分类、分项统计实绩船的材料重量、长度、面积、工时等资料,所以估价时没有准确单价可循。

⑪有时因时间关系,船东提出的简要规格书未经设计人员审查,直接交给估价人员按此估价,因技术规格未吃透,有时估出的价格误差很大。

⑫有些项目没有资料可供参考,往往拍脑袋估一个价,不是估得太多就是估得太少。

⑬积累的设备价格资料还不太多,有时询价不能及时获得报价。资材部门无专人对设备价格进行分析、预测,很多应该由资材部门做的工作只好由估价部门自行去做。

⑭有的项目如舾装件等,价格中已包含了工时费,但在生产劳务费中却重复估算,因而增加了误差。

3）改进合同签订前估价工作的设想

估价不仅仅是估价部门的事，要提高估价精度需要各有关部门共同努力才行。估算出的成本还要在下一步的成本控制中起作用。以下各点可供参考：

①为便于正确估算成本和估算空船重量，必须把全船材料设备进行分类，分类编号称为本编号（码）或工程编号或设计编号，一般分为船体、舾装、轮机、电气4大类，或把船体、舾装合在一起分为3大类。

成本编号一般采用4位数字组成，也有采用7位数字的。每种材料都相应有1个成本编号，将来在统计时可按小、中、大类进行统计，积累一定数量后就可以制成图表供新船傍价用。由于成本编号牵涉面较广，一定要慎重研究后才能定下来。制定以后各方一定要严格执行，以保证统计数据的准确性。成本编号同时也就作为图号的一部分。

②制定估价标准表格。有了标准成本编号，就可按编号制定标准估价表，设计人员按标准填写重量、面积、长度、型号、规格，一方面用于计算空船重量，一方面给估价人员进行估价。报价设计时提供一次，合同设计时再修正一次，详细设计时再提供一份更详细的，生产设计完再提供一次修正的，完工后再按实际数据填好作为以后新船设计参考及绘制统计曲线用。设计修改几次，成本估算也相应进行几次，最后成本核算的资料可以供新船估算时参考。标准估价表的好处就是不会遗漏项目，估价准确，使估价工作标准化、程序化，而且可以计算机化。

③为便于分类统计施工工时，工时也应进行成本编号。可以把工时分成制作工时与安装工时2大类。每类工时再按船、舾、机、电专业及施工阶段分类。船体结构的施工工时与舾装工时不同，不能分成制作与安装工时，而应按工序来分类，分成号料、加工、部件装配、分段装配、船台装配等工序，每个工序再按工种来分，这样统计的数据就可以作估价和计划用。舾装工时应把制作与安装分开。制作工时可以计入材料、设备成本中（舾装设备有时不一定由船厂制作，可以给协作厂制作，在估价时一般包括了工料费），而安装工时另作工时费估出。按施工阶段分类统计，统计资料可作编制生产计划用。而估价只需按各施工阶段的总安装工时即可。安装工时的分类号采用托盘编号中的前4位数字即可。

④物资部门应有专人负责设备、材料价格，经常进行市场价格分析、预测，定期提供有关价格资料作为估价依据。

⑤详细、准确、分门别类统计实绩船的有关资料。选择几种船型作为标准船，以后有相似的船需要估价时就可以以这些标准船的资料为依据进行估价，使精度提高。

⑥专人负责统计实际工时，负责工时单价。

⑦现代企业管理要求准确掌握人、财、物的消耗，在准确的统计数据基础上绘制各种统计图表，以比较准确地估算出新船的成本。

四、船舶设计参数变化对建造成本的影响

就目前用母型船转换设计参数作为估算建造成本的方法而言，若船东所提出的载重量、主尺度、航速等技术参数与母型船不完全相同时，如何完成尺度差异上的转换，并快速地计算出相应的成本，对那些合同前设计参数变更，而需要改报船价的工作，若采用这里介绍的方法，借助已有数据，用计算机进行处理，那就更显简便了，可以缩短回复船价的周期，赢得时间和国际市场的信誉，从而提高船舶产品的竞销能力。

1. 载重量对船舶成本的影响

这里讨论的是在航速不变的情况下，载重量对船舶建造成本的影响。

对于各种类型的货船，成本与载重量之间可用函数关系 $\sum C=(DW)^{b}$ 表示，指数 b 是因船型而异的回归常量。

采用这种简单的关系估算成本，虽然很粗糙，它未能充分地反映船的设计参数——主尺度、船型系数和各种机型设备变化对成本的影响，仅能应付合同前船东初步询价的需要。只有以船的设计参数、主尺度和各相关要素作为计算成本的基础，才能进一步达到精确报价的目的。

船的载重量为：

$$DW=\eta\cdot\Delta(\mathrm{t})$$

载重量系数 η 可通过母型船或由确定的船型查表而得；排水量 Δ 为：

$$\Delta=\gamma\cdot C_{B}\cdot L\cdot B\cdot T(\mathrm{t})$$

式中：γ——水的比重，$\mathrm{t/m^3}$；

C_B——船的方形系数；

L——设计水线长（近似地取垂线间长 L_{BP}），m；

B——型宽，m；

T——吃水（夏季满载时吃水），m。

所以有：

$$DW=\eta\cdot\gamma\cdot C_{B}\cdot L\cdot B\cdot T(\mathrm{t})$$

因为 η 和 γ 是常数，而方形系数若参照母型船假定预给某一定值时，那么有 $DW\propto L\cdot B\cdot T$。从主要线性量纲上来看，$DW$ 与它们是三次方关系。

欲知 DW 的变化范围，可写成下列的全微分形式：

$$\frac{\mathrm{d}DW}{DW}=\frac{\mathrm{d}L}{L}+\frac{\mathrm{d}B}{B}+\frac{\mathrm{d}T}{T}$$

可见，船的载重量变化，可视为主尺度的变化，同时也必将导致船的建造成本的变化。若能通过分析和数学推导，掌握载重量的变化与成本变化之间的函数关系，就可在原有船型的基础上，只做相应的修正即可报出船的价格，从而完成型船转换功能，使船舶报价更快速，更准确。

成本的计算可用式(3-29)表达：

$$\sum C=C_{s}+C_{o}+C_{m}+C_{e}+C_{r} \tag{3-29}$$

式中：$\sum C$——船舶建造总成本，万元；

C_s——船体建造成本，万元；

C_o——舾装建造成本，万元；

C_m——轮机工程成本，万元；

C_e——电气、电讯设备成本，万元；

C_r——其他成本（包括备品、属具、设计、检验、管理、专用费等），万元。

它们均为设计参数的函数。其中 C_e 和 C_r 在设计参数本身变动范围不大的前提下，其变化可以忽略不计。因此，在推导载重量、航速和主尺度单项变化，或者综合变化对船的成本带来影响时，这里只考虑船体、舾装和轮机 3 个主要的大项。

（1）船体建造成本的变化

船体建造成本由以下 3 部分组成,即:

$$C_s = C_w + C_h + C_t$$

式中:C_w——船体钢料费,万元;

C_h——船体建造工时费,万元;

C_t——船体辅料费,万元。

①船体钢料费为:

$$C_w = W_s \cdot r_1/\Phi_1 = K \cdot L^{1.65}\left(B + D + \frac{T}{2}\right) \times (0.5C_B + 0.4) \cdot r_1/\Phi_1$$

式中:W_s——船体钢料(包括上层建筑)的重量,t;

r_1——钢材单价,万元/t;

Φ_1——船厂钢材利用系数;

K——系数;

D——型深,m;

L——垂线间长(即 L_{BP}),m。

假定方形系数 C_B 不变,影响 C_w 变化的变量应是 L、B、D、T,而 L 在其中影响最大,若能分别找出 L 与 $\left(B + D + \frac{T}{2}\right)$、$B$ 之间的函数关系,则可把多元变量简化为单元变量。为此假定 2 个指数关系式为:

$$A = \left(B + D + \frac{T}{2}\right) = L^{x_1};B = L^{x_2}$$

则

$$x_1 = \lg A/\lg L;\ x_2 = \lg B/\lg L$$

通过对国内建造的、载重量 3 000 ~2 5000t 10 艘货船的设计数据统计分析,近似地得出了这 2 个相关函数之间的解为:

$$x_1 \approx 0.72, x_2 \approx 0.61$$

由此:

$$C_w = f\left[L^{1.65}\left(B + D + \frac{T}{2}\right)\right] = f(L^{2.37})$$

因为 $L \propto DW^{1/3}$,所以这个抽象隐函数可表达成:

$$C_w = f[(DW^{\frac{1}{3}})^{2.37}] = f(DW^{0.8})$$

它的微分组成为:

$$\frac{\mathrm{d}C_w}{C_w} = 0.8\frac{\mathrm{d}DW}{DW} \tag{3-30}$$

②船体建造工时费为:

$$C_h = \frac{W_s^{\frac{2}{3}} \cdot L^{\frac{1}{3}}}{C_B} \cdot R_1 \cdot n$$

式中:R_1——船厂船体工时单价,元/h;

n——入级影响系数。

C_B、R_1、n 均为定值,则:

$$C_h \propto W_s^{\frac{2}{3}} \cdot L^{\frac{1}{3}} = DW^{0.644}$$

$$\frac{\mathrm{d}C_h}{C_h}=0.644\cdot\frac{\mathrm{d}DW}{DW} \tag{3-31}$$

③船体辅料费为：

$$C_a=W_s(r_2R_2+r_3)$$

式中：r_2——每吨钢材所需焊、焊丝重量，kg/t；

R_2——焊条、焊丝每千克的价格，元/kg；

r_3——每吨钢材所需乙炔、氧气费，元/t。

因为 $r_2R_2+r_3$ 是常量，所以 $C_t\propto W_s\propto DW^{0.8}$

$$\frac{\mathrm{d}C_t}{C_t}=0.8\cdot\frac{\mathrm{d}DW}{DW} \tag{3-32}$$

船体建造成本的变化量为：

$$\mathrm{d}C_s=\mathrm{d}C_w+\mathrm{d}C_h+\mathrm{d}C_t$$

将式(3-30)、(3-31)、(3-32)代入得：

$$\mathrm{d}C_s=\frac{\mathrm{d}DW}{DW}(0.8C_w+0.644C_h+0.8C_t) \tag{3-33}$$

若母型船的 C_w、C_h 和 C_t 为已知，根据载重量的变动值$\frac{\mathrm{d}DW}{DW}$用式(3-33)即可算出船体建造成本的变化量。

(2)舾装工程成本的变化

舾装成本为：

$$C_o=FW_o^{\frac{2}{3}}\cdot P_2=K(L\cdot B)^{\frac{2}{3}}\cdot P_2$$

式中：W_o——舾装重量，t；

P_2——每吨舾装材料、设备的平均价格，元/t；

F、K——系数。

由于 $C_o\propto(L\cdot B)^{\frac{2}{3}}$；考虑 $B\approx L^{0.61}$，$L\propto DW^{\frac{1}{3}}$的关系，代入后则得

$$C_o=f(DW^{0.356})$$

$$\frac{\mathrm{d}C_o}{C_o}=0.356\cdot\frac{\mathrm{d}DW}{DW} \tag{3-34}$$

(3)轮机工程费用的变化

轮机工程费用为：

$$C_m=1.21P^{0.755}$$

式中：P——主机服务功率，kW。

主机服务功率可根据海军常数法公式求得，即：

$$P=\Delta^{\frac{2}{3}}\cdot\frac{V^3}{C}$$

式中：V——船的设计航速，kn；

C——海军常数；

Δ——满载排水量，t。

在航速不变的情况有下面关系：

$$C_m \propto P^{0.755} \propto (\Delta^{\frac{2}{3}})^{0.755} \propto (DW^{\frac{2}{3}})^{0.755}$$

即

$$C_m = f(DW^{0.755})$$

其微分形式为

$$\frac{dC_m}{C_m} = 0.5\frac{dDW}{DW} \tag{3-35}$$

(4)总成本随载重量变化的关系式

上述各微分式经合并叠加从而导出总成本随载重量变化的关系式：

$$d\sum C = [0.8(C_w + C_t) + 0.644C_h + 0.356C_o + 0.5C_m]\frac{dDW}{DW} \tag{3-36}$$

2. 航速对船舶成本的影响

公式(3-36)的推导，是在航速不变、方形系数不变的条件下进行的。如主尺度不变，船速 V 上升，则速长比 $V/\sqrt{L}$ 将增加，方形系数 C_B 减小，主机功率 P 上升，根据 P·S·Katsoulis 的计算公式，则：

$$C_B = K \cdot f \cdot L^{0.42} \cdot B^{-0.3072} \cdot T^{0.1721} \cdot V^{-0.6135}$$

式中：V——设计航速，kn；

K、f——系数。

主尺度不变的情况下，$C_B = (V^{-0.6135})$

则

$$\frac{dC_B}{C_B} = -0.6135\frac{dV}{V}$$

从

$$\Delta = \gamma \cdot C_B \cdot L \cdot B \cdot T$$

得

$$\frac{dC_B}{C_B} = \frac{dV}{V}$$

代入置换后就有

$$\frac{d\Delta}{\Delta} = -0.6135\frac{dV}{V}$$

从

$$P = \Delta^{\frac{2}{3}} \cdot \frac{V^3}{C}$$

得

$$\frac{dP}{P} = \frac{2}{3} \cdot \frac{d\Delta}{\Delta} + 3\frac{dV}{V}$$

故

$$\frac{dP}{P} = \frac{2}{3}\left(-0.6135\frac{dV}{V}\right) + 3\frac{dV}{V} = 2.591\frac{dV}{V}$$

(1)船体建造成本的变化

假定主尺度不变，从式

$$C_w = K \cdot L^{1.65}\left(B + D + \frac{T}{2}\right) \cdot (0.5C_B + 0.4)r_1/\Phi$$

可知 C_w 仅为 C_B 的隐函数，$C_w = f(C_B)$。因此有：

$$\frac{dC_w}{C_w} = \frac{dC_B}{C_B} = -0.6135\frac{dV}{V} \tag{3-37}$$

同样，从式

$$C_h = \frac{W_s^{\frac{2}{3}} \cdot L^{\frac{1}{3}}}{C_B} \cdot R_1 \cdot n$$

得

$$C_h = f(W_s^{\frac{2}{3}} \cdot C_B^{-1})$$

因

$$\frac{dC_h}{C_h} = \frac{2}{3} \cdot \frac{dW_s}{W_s} - \frac{dC_B}{C_B} = \frac{2}{3}\left(-0.6135\frac{dV}{V}\right) - \left(-0.6135\frac{dV}{V}\right)$$

故

$$\frac{dC_h}{C_h} = 0.2045\frac{dV}{V} \tag{3-38}$$

照此亦可求出

$$\frac{dC_t}{C_t} = -0.6135\frac{dV}{V} \tag{3-39}$$

(2)对舾装成本的影响

分析舾装成本计算式：

$$C_o = K(L \cdot B)^{\frac{2}{3}} L \cdot P_2$$

若主尺度 L、B 为定值，则 $dC_o = 0$，因为 K 和 P_2 皆为常数。可见，设计航速的改变与舾装成本是无关的。要说明的是：这里所指的航速变化，也是在一定的范围内，如大幅度地调整船的航速，导致舵系设备的变挡，当然也会引起舾装成本的一定改变，但不属这里讨论的范畴。

(3)轮机工程的费用变化

将已导出的$\frac{dP}{P} = 2.591\frac{dV}{V}$代入轮机成本的微分式$\frac{dC_m}{C_m} = 0.755\frac{dP}{P}$得：

$$\frac{dC_m}{C_m} = 1.956\frac{dV}{V} \tag{3-40}$$

合并式(3-37)～(3-40)，即可得到由于航速改变所引起的总成本变化的关系式：

$$d\sum C = \frac{dV}{V}[(0.2045C_h - 0.6135C_t) + 1.956C_m] \tag{3-41}$$

3. 载重量与航速同时改变对船的成本的影响

当船的载重量和航速同时变化时，可以通过图解法和数学计算方法对成本变动作出定量分析。这里采用了后一种方法。

若主尺度不变，航速的增加意味着船舶线型变化、方形系数的减小、主机功率增大和载重量的减少；反之，航速下降将产生相反的结果。至于航速与载重量同时增加或减小的情况也会有的，此时方行系数和主机功率必是同时增加或减小。若是船的主尺度也发生变化，那么对建造成本的起落以及它们之间的组合关系就会更加复杂了。对一般货船来讲，这里假定：主尺度的线性量纲与载重量的1/3次方成比例，即 $L \cdot B \cdot T \cdot D \propto DW^{\frac{1}{3}}$。按 P · S · Katsoulis 推荐的公式，将 $L \cdot B \cdot T$ 用 DW 置换，于是就有：$C_B \propto DW^{0.895} \cdot V^{-0.6135}$ 的关系。

用同样的方法，采用前述的几类成本计算式，不难导出，它们与二元变量的函数关系。

船体钢料费：

$$C_w = f(DW^{0.8}, C_B) = f(DW^{0.895}, V^{-0.6135})$$

得
$$\frac{dC_w}{C_w}=0.895\times\frac{dDW}{DW}-0.6135\frac{dV}{V} \tag{3-42}$$

船体工时成本：

$$C_h=f(W_s^{\frac{2}{3}},L^{\frac{1}{3}},C_B^{-1})=f(DW^{0.613},V^{0.2045})$$

得
$$\frac{dC_h}{C_h}=0.613\frac{dDW}{DW}+0.2045\frac{dV}{V} \tag{3-43}$$

船体辅料成本：

$$G=C_t=W_s(r_2R_2+r_3)=f(W_s)$$

得
$$\frac{dC_t}{C_t}=0.895\frac{dDW}{DW}-0.6135\frac{dV}{V} \tag{3-44}$$

对舾装建造成本的影响，主要是来自载重量的改变，其计算式与式(3-34)完全相同。轮机设备费用仍由式：

$$C_m=1.21(\Delta^{\frac{2}{3}}\cdot V^3\cdot C^{-1})^{0.755}$$

计算。

其中，2 个自变量 Δ 和 V 决定 C_m 的变化值，由式 $C_m=(DW^{0.503},V^{2.265})$ 取其全微分得：

$$\frac{dC_m}{C_m}=0.503\frac{dDW}{DW}+2.265\frac{dV}{V} \tag{3-45}$$

合并各成本分项的增量，则载重量、航速同时改变后，成本变化的计算式将为：

$$\begin{aligned}d\sum C=&[0.895(C_w+C_t)+0.613C_h+0.358C_o+0.503C_m]\\&+[-0.6135(C_w+C_t)+0.2045\ C_h+2.265C_m]\frac{dV}{V}\end{aligned} \tag{3-46}$$

4．主尺度和航速同时变化对船舶建造成本的影响

几个设计参数多因素变动的结果，导致这些技术要素与建造成本这个经济要素之间的关系式趋于繁琐和复杂，但自计算机在船舶报价系统应用以来，上述问题已不复存在。这里采用如前同样的方法，将与船舶成本有关的方形系数用主尺度和航速迭代置换，从而找出主尺度、航速变化与成本变化的相应关系。

船体建适成本，将是以下 5 个自变量的多变元函数，分别写成：

(1)钢料成本

$$C_w=f\left[\left(B+D+\frac{T}{2}\right),L^{2.07},B^{-0.3072},T^{0.1721},V^{-0.6135}\right]$$

$$\begin{aligned}\frac{dC_w}{C_w}=&\frac{d(B+D+0.5T)}{B+D+0.5T}+2.07\frac{dL}{L}\\&-0.3072\frac{dB}{B}+0.1721\frac{dT}{T}-0.6135\frac{dV}{V}\end{aligned} \tag{3-47}$$

(2)工时成本

$$C_h=f[(B+D+0.5T)^{\frac{2}{3}},L^{1.29},B^{0.1024},T^{-0.0574},V^{0.2045}]$$

$$\frac{dC_h}{C_h}=\frac{2}{3}\cdot\frac{d(B+D+0.5T)}{B+D+0.5T}+1.29\frac{dL}{L}+0.1024\frac{dB}{B}$$

$$-0.0574\frac{dT}{T}+0.2045\frac{dV}{V} \tag{3-48}$$

(3)船体辅料成本

由于 $C_t=f(W_s)=f(C_w)$,因此它的变化值应与式(3-47)相同。

(4)船体舾装建造成本

$$C_o=f(L^{0.667},B^{0.667})$$

$$\frac{d\,C_o}{C_o}=0.667\left(\frac{dL}{L}+\frac{dB}{B}\right) \tag{3-49}$$

(5)轮机设备成本

$$\begin{aligned}C_m&=f(\Delta^{\frac{2}{3}}\cdot V^3/C)^{0.755}=f[(L\cdot B\cdot T\cdot C_B)^{\frac{2}{3}},V^3]^{0.755}\\&=f(L^{0.715},B^{0.35},T^{0.59},V^{1.96})\end{aligned}$$

$$\frac{dC_m}{C_m}=0.715\frac{dL}{L}+0.35\frac{dB}{B}+0.59\frac{dT}{T}+1.96\frac{dV}{V} \tag{3-50}$$

将各分项成本的变化值(3-47)~(3-50)相加,得:

$$dC_w+dC_h+dC_t+dC_o+dC_m=d\sum C$$

其计算式可写为如下的形式:

$$d\sum C=N\left(\frac{dL}{L}\right)+R\left(\frac{dB}{B}\right)+S\left(\frac{dT}{T}\right)+U\left[\frac{d(B+D+0.5T)}{B+D+0.5T}+W\frac{dV}{V}\right] \tag{3-51}$$

式中,N、R、S、U、W 均为已知量,称为原船或母型船的各分项成本的组合系数,其值如下:

$$\left.\begin{aligned}N&=2.07(C_w+C_t)+1.29C_h+0.667C_o+0.715C_m\\R&=0.1024C_h-0.3072(C_w+C_t)+0.667C_o+0.35C_m\\S&=0.1721(C_w+C_t)-0.057C_h+0.59C_m\\U&=C_w+C_t+\frac{2}{3}C_h\\W&=0.2045C_h-0.6135(C_w+C_t)+1.96C_m\end{aligned}\right\} \tag{3-52}$$

5. 实船计算

已知一艘散货船的主要技术参数为:$L_{BP}=152.00\text{m}$,$B=20.60\text{m}$,$D=12.50\text{m}$,$T=8.80\text{m}$。$V=15\text{kn}$,$DW=15\,000\text{t}$。经济成本要素为:$C_w=320$ 万元,$C_h=98$ 万元,$C_t=40$ 万元,$C_s=458$ 万元,$C_o=270$ 万元,$C_m=600$ 万元,$C_r=262$ 万元,$\sum C=1\,590$ 万元。求 $d\sum C$ 和 $\frac{d\sum C}{\sum C}\%$。

(1)当 V 不变,DW 的变化范围为 10%,则总成本的变动值

$$\begin{aligned}d\sum C&=\frac{dDW}{DW}[0.8(C_w+C_t)+0.644C_h+0.358C_o+0.5C_m]\\&=0.1[0.8(320+40)+0.644\times98+0.358\times270+0.5\times600]=75(\text{万元})\end{aligned}$$

增加或减少总成本的百分比:

$$\frac{d\sum C}{\sum C}\%=\frac{75}{1\,590}\times100\%=4.7\%$$

(2)DW 不变,若 V 增加 1.5kn

$$d\sum C=\frac{dV}{V}[0.2045C_h-0.6135(C_w+C_t)+1.956C_m]=97.28(\text{万元})$$

增加总成本的百分比：

$$\frac{d\sum C}{\sum C}=6.1\%$$

(3) L_{BP}变化 1%

$$d\sum C=N\left(\frac{dL}{L}\right)=[2.07(C_w+C_t)+1.29C_h+0.667C_o+0.715C_m]\times0.01=14.8(\text{万元})$$

船长增加或减小 1% 时，总成本的变化量为 0.93%。

(4) L_{BP}变化 1%，$dV=1\text{kn}$

$$d\sum C=N\left(\frac{dL}{L}\right)+W\left(\frac{dV}{V}\right)=14.8+[0.2045C_h+0.6135(C_w+C_t)+1.96C_m]\times\frac{1}{15}$$

$$=79.8(\text{万元})$$

占总成本的 5%。

(5) DW 增加 5%，V 提高 1kn

$$d\sum C=\frac{dDW}{DW}[0.895(C_w+C_t)+0.613C_h+0.358C_o+0.503C_m]$$

$$+\frac{dV}{V}[-0.6135(C_w+C_t)+0.2045C_h-2.265C_m]=116.2(\text{万元})$$

总建造成本将增加 7.3%。

6. 结论

通过前述推导，得到了船舶技术参数与成本之间的一组实用的微分关系式(3-36)、(3-41)、(3-46)、(3-51)、(3-52)。至此，可以利用经过整理、准确可信的母型船价为基础，并考虑到报价船的设计技术参数与母型船之间存在的差异，利用上述各式进行计算，转换为新的建造成本，完成报价工作。为了保证计算值的正确性，各设计参数的允许变化范围应限制在：载重量的变化 $dDW\leqslant\pm10\%DW$；船速变化 $dV\leqslant\pm1.5\text{kn}$，船长变化 $dL\leqslant\pm5\%L$。

对 3 000～25 000t 不同类型的 7 艘国产货船进行分析研究，改变它们的各设计参数，用上述公式计算船舶成本的变化，初步得出以下几点规律：

①若载重量变化 10%，则船的建造总成本变动值将在 5% 以下。

②航速变化对船的建造成本影响较大，欲提高 1.5kn 航速，建造成本将增 6% 左右。

③在船舶主尺度参数中，船长 L 的变动，对建造成本的影响最大。若 L 增加或减小 1%，则总成本也将在 1% 的范围内变动。而对船体分项成本的影响，甚至可高出 2%。

④在航速不变的情况下，由于船舶载重量改变，轮机工程成本随载重量的变动上升或下降。但实际上，由于主机规格品种不多，因此当载重量变化范围在 5%～10% 之间时，仍有可能采用同一规格的主机。

⑤载重量和航速同时变化所引起的结果，不等于各自单独变化的和。之所以在系数上有微小的差异，是由于在推导过程中，考虑了它们两者之间的交互作用和牵连反应的结果。

五、批量生产对船舶成本的影响

如果批量建造船舶，则科研设计、放样、胎架、培训等项一次性费用可以分摊到几艘船上，同时有些材料和设备如果成批订购，价格可降低，随着生产批量数的增加，生产技术水平不断提高，差错逐渐减少，所有这些都导致了造船成本的降低。船厂经验表明，可以用经验曲线来描述批量生产的特征。

1. 经验曲线

经验曲线说明了批量生产时平均每艘船的成本值和累积经验的关系。

设：a = 建造首艘船的成本；

X = 批量生产船数；

Y_x = 平均每艘船的成本。

则

$$\overline{Y}_x = \frac{a}{X^b} \tag{3-53}$$

式中：b——经验曲线率。

经验曲线的应用有范围限制。当批量生产数增加到一定数值时，平均每艘船的成本不能再减少，保持在一个最低的建造成本上。

2. 经验曲线系数 λ

经验曲线系数 λ，反映了批量生产中每艘船平均成本和该批量加倍批量生产每艘船平均成本之间的比例关系，即：

$$\lambda = \frac{\text{“}2X\text{”艘船批量生产的平均成本}}{\text{“}X\text{”艘船批量生产的平均成本}} = \frac{\overline{Y}_2}{a} = \frac{\overline{Y}_4}{\overline{Y}_2} = \cdots = \frac{\overline{Y}_{2x}}{\overline{Y}_x}。$$

用$\overline{Y_2} = \dfrac{a}{2^b}$代入，则

$$\lambda = \left(\frac{\dfrac{a}{2^b}}{a}\right) = \frac{1}{2^b} \tag{3-54}$$

λ 可以从实际调查研究中得到。如美国商船的经验曲线系数大约在 0.90 ~ 0.95 之间。

当批量建造船数为 X 时，该批量总的建造成本 Y_x 为：

$$Y_x = X\,\overline{Y}_x = X\left(\frac{a}{X^b}\right) = aX^{1-b} \tag{3-55}$$

建造最后一艘船的成本 y_x 则为：

$$y_x = \overline{Y_x} - \overline{Y}_{(x-1)} = a\left[X^{1-b} - (X-1)^{1-b}\right] \tag{3-56}$$

第四节　船舶修理工程报价

一、修船报价概述

一般情况下，船东将需要进厂修理（改装）的船舶修理（改装）项目送给各修船厂，要求船厂按照修理项目单报出各项工程价格及总的费用和施工周期，以便船东选择进何厂修理（改装）。船厂在接到项目单的 3 天内将根据工程项目估定的价格报给船东，对特殊工程项目可以向船东询问清楚其要求然后报出。这种估价方法当然要求报价者熟悉各种类型船舶的结

构、设备等情况并对修理工艺过程有一定的经验才能有较准确的报价。

由于国内进行经济体制改革，各航运部门都要讲究经济效益，因此船舶进厂修理前多数先向各船厂询价和了解修理周期，有的甚至在国内进行公开招标，择优选厂。近几年来实行对外开放政策，不少外轮来我国修理，船东也是先向船厂询价。为此，报价人员务必对国内外修船市场价格有较准确的掌握，及时制定价格标准，在修船价格表基础上浮动，使之既能适应市场又有尽可能高的经济效益。

二、修船报价的形式和原则

船舶修理报价之前必须按照工程项目单进行估价。估价一般有两种形式，一种是按照工程项目的要求进行勘验，然后估算其所耗费的工时材料按价格折算后 加上国家规定的税利和企业开支来决定修理项目的价格。这种估价形式即是我国历来惯用的成本报价，它的优点是精确度高，不易失误，便于双方核算，容易被估价人员所掌握，而且对必需的附带工程能够及时提出来并做好有关准备工作。缺点是必须进行实船工程勘验，报价速度慢。另一种是向船东提供按市场情况调整的标准价格本，让船东参照标准价格提出工程项目单，然后按项目进行套价。如工程范围不能够直接套价，则进行加减调整或另行估价，即是项目套价形式。它的优点是不用实船勘验工程，工作量少，灵活性大，能够快速报出修理价格。虽然存在价格不够精确的缺点，但效率较高，有竞争力。从现代经营观点出发，这种报价形式越来越普遍地为人们所采用。由于外轮修理不能实船勘验，所以它特别适用于外轮修理，而前一种行式，多在国内船舶修理中应用。

修船报价的基本原则一般在价格表的开头应作说明，除非船东特别声明可作个别例外处理，在通常的报价单中不再提及。如施工和结算过程中船方提出异议，则以这个基本原则的有关规定进行核对，统一意见。有了这些原则性规定，可以减少许多争议麻烦。如：

①对具有 2 种吨位制的船舶，按高的一种计价，总吨小于载重吨 60%，按载重吨 60% 计价。

②对处于价格表中 2 个价格之间的修理项目，按插入法计价或按高一档计价。

③一般修理项目的设计费按该项工程费的 5% ~10% 收费，大修改装设计按该项工程费 5% 收费。

④价格表只适用于正常条件下施工的工种报价，对于在严寒的恶劣气候、暴雨、有危险的场所、酷热的舱室等则另行开价。

⑤价格表只适用于在船厂内施工的条件和正常工作时间。船厂每周 6 天、每天 8h 工作制。加班时间、星期日及法定假日如船东要求施工则均按超时工作计算。

⑥本价格标准按报价日或进厂的时价计算，但随着市场价格波动而改变。此价格与费用不包括验船师之检验费用。

⑦我方均以人民币（或美元）提出报价，账单也以人民币（或美元）支付。

三、修船报价注意事项

①工程项目不能直接进行套价，则需按照表中的价格以各种比例系数进行计算价格。国内民用船舶和外轮修理价格表中已定出一些系数值。然而修船情况是复杂的，除了一般采用

系数开价之外，对不能直接套用所列系数值的，就要凭修船经验在报价单中提出修订的系数值，做到客户满意。如钢质工程计价，在价格表中是以平直壳板拆换为依据的，但锅炉炉膛、折叠式舱盖、锚链筒等工程应为平直壳板的1.4～1.7倍。球鼻艏板、锅炉或压力容器封头其系数应为1.7～2.4倍，这就应视实际情况而定。

②有的工程既不能直接套价，又不能用系数进行计算价格，这时只能根据船东提供的一些尺寸数据参照损坏或故障情况判断工程的大小，然后采用估工估料的方法恰如其分地报出价格，尽量避免船舶进厂开工后和船方发生扯皮现象或自身造成不必要的亏损。对修理单上比较含糊的工程项目要在报价单上注明类似"勘验后再定"、"换新另计"等说明。有的故障项目不能用一般估工估料来计价，而要按技术复杂程度来出价。有的较大的改装工程，内容比较复杂，需要详细勘验和出图之后才能开价的，则可采取报一个预标价格，并注明完工后再结算的办法来解决。

③对于工程量不一定很大，但要有较高技术经验才能解决的那些项目，或者船东曾找过别的厂家处理仍无效的工程而本厂能很快排除故障修复的则可以提高修理价格。工程费计算方法可用适当收取"技术费"或以1个工程师每工作小时的单价来计算。这种计费方法要随机应变，要结合当时技术条件、技术难度、船期是否紧迫、当地修船技术力量高低等因素进行综合考虑，但不能报价过高造成不良后果，使船东感到害怕下次不来修理。

④按照修理项目单和价格表进行套价报出的部分往往没有考虑到附带工程和隐蔽工程，因此用套价进行报时应说明附带工程和隐蔽工程另计。但在修理报价内容上，决不加主观臆想和延伸附带工程和隐蔽工程，做到船东修理单上有什么内容，船厂就报什么内容，决不任意增加和扩大报价项目。

⑤报价时除考虑市场价格之外，还要考虑其他因素，如船舶进厂修理前的卸货地点、船东与船厂的关系、工程大小和难度、船厂自身修理质量和信誉、任务是否饱满、是否力争任务等。因为上述因素对开价的高低，报出修期长短都有直接关系。

⑥凡修船厂委托外单位加工、借用设备、外购器材等，应按修船厂实际支付费用加上运杂费、管理费及法定利润税金。

⑦修船价格已包括材料费在内的部分有下列各项：

A. 钢质工程中的钢材。

B. 油漆工程中的标志描写（船名、港籍、水尺等油漆）。

C. 锚及锚链的油漆。

D. 管系工程中的管材。

E. 电气工程中发电机及电动机修理的基本器材。

⑧原材料价格按一定年份的计划用料价格，若材料进厂价与该年份有差异，则应按现行价格调整其差价部分。若材料进厂价是议价，则应按议价计算。

⑨修船报价除已明确注明修换范围外，不包括附带工程、追加工程及可能产生的零部件换新，以及施工工艺所需的专用工具、模具、胎架、专用设备等项费用。

⑩凡单一性技术劳务，如柴油机的喷油器、高压油泵、调速器、水机、空调装置等的修理，其价格可作适当上浮。

⑪修理报价中各部分的系数，凡遇到多个同时出现时，应将系数相加后计算。

⑫修船工程的价格仅适用于厂区作业和正常工作日的日班作业，离厂区作业及出差工程其价格应另行计算。若修船方要求特急需逾时加班者，则应增收加班费。

⑬船舶在船厂修理期间，其因修换而拆下的旧件、旧料，除螺旋桨和艉轴外，均归船厂所有。

⑭快速准确报价且学会计价技巧。价格、周期、质量、服务是衡量修船水平的4项重要指标，亦是直接决定船厂能得到多少修理单的主要因素。在满足船东对周期的要求下，价格是关键。而承接船舶修理的过程即报价、签约、组织施工、开账、核价、结算的几个环节中报价是首要一环。快速准确报价是加强竞争能力的重要因素。同时，要掌握住市场价格情报，在不损害国家利益和有利可图的前提下善于计价，灵活地给船东一定的优惠也是必要的。

四、修船厂的报价机构及报价人员技能

长期以来，船舶修理是独立于设计之外，从属于制造的附属行业。实际上船舶修理报价技术是维修管理工程或维修管理系统工程的重要组成部分。人是维修系统中最活跃、最积极的因素，讨论研究估价员及其职能管理机构在修船厂的地位及作用，对提高修船报价技术是十分必要和有益的。本节主要讨论修船厂现行报价职能机构与报价人员的技能。

1. 修船厂估价职能机构的设置

在修船行业中，由于工厂规模、生产能力、建厂历史及企业素质和管理水平的差异，其估价报价职能机构的设置也不尽相同。

根据企业的规模、技术水平、市场需求、地理位置、管理水平，许多修船厂单独设置估价科隶属于厂部，有的修船厂将估价设置在经营科并实行经营、估价一体化；还有的船厂将经营与生产管理编制在一起成立生产经营科，内设估价室或经营估价室。香港合昌船务有限公司设置估价部与工程部、厂务部并列，实行经理负责制，其估价员（师）属公司的上层管理人员。

修船厂估价职能机构的设置及名称应根据各自的实际情况而定，不必按照统一模式，单一化的组织形式不适应企业发展的需要。

按照现代工业企业管理的理论："设计和建立一个合理的组织机构必须从企业的实际出发，一切管理组织结构形式的确定、组织机构的增设、取消或合并都必须以是否对实现企业目标有利为衡量标准"。要按有效性原则、管理幅度原则、统一指挥原则、权责对等原则、统一领导分级管理原则及协调原则设立、建立及完成修船厂的估价职能机构。许多船厂的历史证明，凡是管理体制及职能机构的设置与本单位的实际情况相适应的，在坚持统一指挥的原则下，就能充分发挥估价职能机构的作用，为企业的生产经营活动的顺利进行发挥有效的作用。

2. 修船厂估价职能机构的基本职责

根据修船厂生产经营的特点，估价职能机构的基本职责大体可归纳为以下几点：

①是修船估价报价工作的办事机构。

②负责修船市场的调查和修船行情信息的分析研究。

③负责组织修船的投标及报价工作。

④研究修船报价技术，总结报价经验，密切与同行业及船舶科研单位的业务联系，交流报价技术与经验。

⑤建立修船报价档案，积累报价资料，制定本厂的修船价格标准。

⑥编写单船修理《施工单(书)》资料，分解单船修理目标成本。

⑦受工厂委托与业主(船东)签订《修船合同》。

⑧编制修船结算清单。

通过以上对修船厂估价职能机构职责的阐述可以明显看出，估价职能机构是修船厂与船东进行经济活动的联络站，是船厂特设的修船市场行情调查情报站，也是船厂负责修船报价的办事处及报价技术研究中心。

3. 估价职能机构在修船厂的地位与作用

估价职能机构为工厂所提供的修船行情，可为工厂经营决策的选优提供可靠的信息，修船价格的预报可为工厂制定生产经营计划提供依据。修船报价技术是企业文化素质的反映，高水平的报价技术可以扩大工厂的知名度、为工厂创造经济效益。从某种意义上讲，修船厂之间的竞争，首先是报价技术的竞争。前几年修船业萧条冷落，竞争十分激烈，其主要形式表现在价格的竞争，越是修船处于“低谷”期，其修船价格的竞争越激烈，在这种特定的环境下，更能显示出报价技术的水平。对于这一点，许多修船厂至今记忆犹新。

目前，许多船厂对修船报价技术的研究和交流产生了浓厚的兴趣，有的船厂厂长亲自带队赴兄弟厂学修船报价之经，取估价管理之宝，或委托分管经营领导参加区域性的报价技术研讨会，或不惜重金购买修船报价资料，其主要原因在于：或则是得到了报价成功的好处，或则是吃到了报价失败的苦果，或二者兼而有之。为此，估价职能机构在修船厂的地位及作用是十分重要的。尤其是在当前修船业由萧条不景气逐步走向复苏，船舶修理和改装工程日益增多的情况下，估价工作对企业的经济效益日显重要，对此应引起修船厂各级领导和有关人员足够的重视。

4. 估价人员现状分析

目前，我国已有修造船厂约1 200余家，据统计资料分析，船厂的工程主管约占船厂职工总数的1%。估价员约占船厂职工总数的0.66%，是修船队伍中的一支重要力量。

修船厂估价员的现状大体可分为以下几种情况：

①各修船厂的估价员数量主要取决于修船任务量的多少、估价人员的素质和企业的管理水平。在估价人员素质较好的情况下，每人每年承担200万元产值的修船估价工作量是完全可能的，而现在各修船厂估价员每人每年大约只能承担100万元产值的修船估价工作量。

②按估价专业分：船体占25%，轮机占33%，船电占25%，其他占17%。

船、机、电3大专业估价员各占多少比例较为合理，应视各厂修理的船型而言。据一些船厂的经验，实行船、机、电三结合估价互助报价小组在估价工作中分工合作、取长补短、效率高。这种按专业相结合的组织形式可供报价参考。

③按年龄分：50岁以上占33%，40~49岁占50%，30岁以下占17%，从年龄结构上看青年较少。

④按担任估价工作在职时间分：20年以上占17%，19~10年占50%，10年以下占33%。

⑤按学历分：中专文化程度以上占66%，中专文化程度以下占34%。担任估价员工作应以具备中专(高中)以上文化程度，5年以上修船实际操作的工作经验者较为合适。

⑥按估价能力分：能承担全船项目估价工作者占33%，只能承担专业工作或部分专业估

价工作者占67%。

⑦按技术职称分:具有中级以上技术职称者占25%。

5. 报价人员的岗位责任

①按《修船项目单》实施工程勘验,对工程项目价格进行精确计算,编制报价明细单,报出单船修理总价格。

②编写单船修理《施工书》,按工程项目定工定料,下达单船修理目标成本。

③实施对加(减)账工程的对外报价及对内下达增减目标成本。

④经常深入车间、舰船,随时掌握工程进度,讨论分析修船成本,发现成本失控及时提请有关领导调控。

⑤按船东确认的价款编拟单船完工结算清单。

⑥按标准化、规范化要求建立单船报价资料台账,不断总结经验,努力提高报价技术水平。

⑦努力搜集修船市场价格,经常调查修船市场行情,及时提供修船经济信息和修船报价技术分析报告。

6. 努力提高报价人员的业务技能

据有关资料报道,我国已拥有钢质运输船46 000余艘,数以千计的舰船及石油钻井平台和辅助船。目前,我国除少数远洋运输船在外国修理外,其余大部分在国内各船厂修理。另外,我国每年还承建大量的外轮及外轮维修工程。如此众多的船舶修理报价工作,均落在各修船厂估价员的肩上。由于目前各修船厂估价人员的水平高低不一、素质不同、文化程度不同、工作经历不同,其智能技巧也不尽一致,但如何做一个称职的修船估价员是至关重要的一件大事。据了解,许多修船专家认为修船估价员应具备的智能由知识、能力、素质3类构成,但是世界管理界有3句名言,对智力、素质、觉悟相辅相成之相互关系作了精辟论述:智力比知识更重要;素质比智力更重要;人的素质不如觉悟重要。智力指运用知识的能力,素质不佳就像一块三角砖头搁哪都不妥,没有觉悟的管理者是危险的管理者。

①知识:包括修船专业、船舶维修理论、企业管理和社会学科。

②能力:包括事件应变、分析判断、指挥调度和团结协作。

③素质:包括政治进取、业务钻研、工作责任和事业心。

五、修船经营报价流程

如图3-5所示为某修船厂的修船经营报价流程。在每一流程中均可以用表格形式予以表达。

六、修船成本分析

修船成本是反映企业各项工作效率的综合指标,也是综合反映企业工作质量的基本指标,是计算利润的基础。成本分析对于检查企业工作中的成绩和缺点,挖掘企业降低成本的潜在力量具有特别重要的意义。

修船成本是指在船舶修理过程中所发生的全部生产费用,其内容包括:进出坞拖带费、系解缆费、住坞费、靠码头费、人工劳务费、材料和辅料费、综合服务费等。在修船过程中,一般以计划成本和实际成本对比进行分析。计划成本是根据单船的工时定额、材料、燃料、动力、服务

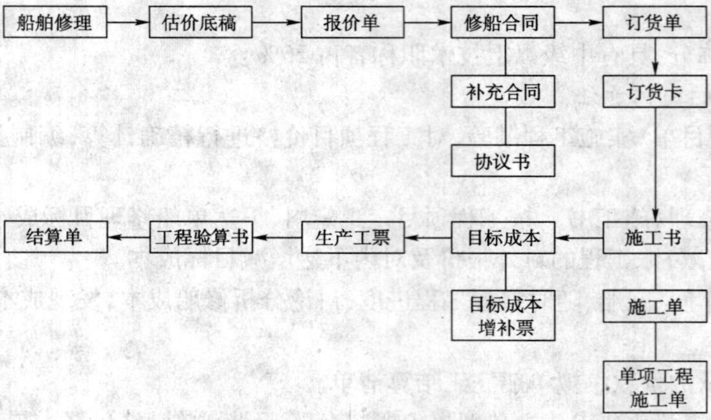

图3-5　修船经营报价流程

等消耗定额和用于该船的其他费用预算，按工程项目单的要求预先计算的成本，实际成本是根据修船过程中的实际消耗而计算的成本。按照“计划成本＝单船报价总额－税金－计划利润”的核算公式确定计划成本，以计划成本与实际成本相比，可以反映修船成本计划的完成情况，同时可计算实际利润的多少。

在成本形成的整个过程中，通过对每项成本形成的具体活动，进行严格的监督，及时改正发生的偏差，使修船成本的形成和各种费用、消耗的发生，被限制在规定的范围内，保证达到降低修船成本的目的。为此，必须进行成本管理工作，包括下列内容：

①全面核定工料费的计划价格。将多种原材料、配件、燃料、辅助材料核定厂内计划价格，对各车间工时成本单价按生产工人工资、车间经费、企业管理费分摊，对3部分组成进行核定。各辅助生产部门如坞、排、车、船、水、风、电、气等实行单独核算，按耗用量作为横向内部结算的依据。

②健全各类定额，使定额水平保持在平均先进标准线上，这是一般工人经过努力可以达到的水平。

③按不同修理类别编制工程编号。

④按照单船施工单编号建立工程项目的派工卡和领料卡，用以计算计划工时、定额工时和实动工时以及计划材料和实际消耗材料。

⑤加强领料和退料的管理。

⑥修船过程中，工程范围变更、施工单工程内容遗漏、原材料价差量差、规格型号错误及工时量差等问题一旦发现，就要及时进行处理，并作出记录。报价单的形成，实际上是编制计划成本的过程，而计划成本的最后确定必须通过对每张施工单工程项目完工进行单项签证验收。一般情况下，如果修船过程中成本管理和控制得当，实际成本应低于计划成本，企业的实际利润将比计划利润要高。因此，进行成本分析是修船报价不可少的一项工作。修船成本核算一般采用订单法。修船厂在接受修船任务后，按单船开设一个成本明确账户，据以归集该船修理费用。财务部门根据修船部门和单位提供的修船施工通知单，实际工时统计记录、材料耗用记录、动力耗用记录、住坞和靠码头时间等记录，计算结转各项修船费用。

由于承修船舶的船型、船级、大小各不相同，承修工程项目也差别很大，因此各艘船舶修理的费用很难比较。修船费用一般采用下列 3 项相对数进行分析：

①商品产值成本率。即修船成本与按现行价格计算的修船商品产值之比，该数反映了修船成本与产品产值之间的关系，其比值越小，成本越低，经济效益越大。

②成本利润率。即修船成本与所得利润之比，该数值反映成本与利润之间的关系，成本越低，利润就越高。

③比较率。即通过同行业相比、与历史最高水平相比，可以反映出本厂修船经济效益与其他企业之间的差距，也可以反映出企业的发展变化情况。

七、修船报价计算方法

修船出厂价格由成本、利润、税金 3 部分组成，其计算方法一般有 2 种：

1. 理论出厂价格的计算方法

修船厂出厂价格 = 修船成本 + 利润 + 税金

2. 修船厂实际使用的出厂价格计算方法

(1) 成本法(顺加法)

出厂价格 = 船舶修理单位产品全部成本(1 + 规定的利润率) × (1 − 规定税率)

(2) 估价成本法

出厂价格 = 船舶修理估算的单位产品全部成本(1 + 规定利润率) × (1 − 规定税率)

(3) 直接计算法

出厂价格 = 各项修理工程估算的出厂价格的总和

第五节　船舶改装工程报价

一、概述

近年来，由于世界航运市场的激烈竞争，新建船舶的船价不断上升。为提高船舶运输能力，降低营运成本，国内外该多船东决定把旧船进行改装。该项措施不但又快又省，且能更好适应现代航运市场的迅速变化。此外，由于海洋工程的发展，也带来了大量旧船的改装任务。旧船改装在技术上几乎不存在什么困难，从船体的整段更换和三相更换，到船舶动力装置和设备的整体或局部换新，均能迅速而又圆满地予以完成。由于造船不景气，在船厂方面来说，旧船的改装工程有助于船厂人力和设备上的充分利用，因此也希望多承接旧船改装任务。

根据国外有关机构的预测，自动化船舶的修理、海洋工程结构物及其辅助船舶修理和船舶改装将成为世界修船业的 3 大支柱，其中尤以船舶改装工程发展得最为迅速。

船舶改装工程按其目的来分大致可分为 2 类：一是改变船舶用途，另一是改进旧船的技术性能。这与修船的目的是不一样的，修船的主要目的是为了恢复船舶的原有性能。船舶改装工程技术较为复杂，它既有修船业的快速性和适应性，又有造船业设计施工的系统性。所以有利于发挥船厂在修船和造船方面的优势并使其得到较好的结合。

船舶改装工程一个显著的特点是具有大量的改装设计工作，而这种改装设计与一般造船设计有很大的不同之处：

①因受原结构限制，改装设计必须因地制宜，与实际情况相结合。

②原有的结构或构件应予以充分利用。

③非正规设计多。

④必须照顾修船工艺特点。

⑤设计周期短，要求各专业平行作业。

船舶改装工程从其专业角度来看可分为以下5类：

1. 船体的接长（包括加高、加宽）

将船体接长或加高、加宽，同时进行内部改装，从而增加载货或载客量。如油船或货船接长中部船体，增加新的油舱或货舱，从而提高了载货量；客船接长船体，改进内部房舱布置，可以增加载客量；客车渡船接长、加高并增设车辆甲板，以增加载车量等。

2. 更换主机

由于新型船用柴油机油耗低（低速船用大功率柴油机油耗低于 0.049×10^{-6} kg/J）、功能多、推进系统效率高、动力装置热效率高，因此从节能角度出发，对一些装备油耗较大的老式柴油机的船舶进行现代化新型主机的更换，可以取得较好的经济效果。有的船舶将燃油锅炉改为燃煤锅炉，这样可使燃料费用显著降低而投资较少。

3. 改变船舶用途

如将货船改建为汽车运输船；散装货船改为集装箱船；油船改装为储油船以及客船、渔船、钻井平台的改装等。

4. 特种船舶改装

在船舶和海洋工程中有一些为特殊需要而设计建造的船舶，如科学考察船、地球物理勘探船、滚装船、海上钻井船等，由于装在船上的专业设备更新较快，也经常存在着改装工作。

5. 为适应国际新规则进行改装

近年来国际上不断出现新的规则，如提高防火性能、防止对海洋的污染、提高自动化程度、改善船员的劳动和生活条件等，也都需要对船舶进行改装。

总之，船舶改装工程是一项前景广阔的工作。它可以提高和改善船舶性能，扩大使用范围，周期短，投资少，见效快，船东可以获得较高的经济效益。它也可促进船厂的修船技术和管理水平的提高，使修船产值和生产结构更为合理，从而大幅度增加船厂经济效益。从这2方面出发，可以预计，在不久的将来，船舶改装工程技术将发展成为一个新的船舶工程技术，这将是对传统的修船方式的一个突破。

二、船舶改装工程报价

由于船舶改装工程的特点，既有修船工程原结构设备的拆装移位，又有造船工程的新结构设备制造更新，从而决定了它的报价工作也应作出相应的变更，根据改装工程阶段内容的不同，使用各种不同的报价依据计算出每一阶段的工时、材料消耗，汇总得出全船总的改装费用。

一般来说，船舶改装工程报价可分为4大类：

1. 相关工程项目的拆卸

船舶改装工程不像造船工程那样可以按部就班进行，它在施工初始阶段，首先得把与该改装工程有密切关系的相关结构进行切割、拆卸、移位。这一阶段的工作主要根据船舶改装工程项目单的要求，列出工程量的多少，包括工时、材料。

2. 新结构设备制造更新

根据改装工程项目单的要求，列出新制结构或设备项目数量，计算该结构分段所需的材料和工时。这一阶段的计算工作可参照有关的"船舶产品价格计算标准"进行。新结构设备的制造，有时候可在船舶进坞前按船东提供的图纸资料，在船厂内场预先进行，有时候还得根据实船勘验确定，以免发生差错。

3. 总装合龙

这一阶段的工程内容，主要是将新结构设备嵌入安装，并与原结构结合成一完整体。这一阶段的报价计算主要在于确定总装合龙的工时数量和部分辅助材料。

4. 专项费用

船舶改装工程的专项费用包括下列各项：

①改装工程设计费。按改装工程的规模大小确定，某些船体新分段可按原图施工，结合实际情况作出改动。

②放样、胎架等准备工程费。具体费用根据改装工程项目确定。

③船台（或船坞、船排）费。根据各船厂工艺设备和施工方法，按占船台面积多少、天数和有关费率计算。

④下水费。也可包括在船台费之中，对于改装工程规模较大的船舶，下水（或出坞）时增加少量招待费用。

⑤船检费。其费用根据改装工程的船检项目多少确定。

⑥保险费。根据改装工程的规模确定投保金额和保险费率。

⑦试航交船费。根据改装工程的规模确定试航项目多少和周期，某些规模较大的船舶改装涉及新船的各项性能指标与旧船完全不一样，必须按照新建船舶的试航要求完成全部试验项目，如倾斜试验、主机全功率试验等。

⑧不可预见费。考虑改装工程遗漏或考虑不周之处，取一合适比例。

将上列项目总和得出专项费用，再加第①～③项的费用，即为该项改装工程的工厂成本。工厂的利润取决于经营指导思想和实际施工结果，税金按国家有关规定，综合以上全部项目即得改装工程的总价。

三、船舶改装工程实例

1. "沪救捞5号"打捞工作船

"沪救捞5号"打捞工作船原为远洋干货船，1956年由瑞典设计、建造。该船主尺度为长度114.6m，宽度15.4m，型深（至上甲板）9.14m，吃水6.24m，排水量7 000t，中后机型，原有4个货舱，2层纵通甲板，设有长尾楼，改装前为闲置的货船，改装后成为打捞工作船，属于第一类性质的改装，主要为打捞"阿波丸"号。该船于1979～1980年由上海船厂进行改装工程，总改装费用为138万元。

2. "海兴"客货船

"海兴"客货船是1958年由荷兰建造的一艘远洋客货船。该船主尺度为:长度178.16m,宽度21.34m,型深(至上甲板)11.89m,吃水8.89m,排水量为20 820t,长尾楼,3层纵通甲板,6个货舱,中机型船。该船主要改装工程项目有:增加旅客、船员房间和旅客文娱活动场所(电影院、俱乐部等),增设救生甲板,新开旅客上、下船舷门以及冷藏货舱的改建等。改装目的是为了提高营运能力、技术性能和服务设施水平(上海—香港航线),改装后仍为客货船。该船于1980~1981年初由上海船厂进行改装工程,总改装费用为356.7万元。

3. "江亚"客货船

"江亚"客货船原为航行于我国沿海的中型客货船,1948年于长江口外沉没,1956年打捞出水。当时下层建筑残缺,船体断裂成2部分,船底基线挠曲严重。修复的任务相当艰巨,要将断裂的船体在坞内对接有几个复杂的工艺问题,即:①艏部除破坏严重外,整个下垂达0.6m,需在坞内顶高。②船底基线挠曲严重。③大型锅炉2只移位(因将原煤舱改为淡水舱后,横隔壁移位)。④机舱向艉部的第三舱延伸全部新造,其部位在平行中体之后,要保持船体线型的光顺难度较大。

思考与练习 SIKAOYULIANXI

1. 船厂在询价过程中应注意哪些方面的问题?
2. 什么是造船报价?造船报价应包含哪些条件和内容?
3. 船舶建造的报价应遵循哪些基本原则?
4. 船舶报价人员必须具备什么样的基本素质?
5. 船舶报价前应做哪些方面的准备工作?
6. 造船报价包含哪些工作环节?其一般程序是怎样的?
7. 造船成本的组成包含哪些方面的费用?
8. 船舶建造成本的估算方法有哪些?
9. 船舶修理估价一般有哪两种基本形式?
10. 修船报价时应注意哪些方面的事项?
11. 修船厂估价职能机构的基本职责有哪些?
12. 修船成本包括哪些方面的费用?
13. 修船出厂价格的计算方法有哪些?
14. 修船报价单包含哪些内容?
15. 船舶改装工程包含哪些方面?
16. 船舶改装工程可分哪几类?

第四章　船舶贸易谈判和船舶修理合同

● **学习目标**

知识目标

1. 能了解船舶贸易谈判的程序；
2. 能了解船舶贸易谈判的一些策略和技巧；
3. 能了解船舶修理合同的主要内容；
4. 能了解履约、违约和合同终止的方式。

能力目标

1. 会进行正确的拟订谈判纲要；
2. 会进行正确的制定船舶修理合同。

船舶贸易因其技术复杂、专业性强、贸易额大、市场面深广，形成业务难度极大。每项船舶贸易的成交过程，都必然包括：询价、洽谈、报价、合同谈判、签约、支付、建造、检验、交船、结算、保修期、售后服务等。若是出口船舶，还包括信用证、保函、结汇、报关、核销、退税、保修、支付等。船舶贸易的每个环节与过程，紧密相连，承前启后，稍有疏忽，即告失误。因此，了解、研究、熟谙、掌握船舶贸易程序和全过程，是从事船舶贸易工作者所不可忽略的。

第一节　船舶贸易谈判的准备及程序

一、谈判前的准备

谈判前的充分准备是谈判的顺利进行和取得成功的基础。此项准备应包括以下方面：

①在直接和间接的接触或洽谈的同时，进行促销和恰当的、切合实际的宣传，以提高船东或买主的认购欲和信息，其中包括本企业或集团的船舶建造能力；船舶建造的业绩；历年的经济和财务状况；企业或集团的组织体制；历年所承造的主要船舶种类和类型及交货吨位；船级社和船东对企业及其产品的评价；各类船舶的建造周期和交船时间；船舶的主要尺度和性能及其主要设备的型号、马力、规格和制造厂商等。这种促销和宣传除以简要的书面或口头介绍外，幻灯和录像也不可缺少。更重要的是船厂还应向船东提供本企业、公司或集团的书面简介和产品样本。这种书面资料应图文并茂，且经过精心设计，简单扼要，重点突出，在色彩、图表、数据和文字方面均具有强烈的吸引力。

②在条件允许的情况下，尽可能地了解和调查研究船东的经营范围、能力和资信、意图和需求；对本企业、公司或集团的态度及其背景，并建立档案。

③对当时的国内和世界船舶市场环境和行情进行分析研究，制订本企业、公司或集团对此项谈判的有针对性的竞争原则和策略。

④用一切手段，尽可能充分地了解并掌握潜在的竞争者的行动，分析其优势和劣势，研究其可能采取的策略，从质优、价廉、交货快捷3方面扬己之长，克人之短。

⑤成立谈判小组。该小组成员应是熟悉市场、业务、技术、生产、财务、政策和法律专门知识，具有谈判技巧的精干人员，并指定首席谈判代表明确其授权范围。

二、谈判程序

鉴于船舶业务的技术复杂，专业性强，决定了技术谈判为船舶贸易谈判程序的首要环节，这也是商务谈判的基础。粗糙的技术谈判或技术谈判的任何失误，不仅会为商务谈判潜伏隐患，且必然要将商务谈判的价格、试验、交船、额外工程和加账、支付等甚至合同的签订造成困难。因为在造船合同中，技术规格书和船舶总布置图是合同的不可分割的组成部分，并具有相应的法律效力。船舶贸易的谈判程序如图4-1所示。

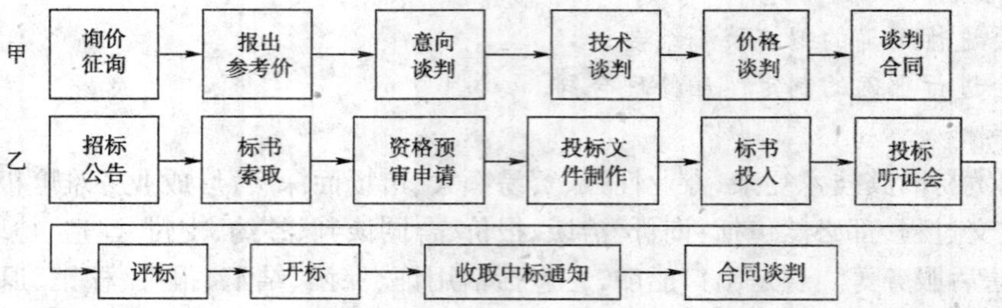

图4-1　两种船舶贸易程序

以上属2种不同方式的订单来源。前者为征询订单，后者为招标订单。本章仅对前者加以阐述。

三、询价和意向洽谈

询价是船东及其代理人或委托人向造船企业、公司或集团所发出的订单信息，以表示欲订造或购置所需船舶的意愿。这种询价不论属一般性探求、预算性征询、实质性订单或投机性订船，均应提出船舶主尺度、性能、用途、航区、船级、挂旗和装载吨位等基本要求，也可以进一步随同询价提出规格书和总布置图。

不论以何种形式询价，在被询方报出参考价时，还必须按船东要求，随同提供报价依据，并明确交船地点、支付形式及其有效期。若询价文件具有多艘、批量或后续船的要求，则报价单可只报单艘价格及其交船期。除非船厂具有相当把握，否则不宜轻易作出批量或后续船的任何承诺，以避免法律风险。

询价、报出参考价均属谈判前的预备或准备阶段。只有在询价方进一步发出订船或更明确的意图后，才具备意向洽谈的条件。一旦进行意向洽谈，则已进入实质性谈判的前期，被询方或报价者亦称发盘人必须具有充分准备，以便较详尽地了解和掌握征询方也即接盘人的意图和各项要求，特别是作为价格条件和依据的项目，均应详细地写出在经双方签署的备忘录或意向书中，作为实质性谈判的依据和对双方的法律约束。

四、技术谈判

“按质论价”是商业贸易的原则，因此作为船舶贸易谈判的首要环节的技术谈判，应包含下列基本内容：

①船舶的概述和定义。②主要尺度和技术指标。③装载和舱容。④入级、检验和挂旗。⑤适用规范、规则和标准。⑥材料和人工。⑦船东供应品。⑧试验和交船。⑨品质保证。⑩图纸和文件。⑪修改和代用。⑫结构和建造。⑬油漆和涂料。⑭船舶系统和管路。⑮主辅机、甲板机械和设备。⑯电机和电气设备。⑰备件、工具及供应品。⑱设备厂商表。

以上项目为不可缺少的、据以确定船舶成本和价格的基本内容，实质上就是双方确认的技术规格书的谈判，其结果是双方对订单所指船舶的技术规格书和总布置图的确认和签署。

五、价格和合同谈判

在技术谈判同时或其后进行的价格谈判和合同其他部分谈判直至合同签订，统称为商务谈判。

价格是合同的核心。合同谈判的主要环节是根据确认的技术规格书和参考报价，通过谈判最后确定合同价格。

价格谈判旨在确认或确定以下各项内容：

①合同价。②币制。③付款方式。④付款期。⑤付款方法。⑥预付款或订金。⑦付款保证(L/C 或 L/G)。⑧履约保函或退款保函。⑨船舶材料和设备所有权。⑩利息。⑪税收。

在船舶合同中，价格、支付、退款等均应分别列出条款，以形成一份完整而严密的造船合同。通过合同谈判，应明确详细地列出以下条款和内容：

①总则。②入级。③挂旗。④合同船价。⑤支付。⑥交船。⑦产权转移。⑧建造中的阶段验收。⑨建造监督和授权。⑩延误及允许延期。⑪延误及延滞罚金。⑫试验和试航。⑬修改和材料代用。⑭加账工程。⑮不可抗力。⑯品质保证及保证期。⑰船东或买方违约。⑱船东或买方中止履约。⑲保险。⑳仲裁。㉑税收。㉒船东供应品。㉓建造依据。㉔解释。㉕文字。㉖通知。㉗合同履行完毕。㉘合同生效。㉙附件。

六、谈判的组织

谈判的组织是商业谈判前准备工作的重要组成部分，是不可掉以轻心的商业战略部署。在现代科学管理的商业活动中，尽管具有各种不同的取胜策略，但毋庸讳言，贸易的成就与否，乃维系于谈判的成败之中。

1. 组织谈判小组

(1)人员配备

谈判小组的人员应以熟悉对手情况为佳，并与对方人员相匹配。对于船东或船务公司来说，除非其本公司或集团内设有法律与技术咨询部门，一般均由船东或船务公司聘请技术咨询顾问，负责提出并审查欲订船舶的技术性能指标和修改意见，以满足其特殊要求；聘请法律顾问洽谈商务条件，拟订合同条款，两者共同筹划出最佳选择方案，提交船东或公司董事会裁定。

在组织谈判小组的人员配备时，应从下述方面进行选拔：

①指定船舶、动力装置、电器专业的项目工程师，负责技术要求并拟订各项技术文件。

②指定熟悉法律、法规、国际贸易和商务条款的业务人员负责设计谈判方案，撰写合同条款及有关的商务文件。

③指定具有律师资格的法律审定人。

④指定具有船舶总体技术能力和贸易商务经验的首席谈判代表。

(2)谈判小组

为适应船舶技术和业务的专业性与复杂性，谈判小组应分为“前台”人员和“后台”人员。所谓“前台”人员是指直接面对谈判对手，除与对方人员的专业和业务匹配外，在人数上应基本相当，不宜相差太多。“后台”人员则可按需要配备，除专业技术和商务人员外，还应有财务、银行、储运、生产计划人员，以利前后策应，及时控制谈判的整体发展，掌握谈判的主动地位。

专业化谈判小组成员应通晓本专业的技术、规范、规则和技术关键，熟谙国际贸易的惯例、法则和法规，具有相当的贸易经验，善于捕捉对手意图，判断并善于识别或拒绝“有损条款”的能力；能积极主动地恰当运筹、对答如流、随机应变、不失原则和立场；能把握时机，将谈判的主题引导到既符合通用的国际惯例又符合本国政策法令，既能保护自我的权益又能令对方接受的立场。

直接面对谈判对手的谈判人员除了专业技能和业务知识外，还要求思维敏捷，条理清晰，语言精练，一语中的。在对己方不利的情况下，沉着冷静，善于有理、有利、有节地解脱困境，给人以善于尊重他人、不卑不亢、洒脱大度的气质和可信的形象。

2. 了解谈判对手

“知己知彼，百战不殆”是一句适用于很多方面的格言。在商业贸易谈判中，所谓“知彼”是指清楚地了解自己的谈判对手，以此为谈判的重要前提。

(1)资信了解

在技术和商务谈判之前，必须对客商的资历、信誉、资金、注册、法定地址、经营性质和范围、业务联系及其背景进行确切的了解，必要时可婉转地要求对方提供必要的文件或公证资料。

(2)判断对手

在商业贸易界，客商或客户可分为以下几种基本类型：

①高知名度客户。此类企业、公司或集团属于社会名流，资金雄厚，以财团为背景，具有完整的组织机构，设有专为本企业服务的法律和技术咨询部门，专门从事国际商情、金融、市场的调查研究和预测，以便为本企业的经营决策作出咨询和论证，提供、运筹、抉择最佳方案。此类客户具有人员精干、工作效能高超、商情准确、提出的技术要求高、数据先进的特点，在谈判中提出的问题既尖锐又关键。因此，在以这类客户为谈判对手时，必须作好充分的估计和准备。

②殷实客商。此类客商具有注册资本证明、法定地址和法人资格，能提交公证文件。谈判代表具有董事会授权书及足以证明本人身份和职位的名片或文件。

③中间商。这类客户都是一些有注册证明但无资本的商行、贸易行，他们有经营或营业权，但无法人资格。此类客户只能推销、经营产品、招揽客户，以收取回扣和佣金。

④子公司。属某一知名的、资金雄厚的子公司，有当地注册证明，但无注册资本，不具法人

资格，但可以用母公司的名义进行贸易，签署合同。在和此类公司的代表进行谈判时，应校阅其有无母公司出具的授权书，该授权书应具有其母公司授权该子公司洽谈此项业务并签约和承担一切风险的明确内容。

⑤私人商业活动。虽在某具有注册资本和法人资格的企业、公司或集团任职，但所进行的商业活动并非所在机构或非其所经营的业务，纯属为个人谋利和赚取额外佣金的商业活动。对此类商业人员，可利用一下其活动能力及其和买主的关系，但必须持十二分谨慎态度。

⑥商业诈骗者。这类客商有注册证明但无注册资本，随时可以宣告破产，或一切证明文件纯属伪造，一旦得手随时可以溜之大吉。

从以上6个方面了解谈判对手，不仅对制订谈判方案和策略、组织和配备谈判小组人员极为重要，且对于了解对方资信的可靠性，避免受骗和导致不必要的法律纠纷，也是必不可少的一项工作。

对来往客商和客户的资信调查，除恰如其分地要求其提供必要的法律文件外，尚可通过银行查询系统或政府的商业查询机构和法律机构进行查询，并建立客户档案。

3. 谈判文件的准备

在谈判前的准备工作中，谈判文件的准备是最关键的一环。对于谈判人员来说，拿对方准备的文件进行谈判，这是极为不利的。经验证明，船东或船务公司在订船谈判时，总是首先提交其所准备的谈判文件，包括订船合同或合同条件，其内容和条款均有利于买方，即使卖方经过艰难而吃力的谈判，买方也有所让步，但最终仍对买方较为有利。因此，为取得谈判的主动权，必须适时地率先提交谈判文件。

即使属于投标项目，招标方在其招标文件中附有合同条件或有关的商务条款，投标者在对其某些条件和条款不能接受时，亦应使用投标者的权利，在投标书中提出建议性的文件或条款。

贸易谈判应准备的文件包括以下各项：

①船舶的技术规格书和总布置图。

②全船设备厂商表。

③备件和供应品清单。

④船东供应品清单。

⑤船舶建造进度表。

⑥检验及试验项目清单。

⑦试验认证报告书格式。

⑧试航认证报告书格式。

⑨船舶建造合同。

⑩买方支付信用证(L/C)或保函(L/G)格式。

⑪卖方履约保函或退款保函(L/G)格式。

⑫通知书格式。

⑬建造阶段证书格式。

⑭阶段付款通知书及形式发票格式。

⑮监造代表授权书格式。

⑯建造完工证书格式。

⑰交接船证书格式。

⑱品质保证书或保函格式。

⑲工厂建造及施工标准。

4. 语言

语言是表达和沟通贸易双方的工具。谈判的双方当事人若不能理解对方的意思，将会给谈判带来很大的困难。为解决表达和沟通障碍，谈判人员口语和书写两方面应能熟谙地使用英语。若这一点做不到，则翻译应能准确恰当地使用英语或对方语言来表达主谈人或发言人的意思。

七、谈判纲要

商业谈判是买方与卖方就其需求和提供，对商品的价值和价格，货币和货品的交换方法，以及在何种保证和约束条件下，双方进行平等而公正的交易，直至银货两讫等问题进行的磋商，以便达成双方一致的书面协议，作为货币和货品互为交换的依据，共同遵守，若遇纠纷则第三方可据以作为裁决的协议。

因此，谈判的纲要在于货品的确认、价格、支付、交货、法律及各种保护双方权益的保证，所达成一致的书面协议即为合同。

1. 谈判依据

谈判的依据主要是买方的需求和卖方的可能，经双方磋商并就此取得一致后，即据此书写合同条款。为解决双方各自立场而对文字的不同理解所形成的分歧、争议、困难和障碍，可利用有关国际商业法和合同法的规定，以此作为解决磋商障碍的依据。某一国的商业法或合同法是据其国情而制订并仅对其本国有效。在谈判双方磋商中，若非一致同意采用某国法律作为依据，则任一方有权拒绝对方所提出的指定国法律的有损条款。

所谓“国际惯例”是在长期的国际贸易中所使用并得到国际上一致公议的、超出一国合同法范畴而形成的众所周知的条文规定，其使用范围和解释权已被公认和一致接受的统一作法。而在国际贸易中，由于历史条件的限制，亦形成了一些不平等和强加于人的惯例，这些作法虽亦曾被使用，但在贸易谈判中是可以接受的。

某些地区性国际法规是多个国家在特定条件下共同制订和遵守的。如为解决欧洲六国在贸易中所存在的争议和分歧，包括法国等 18 个欧洲经济组合要求各成员国遵守的罗马条约。这些规则对非成员国没有约束力。

国际法规则为国际社会所共同遵守。如国际商法、联合国贸易法和联合国仲裁规则等，是体现了国际惯例中较为平等公正合理的国际贸易法规。

2. 价值观念

产品的价值应通过国内或国际市场的交换而得到体现。买卖双方不同的价值观念在于：买主期望以低价购得高品质的产品，而卖主则力求期望以适当的品质来取得高售价。而市场的价值规律则以供需、营销、品质、名牌等价值法则所确定。即使产品的品质和其价值具有比例关系，但制造技术和工艺、营销策略和销售手段、企业的机构和管理效能、原材料供应和劳务等主客观的成本不同,相同的高品质产品其成本价和市场销售价格也各不相同,从而形成市场的价格竞争。

必须明确,价值法则及其规律在贸易中起着决定性的作用,价值观念必须同商情、市场需求紧密联系,在谈判中灵活运用价值规律,以竞争力即生命力来完成商务谈判的预定目标是谈判纲要的重点研究部分。

3. 保证条款的运用

谈判的目的之一是分清买卖双方的责、权、利，明确各方应承担的责任和义务，并互为约束。这种约束是绝对性的。因此，谈判中必须注意各项条款的整体性、关联性和延续性，并注意其默示含义。若一方不履行 A 项内容，则另一方将不执行 B 项内容，但必须以 C 项作为保证；若任一方不执行 C 项保证条款，则必须按 D 项条款进行制裁。在合同谈判时，C 项（如信用证、保函）内容的条款称为保证义务，D 项（索偿、仲裁）内容条款则为法律约束条款，这些均属于执行义务的绝对性条款。任何一方，对绝对性条款的违约，在法律上属于根本违约。

运用不同形式的保证条款及其默示含义,是执行合同的有力措施。在合同签订后,一发生争执和分歧,将可按保证条款的内容原则和措施进行协商或裁决。

4. 概念、逻辑和范畴的一致性

谈判的宗旨在于合同的签订。因此,在谈判的全过程中,概念、逻辑和范畴不仅都应和合同条款保持一致,而且必须注意其相互之间的一致性。因此,谈判的核心在于合同条款及其附件的准备。

不论合同正文中的章节和条款或其附件,都要求文字含义清晰,概念表达明确,逻辑性强。这些要求具体体现在各章节条款所规定的权利、责任、义务分明,双方受益平等,并互相和各自受到约束,各相关条款一一对应,紧密相连,承前启后。在合同中最怕概念含糊、逻辑混乱、范畴不清的条款和字句。如:在支付条款中,除方式、办法、时间、条件、阶段、金额、何种支付保证以及买方若不能在合同规定时间内按期支付,则卖方将具有的权利。若以信用证作为支付保证,则应有信用证开出时间,且必须是不可撤销的、受益方银行能接受的、不附任何条件的、有效期长于合同交船优惠期后至少 7 天的信用证。

5. 谈判纲要

综上所述,谈判纲要可概括为:谈判前先预备,拟订合同要严密;谈判的地位要平等,坚持原则要互利;谈判的策略技巧讲艺术,先易后难;争议磋商靠惯例,解决分歧用法律。其目的是在企业、公司或集团的经营方针和营销策略的原则基础上,承接订单,开拓市场,保证合理受益。

第二节　船舶贸易谈判的策略及技巧

谈判作为贸易双方的接触、磋商、争议、仲裁和诉讼的行为,不论以何种形式、方式或方法出现,将始终贯穿在该项贸易过程中。谈判的目的在于求得利益的保护、分歧和争议的解决。因此,谈判的策略将贯彻在技巧之中,而技巧则服务于策略的目标。两者相辅相成,灵活运用,千变万化,可称为一门艺术。

1. 谈判策略

在出盘阶段之后，谈判视阶段和内容的不同，其策略也各不相同。一般来说，谈判的策略有以下几种：

(1)掌握谈判主动权

出价的过程和步骤，可视为买卖双方为争夺主动权的开始。不论买方或卖方的询盘、发盘、还盘、提示、建议，均为双方之间的相互试探，以此进行分析研究，互相揣测对方的意图和策略，捕捉对方的疏漏和弱点，为取得谈判的有利地位和主动权创造条件。

造船或船舶属于买方市场性质的贸易。从询盘开始，买方始终处于主动的有利地位，引出卖方相互竞争，以降低价格，这是买方常用的办法。因此，卖方在有限条件下为争得谈判的主动权，其发盘必须充分利用保证条件，将价格中应包含和不应包含的内容、付款期及其比例、交船地点、建造周期、技术参数、船级及适用规则、有效期等，尽可能使保证条件周密且无懈可击。这样，在面对谈判对手时，将有一定的伸缩余地。

以报价为例，询价和报价为买卖双方贸易关系的开始点。卖方根据买方要求报出价格，该项价格的依据来源于买方的各种需要和要求：原材料和设备的优劣、制造精良程度、储运手段和距离、资金周转和受益水准、市场情况等保证条件。应当明确，在上述保证条件中，价格是相对的，保证条件是绝对的。报价的有效规限即以时间作为保证条件，报出的价格仅对规定期限内有效。价格的确定有下列 2 种依据：

①以国际或国内的供需变化为确定依据。供需紧缺，有效期应短；反之则可延长。船舶报价的有效期短的为 15 天，长的可达 60 天，但一般以 30 天为宜。

②从“实现客户需要的产品”和“实现客户需要因素的产品”为确定依据。前者是指船东具有特殊规格、性能、要求的高技术产品，其价格可适当高一些，报价有效期短，付款条件严格。而仅为满足船东部分特殊需要的产品，其报价有效期可较长，并应辅之以增强价格竞争力的相应措施。

现将报价的保证条件按如图 4-2 所示图解如下：

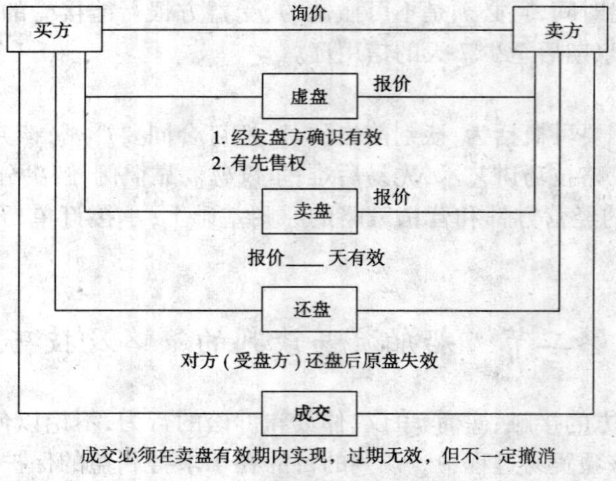

图 4-2　报价的保证条件

(2)技术谈判应先于商务谈判

这主要是为了争得成交价格的主动权,船舶贸易的价格谈判除前面所述各项外,其入级检验和法定检验,对于国际航行船舶和海洋工程结构物来说,必须在商务谈判之前加以肯定和确认。

(3)以“待定项目”为谈判争取主动权

船东所要求而我方尚未完全掌握的项目,均可暂列入“待定项目”,以此达到下列目的:

①争取进一步商讨的时间,防止粗糙或疏忽从事。

②为最终船价的确定及我方的主动行事留有余地。

③为我方开价高低以影响船东对项目的选择创造条件。

(4)原则要坚持,姿态应灵活

凡属我方的根本利益,失去控制权或无从解脱的必然风险都是谈判的原则问题,必须坚持。但姿态和手段应灵活,诱迫对方接受。在谈判时,对船东的要求一般不宜简单拒绝,而宜以“加账”或延长“船期”来抑制船东的随意变动和无理要求。对“加账”工程的分项开价,经常易于被船东所接受。

(5)口头承诺和书面确认

在对方作出某一项目的口头承诺以后必须及时作出书面确认。如请对方在临时草签的文稿上签字,以示双方意见已取得一致,也可作为日后查询的依据。

2. 谈判技巧

商业谈判的技巧应服务于谈判的宗旨、原则和目标,在法律和商业惯例允许的范围内,随机应变,以达到预期的目的。

商业谈判的基本技巧可归纳如下:

(1)谈判准则

预先列出谈判准则是控制谈判局面的有效手段。准则不当将会使我方陷于不利或处于被动。一般来说,行之有效的谈判准则有以下几点:

①预先安排发言顺序。

②选定要征询的专家。

③选定需使用的文件和论据资料,编出目录或索引。

④准备需提出的问题以及设定提出问题的适宜时机。

⑤指定提出问题的合适人选。

⑥事先设定并安排插话或打岔的机会。

⑦事先做好记录和录音的准备。

⑧选定适合的调停或仲裁人——指第三者。

⑨制定安全和保密措施,应宣布必要的规定、谈判进程和时间表。

⑩预先制定“威慑”策略。

⑪事先安插外来电话打岔。

⑫选定谈判的合适地点。

⑬排定座位。

⑭暂时休会以便考虑和磋商。

⑮若为法律谈判则应事先排出申诉程序。

⑯利用权威解决专门问题或专题事项的考虑。

⑰适时地更换谈判组成员。

⑱对方提出的任何原则，均应仔细推敲其企图。谈判决非法律诉讼，任何原则均可反复修正。不可轻易接受对方提出的原则，必要时可直接询问建立某项原则的原因，对己不利的原则应明确表示反对。

(2)小心求证，步步为营

一个优秀的谈判者，必须对一切事物保持怀疑态度。在评估对方的观点和讲话时，应注意以下事项：

①不可将任何事物视为理所当然。

②每一件事物必须通过调查核对。

③任何事物在逻辑推理上均应合理。

④在事实和事实的解释之间，应划出明显的界限，否则易被愚弄和蒙蔽。

策略和部署是相辅相成的，恰当的部署是达到策略目标的保证。弹性地运用策略，为使策略更符合时间、地点、条件的需要，以达到策略的目标，应不断地调整部署，这是评估策略所必需的步骤。以下几点可供谈判者参考：

①能否融入新的策略，求得更佳成效。

②此刻是否是变换策略的最适宜的时机。

③发现对方不道德的手段，是否应加以揭露或惩罚。

④我方所使用的策略和手段，对方将有何种反应和理解，是否无懈可击。

⑤若我方的策略和手段已有漏洞，如何进行补救，化被动为主动。

⑥选择策略和部署的注意点，在使用任何一种手段和采取任何一项策略之前，必须谨慎推敲对方可能采取的策略。

(3)利用僵局，反客为主

利用相持不下的僵局是谈判中一项很好的机遇，以此试探对方的态度、实力和企图将会十分有效。但当僵局产生并已达到预期目的的时候，如何解开僵局并反客为主，事先应有充分的准备。

众所周知，僵局的形成对谈判来说极具失败的危险性，特别是在竞争者作出少量让步的情况下。因此，谈判的任何一方均应尽力避免出现这种局面，除非其中一方对各种谈判背景都有相当的了解，僵局方能用以缓和对方的态度。

这一办法是对双方实力和决心的严格考验。在双方保持体面的情况下，在僵局化解的同时，协议将易于达成。

(4)以退为进，狡兔三窟

这有几种情况：

①为自己保留讨价还价的余地。在对市场价格和背景有充分了解的前提下，在合理范围内，处于卖方地位者减价要狠，处于买方地位者出价要低。

②让对方先表明其要求，以保留自己的态度。

③使对方先作出让步，或以自己在次要问题上的较小让步，换取对方重要问题上的较多让

步。

④使对方明显感到所取得任何让步的分量,即使是较小的让步。因为,每项让步都是一个以退为进的筹码。

⑤让步不宜太快,步子也不可过大,否则对方会觉得余地甚宽,而得到得寸进尺的机会。若能以极大的耐心使对方获得不大的让步,这更能令对方在心理上得到满足。

⑥让步不求同等,但绝不作没有代价的让步。

⑦可以作出没有任何损失的抽象让步,如说:"我们将考虑你的提议"。这是一种"吊胃口"的语句。

⑧虚幻的多得不如实在的少得,少得不如现得。

⑨不要不好意思说"不"。但要前后一致,使对方感到你坦白诚恳。反复的"不",其结局经常会换得对方的接受。

⑩任何让步,其原则是保持全局的有利形势。

⑪已作出的让步,在理由成立的情况下,可以反悔,将问题转向另一角度以寻求新的妥协。

(5)财务战略的破解

这实质上是压迫策略的一种手段,也是商场中一些实力很强的买主一种常用的手法。为此买方召集被邀请的卖方,讨论其对此订单计划的财务预算及其财务安排和要求。或在谈判中首先抛出上述方案,观察竞争者的态度。其破解方法是仔细倾听,但不作出任何表态或承诺,在经过详尽分析并制定策略后,才进行正常投标或书面报价。

(6)安全答话的启示

"谈判是发掘事物的过程"。任一方的真实意图若在答话中被对方发掘,则将失去谈判的优势。可用以下的方式回答试探性的问话:

①回答之前,要有一定思考的时间。

②在未完全了解问题之前,不可冒失地回答任何问题。

③不值得回答的问题,不仅不予回答,并应指出其不值得回答。

④只回答问题的某一部分而不回答整个问题。

⑤顾左右而言他,这是回避问题实质的方法。

⑥寻求合适借口,暂时把问题搁置起来。

⑦要求对方阐明主要问题所在。

⑧借打岔而转移问题的方向。

⑨针对问题的答案并非最佳回答。

为此,在谨慎作答时,可采用以下遁词:

①请对方将问题重述一遍。

②对问题的含意尚未理解。

③这将视某某情况而定。

④此系另一主题,暂不作答。

⑤在回答这个问题之前,请了解其渊源背景。

⑥请先了解这个问题的详细程序。

⑦就此而言,则……。

⑧就记忆所及,则……。

⑨不曾记忆此例。

⑩对此前例尚无经验,依据所知……。

⑪这种变化,其原因在于……。

⑫有时,事情的演变即如此而已。

⑬此非“是”或“否”,而是“多”或“少”的问题。

⑭所提问题似乎过于吹毛求疵,近乎文字游戏。

⑮请了解症结所在,此为多种因素所导致的后果,如……。

⑯此为一般性问题,将另作专题讨论。

⑰对此专门性问题,通常将作如此这般的处理……。

⑱请将这个问题分为几部分加以阐述。

⑲并非如此,此事并非阁下所言。

⑳请原谅,对此无可奉告,因为……等。

(7)美国式和法国式的谈判方式

概括商业谈判方式,不外乎一个问题接着一个问题或一种事实接着一个事实地讨论,最后完成协议。或在谈判开始时,先将某些重要原则谈妥。前者为美国方式,后者则为法国人所惯用,两考各具优缺点。

美国方式有利于使双方逐步了解全盘交易,建立信心,互相接近,适用于价格和成本的谈判。而法国方式则在谈判开始时,重点置于交易能否成立,先共同拟订某些原则,以原则解决某些特定问题,不必首先注重某些细则,其优点在于避免谈判一开始,双方纠缠于细节的分歧。

在开始谈判时,可先用法国方式,以便互相了解对方的意图和观点,不必要求双方的原则一致。当进入实质性问题接触时,则应转入美国方式,因为:

①通常个件式合同较易满足对方的部分需要。

②个件式合同得以表现对方的要求强度。

③便于仔细倾听并探索和观察对方的弱点所在。

④逐项讨论,具备从容退却的余地。

应当注意,在合同签订之前,同意某项原则绝非同意某些细节,即使同意一些细节,也非同意全盘交易。任何承诺在签字之前,只是相对于问题的讨论,并不具备约束的条件,必要时,可以退却,不必有所顾虑。

(8)要顾全双方的面子

一个有经验的谈判者,必定互相顾全对方的面子。不论是否掩饰,当任一方的自尊心和人格受到威胁时,相互间的敌意也由此而生,即使最好的交易,也将导致不良后果。

顾全面子的最好方法,是在任何情况下都能尊重对方。应当知道,懂得尊重别人,即是自重,这也是谈判者修养高雅的自我表现。特别是在有分歧的磋商中,需要探求对方的意愿,了解其问题的实质和症结所在,或要求其作出某种解释,甚至需要驳斥其某些无理的要求。下列用语,将有利于不刺激对方和减少紧张气氛:

①根据阁下的假设,可理解到这一问题的结论。但未知是否考虑到……。

②有一些资料和情况,阁下可能尚未了解。

③贵我双方的差距并非不可接近,然而……。

④我们感觉到,贵我双方的机制和管理上的差异,可能使阁下产生了一种不正确的印象。

⑤如果不介意的话,我想了解一些也许我还不知道的原因。

⑥如果我们互相交换一个位置的话……。

⑦若能有济于事,可以开诚布公,然而我感到……。

(9)权力制约论

受制约的权力才具有真正的力量。在正式谈判开始时,双方谈判代表均有互相出示授权书的程序,但切忌将自己置于无限权力的位置。有限的权力才有主动的谈判地位。如在关键时刻和关键问题上,向上级请示、和工厂磋商、需要征得律师或银行同意、需经董事会批准方能生效等。这种权力受到制约的姿态,不仅将争得更大的回旋余地,还可以温文尔雅地否定不愿或不能接受的要求,主要是创造一个以此迫使对方让步的机会,又不使谈判陷入僵局。

合理有利的权力限制包括下列方面:

①金额限制。资本和费用、成本、最大让步、签字授权、董事会核准、政府批准、最高或最低价格等项的限制。

②条件限制。银行条件、预付金及分期付款、数量折扣、交货地点、商业和现金折扣、利息和利率、政府政策的规定等项的限制。

③本企业、公司程序和规定的限制。合同种类和标准合同、估价评估和成本账目、人工计划管理、制造费用比例、贷款额、批准程序、内部转移费用和结算、付款(财务账单、付账凭证)和结算的规定、保密规定等项的限制。

④法定和保险限制。公司的一般规定、保险条例、公平交易的法律、法规和法例等项的限制。

⑤工程和技术限制。规格变更、技术和工艺品质管理的标准、入级规范规则和船级社、物料管理,储运管理等项的限制。

⑥其他有利的限制。通货膨胀、各种时间、工厂制造能力和生产计划、不可抗力、社会因素等项的限制。

(10)结束谈判达成交易

当彼此都已意识到对方的让步已达极限而不会再有新的进展时,即应结束谈判。但是否能达成交易,则需要凭事实和直觉证实双方的愿望以达成妥协。以下为暗示和促成对方作出最后妥协的11种行之有效的方法:

①正面进攻,重复签订合同的要求,暗示各项意见均已一致,只是某个问题尚有些小差距,我方已作出最大限度的让步,应该是签订合同的时机了。

②停止发言,倾听对方意见。

③若对方不同意就此签订合同,则直截了当地要求其解释问题所在。

④向对方阐述现在签约对其最为有利的各种理由。

⑤积极、大胆、热情地表现出一切问题均已解决的姿态。

⑥和对方磋商某些最后的细节。

⑦采取有助于加强已经议定的承诺的实际行动。

⑧告诉对方若不签约,将有导致已议定的承诺发生变化的可能性。

⑨提供某项额外的优惠,作为促成签约的激励。

⑩以适当的比喻,暗示错过时机将面临困境。

⑪要有耐心,不要轻易放弃最后一分钟的努力,向对方表现出极大的信心。

(11)理想的让步模式

①开价较低的买主,通常能得到较低的买价。

②任何一方首先作出较大的让步,均会导致对方的坚持。

③减价要狠,但要"不逾矩"。

④每次只作少许让步。

⑤切忌在重要问题上首先作出让步。

⑥在适当时机将自己的预算告诉对方,往往能促使对方迅速作出决定。

⑦仓促地完成交易,对于谈判的双方均为不利。

⑧导致失败的原因之一是未加严慎斟酌的让步。

⑨不成功的合同较之未能签成合同是更大的失败。

第三节　船舶修理合同及合同条款

船舶修理合同是船东和船厂之间关于船舶修理工程的一项书面协议,其内容和条款的制订对双方经济利益均有较大的影响。

结合船舶修理工程的具体情况,制订船舶修理合同至少应包括以下各项内容:单位名称和地址;合同编号;签订地点和时间;工程类别;工程范围;工程价款,. 工程期限;加减帐工程;工程验收;质量保证;速修费和滞修费;付款和结算;消防安全;其他事项;争议的解决;合同生效条件;合同文本数量;结尾。

本节就上列各项内容讨论如下:

(1)单位名称和地址

签约双方的单位名称应是单位全称,不得简化或缩写。如:"广州造船厂"不能简写为"广州船厂","文冲船舶修造厂"不能简写为"文冲船厂"。又如:我国以"东风"命名的船厂多达11家,以"长江"命名的船厂有9家,若不写明单位名称,则极易混淆搞错。在合同中,为其后叙述的方便,委托单位(船东)简称为甲方(或委托方),承修单位(船厂)简称为乙方(或承修方)。单位地址应是法定地址,且包括各种通讯设施号码,如电话、电报挂号、电传、传真、邮政编码等,以利于签约双方联系。在发生合同纠纷时,该法定地址和通讯设施号码更成为起诉应诉书信文件的唯一投递处所,若由此而引起的延误和耽搁,则应承担法律责任。单位地址和通讯设施号码一般放在合同结尾处。

(2)合同编号

可根据签约双方的习惯进行编号,内容包括签约年份、单位缩写、合同顺序号。如:"(01)穗合字第001号"。合同编号写在合同首页的右上角处。

(3)签订地点和时间

以前一般都把合同签订的地点和时间放在合同第一段文字中,如:"经双方协商,于200×年×月×日在××省××市(县)签订本合同,以资共同信守。"目前按照国家工商行政管理局的合同示范文本格式，把合同签订的时间和地点放在合同首页的右上角，即合同编号的下首。

(4)工程类别

说明该艘船舶修理工程的规模，是小修、中修、大修，还是坞修或年度检修。本项内容也说明该合同中的标的物，既不是市场上流通的一般货物，也不是其他事物，而很明确地表达了是船舶修理工程项目。

(5)工程范围

承修方应根据委托方出具的《船舶修理工程单》，经双方核对工程项目，实船勘验签字后，作为本船修理工程范围的依据。本项内容也说明了合同中的标的在数量方面的限度，是衡量标的的尺度。

(6)工程价款

根据已签字的《船舶修理工程单》，船厂按分项工程估算出工时材料费用，并予以总和，经双方协商，确定该船修理费为人民币若干元(先用阿拉伯数字小写，再用汉字大写)。在该项预定修理费中，不包含加减账工程。由于实际修理过程中，原定工程范围难免会有所变化，如隐蔽工程、牵连工程、加账工程、减账工程等，则其最后修理费用的多少，应按本船完工出厂的实际项目结算确定。

(7)工程期限

也即修理周期，是合同的履行期限，一般写明本船修理的开工时间和完工时间。有的合同中把船舶进厂时间也予以写明。自开工时间算起至完工时间终止就是修理周期或工程期限。由于船舶修理工程因地施宜，可以在船坞中进行，也可以在船排或船台上进行，所以必须说明在船坞(上船排或船台)中的天数，以便于坞费(或船排费、船台费)的计算。

(8)加减账工程

由于船舶修理工程的复杂性，在施工过程中会出现一些不可预见的事项或船东临时变更工程项目，这必然要对原工程范围作出修改，可能增加(扩大)也可能减少工程项目。合同对此必须作出明确规定。本项内容可分为加账工程和减账工程进行讨论。

①加账工程应由甲方代表在开工后1/4(或1/3)的工程期限内，以书面形式向乙方提出并经双方确认。若该加账工程费用不超过本船总修理费的10%，且其单项工程不影响工程期限时，乙方可按常规修理项目处理。

②若加账工程费用超过总修理费的10%，或甲方在开工1/4工程期限后提出的加账工程，且其单项工程将影响工程期限时，则按照具体情况，双方可对修理价格和工程期限另行协商确定，并签订补充协议。

为此，工程期限的顺延天数可按下列公式计算：

$$\text{顺延天数}=(\text{追加工程费}\times 2)/(\text{原修理费}\div\text{合同天数})$$

在这种情况下，若甲方仍需确保工程期限，则乙方应予大力支持，但该加账工程费用乙方应按常规工程费用的200%计算。

③减账工程应由甲方代表以书面形式向乙方提出并经双方确认。若乙方对甲方的减账工程项目已发生了成本费用，则该费用仍应由甲方承担。

(9)工程验收

船舶修理需提交船检局检验的项目应由甲方申请，乙方可予协助。单项工程修理完工或试验合格，由甲方指派代表签字认可。全部修理工程完工(或码头试验结束)后，由双方代表签署船舶修理完工《总验收书》，作为交船的依据。

船舶修理工程的技术要求和验收标准，按双方签订的《技术协议》执行。在试验和试航中，船检局及甲方提出的属乙方修理工作中的缺陷和遗漏项目，乙方应及时修复和完成。若不属乙方修理工程的范围而又需要乙方修理时，则可按加账工程处理。

修理船舶的系泊试验、试航及其他有关试验，经报检合格后，乙方应在3~5天内向甲方提交有关证明文件资料。

(10)质量保证

本项内容主要是船厂对承修工程项目的质量保证。在一般情况下，船舶修理完工后，经船厂承修的工程项目固定部件保修期为6个月，运动部件保修期为3个月。在保修期内，如属船厂的修理质量欠佳而引起的故障或缺陷，船厂应及时予以免费修复。

若因甲方提供的配件、备件和器材的质量问题或操作不当而引起的故障、缺陷和损失，则应由甲方负责。

(11)速修费和滞修费

本项内容实际上是对船舶修理工程的提前或延迟的一种奖励或惩罚，并对奖罚金额的比例作了相应的规定，也包含了对违约责任的追究。速修费和滞修费的计算方法如下：

①船厂每提前1天完工，船东按本船实际修理费的1%向船厂支付速修费，但总速修费最高不超过实际修理费的7%~15%。

②确因船厂原因而未按期完工，则每延迟1天由船厂按实际修理费的1%向船东支付滞修费，但总滞修费最高不超过实际修理费的7%~15%。船厂应在工程结账单中将滞修费自行予以扣除并通知船东。

(12)工程付款和结算

①付款。为考虑签约双方的经济利益，船舶修理工程可实行分期付款的办法。一般在合同生效后，船东应在3~5天内即向船厂支付一定比例的工程预付款，如取总修理费的30%~40%。此后，根据修理进度的不同，船东再向船厂支付1次或2次的进度款，其比例可由双方商定。如：当只支付1次进度款时，在进度达到1/2工程期限时，可支付总修理费的30%的进度款；当分2次支付进度款时，在进度分别达到1/2和2/3工程期限时，可支付总修理费20%和10%的进度款。余款应在修理工程完工后1次付清。为保障船厂利益，若船东逾期付款，则应按中国人民银行的有关规定考虑滞纳金数额。

②结算。依据我国经济合同法的规定，除国家允许使用现金履行义务的以外，必须通过银行转账结算。船舶修理工程完工后，船厂凭《结账单》由船厂开户银行向船东开户银行托收。船东应在收到结账单后7天内将余款1次付清。船东如对结账单有异议，则应付清累计数90%总价款项，把异议处及时通知乙方核对。在核对时，船厂应提供方便。款项应在核对清楚后立即结清。

(13)消防安全

这是船舶修理合同中一项必不可少的内容，一般可规定为：船舶修理期间的消防安全工作，必须严格执行中华人民共和国交通部、公安部、中国船舶工业总公司1991年5月25日联合发布的《船舶修理防火防爆管理规定》。

(14)其他事项

在船舶修理施工中拆下的废旧设备、材料及其他物品,除艉轴和推进器外,均应由乙方处理。若属甲方需要的旧件或设备,甲方应在拆卸前以书面形式向乙方提出,并须经船厂同意后才能拆卸运走。

船舶在厂修理期间,非经船厂同意,船东不得外雇劳动力在船上进行有关工程的修理。在不影响船厂施工的情况下,船厂应支持船员的自修工作。但船东必须在本船修理工程开工前将自修工程项目和进度安排以书面形式通知船厂。

(15)争议的解决

在执行合同过程中,双方如有争议应通过协商解决。若协商不成,则应报请双方上一级主管部门协商解决。若仍无法解决,经双方同意可向船厂所在地的经济合同仲裁委员会申请仲裁解决。

合同未尽事项,可由双方另定补充协议,该协议与原合同具有同等效力。

(16)合同生效条件

合同应自双方全权代表签字并加盖公章之日起生效,至合同条款全部履行完毕后失效。

(17)合同文本数量

合同正本计有 2 份,双方各执 1 份。副本按需要设立,其中 1 份送船厂所在地的合同管理机关备案。双方要求对合同进行鉴证者,应在船厂所在地的合同管理机关办理鉴证手续。

(18)结尾

本项内容包括:单位名称、单位地址、法定代表人和委托代理人、电话、电报挂号、电传、图文传真、邮政编码、开户银行和账号。

第四节　履约、违约及终止合同

一、履约

自合同生效之日起,签约双方均应对履约、违约负有责任和义务,其法律依据就是合同条款的各项规定,直至合同履行完毕。

履约是签约双方对合同条款所规定的责任、义务和权利的执行。

1. 合同生效

签约双方为避免过早地或不适当地受到对方的约束,在签订合同时,要对合同的生效条件进行审慎的斟酌和磋商一致。这种生效条件包括以下各种情况:

①合同签订后,须经双方授权的全权代表签字,并加盖公章后生效。

②合同签订后,自双方董事会或主管部门批准之日起生效。

③合同签订后,自船厂收到船东首期付款之日起生效。

④合同签订后,自船厂收到船东的首期支付并与此同时开出分期付款信用证或付款银行保函之日起生效。

⑤合同签订后,船厂收到船东提供的经船级社认可的(或船厂经船级社认可并经船东批准的)规格书和图纸之日起生效。

凡此种种均为合同正式生效的依据，也是双方履约法律约束的开始。为避免由此而发生的争议，在合同签订前，所有文件均应标明“SUBJECT TO CONTRACT”字样。

2. 适用法律

履约和违约的责任和权利之争议的衡量标准在于法律。因此，合同中所规定的适用的法律，对仲裁或诉讼十分重要。如果合同中没有适用法律的规定，一般以船舶建造地的法律为适用法律。

3. 对规格书的修改

合同双方中之一方要求修改规格书有以下几种情况：

①因船厂的原因，要求对材料、设备、工艺或其他方面进行修改。

②因船东的原因，要求对总体或局部布置、结构或操作方式以及其他方面进行修改。

③因船级社或法定检验的规范和规则改变而导致的必需的修改。

根据普通法（或称英美法）国家的法律，同意修改的双方均必须“对价”，即该项修改对双方均为有益。法律对上述第①和②较具代表性的看法是：

①法律将习惯地认为船厂要求的修改对船厂有利。

②船东提出的修改若经双方同意并由船东对价格作相应调整，则该项修改对双方均有所得。

③若一方的修改要求，未经双方同意一致，原合同应保持不变。

上述第③种的修改，属第三方原因，而且此原因为不可拒绝，船厂必须无条件执行。因此，在签订合同时，对使用规范及各项规则，应尽可能详细明确，稍有疏忽则船厂将为此承担不可推卸的责任。

“日本船东协会合同”对第三方原因的修改，有“强制执行”和“非强制执行”之分。其区分原则即法定检验属“强制执行”，而单纯船级社规范、规则的要求属非法律性的，因此属“非强制执行”。虽然如此，但对船东来说，挂旗和入级两者均为重要。

4. 交船日期

在履约过程中，除非合同条款有明确规定，否则延迟和提前交船，均可作为船厂履约的过失。为获得要求船东提前接船的权利，在确定交船日期时，以按时或提前为宜。

对延迟交船，按日本船东协会的规定将一切延迟交船的原因分为下列 2 种：

①不允许延迟。指完全因船厂的原因而导致的延误。

②可允许延迟。因其他原因而产生的延误。

除“不允许延误”的原因延误外，“可允许延迟”是指不可抗力和其他非船厂的原因，但应按合同规定提交证明并及时通知船东，办理规定的手续，否则无效。

值得注意的是“不允许”和“可允许”之间的互为因果所导致的履约纠纷，如：因“不允许”的原因致使交船日期推迟了 2 个月，而在延迟的交船日期之前 1 个月发生了“可允许”的原因而导致另外 2 个月的延迟。为此，法律将认为：若非“不允许”的延迟，则不致有“允许延迟”的发生，此一因素，无疑对船厂极为不利。履约的内容甚多，本节就上述关键事项予以列举，以供船舶经营人员参考。

二、违约

一般来说,凡合同双方之任一方未执行合同条款所规定的事项,均谓违约。但就法律概念来说,有一般违约和根本违约之分。这里就根本违约分列述之。

1. *船厂违约*

船东宣称船厂违约,其依据是船厂存在严重建造缺陷和船厂不能或不可能按期交船,这两者对于船厂来说均为根本违约。

1)严重建造缺陷的判断

所谓严重建造缺陷及缺陷形成的责任和消除缺陷的办法,关键在于判断。

①对船东提供的材料、设备、设计,船厂是否存在技术责任及其责任的程度和划分。若合同明确规定船厂对此不负有责任,则结论明确,不需争辩。然而,这样规定的合同条款,将不为或不易为船东所接受。若合同中就此没有明确规定,则除非在合同执行过程中,船厂就其存在问题和缺陷明确通知并警告船东,而船东不予理睬或仍坚持使用,否则船厂将难于解脱其责任,至少将为此产生争议。上述2者之间,尽可能合理地明确各方责任是两全之举。

在船舶建造合同中不可能预见或全部列举出设计缺陷及其处理办法。事实上纯属设计缺陷而导致的建造缺陷也属少见。因此,法院的判断常以"尽管合同条款的品质保证是材料和工艺,但设计缺陷也应属船厂工艺缺陷的存在,因为如果不是无意或故意疏忽的话,设计缺陷理所当然地应在工艺中被发现并加以纠正"。即使合同条款明确规定,船厂仅对"材料没有缺陷"负责,而在设计错误导致建造缺陷时,法院的判决不仅要求船厂按合同规定,对"材料缺陷"负直接损失责任,而且还需负间接损失的责任。其原因是"设计不是材料"不受"直接损失"责任的限制。

②合同条款对船东监造代表检验工作规定,自费派遣船东代表检查验收船舶建造质量是船东的权利。但合同条款并未正面地明确指出,经船东代表检查合格并签字认可的项目,船东将无权再就此项目提出争议和索赔。

③以合同规定的"折中"办法,解决双方在技术和质量问题上的争端。合同条款通常规定,争议双方若不能磋商达成一致,则提交仲裁裁决。而在船舶建造过程中,技术和质量问题的争议是经常发生的事情,若事事提交仲裁,这绝非双方利益所致,在实际上也是行不通的。因此,"折中"办法是规定交由入级的船级社予以评定。因为任何船级社均兼有技术质量公证的职能。然而,在船舶建造中,并非所有技术、质量问题均属船级社规范和规则所要求的,对一些规范和规定要求的问题,除非经书面申请其技术委员会专家评审,船级社不一定会就此发表意见。

2)船厂违约事件的处理依据

(1)各国法律对船舶产品船东索赔的时间限制

①英国:交船后6年,可用合同条款形式改变。

②挪威:交船后1年,可用合同条款形式改变。

③日本:同挪威。

④德国:交船后6个月,可以延长。

⑤意大利:交船后2年,必须执行。

一旦船东违约，按合同规定，船厂将要求交船日期相应推迟、支付利息、终止合同的权利。从法律的角度来看，船厂为行使这种权利必须将此项违约行为及时书面通知船东，在客观上预先给船东一个机会以便作出补救或解释。至于船厂是否应决定就此终止合同，则应权衡其法律后果。因为多数国家对船厂终止合同均有如下规定：

①船厂在合同条款中尚未履行或未完成的义务将自动终止。

②只要船舶的所有权尚属船厂，则船厂对合同及船舶均有转让权。

③在合同正式终止前，双方已发生的权利仍为有效。

④合同中对船厂的赔偿规定，其尚未执行部分，则按合同条款中有关规定处理。

三、终止合同

合同双方由于一方违约而使另一方有权终止合同。终止合同的实际结果，即为船东弃船。这包括2种情况：一是建造方违约导致船东弃船，二是买方/船东违约，建造方终止合同形成船东弃船，建造方/卖方由于某种原因，令买方/船东违约条件成立而终止合同而使买方/船东弃船。

1. *有违约行为的终止合同*

由于合同双方中任一方的违约行为而导致合同终止，属于有违约行为的终止合同。

若船厂建造的船舶，纯属建造的技术、质量、计划和管理的原因，在技术指标、建造质量或交船日期上根本不能达到合同要求，则建造方或卖方将处于根本违约的困境，船东或买方终止合同的可能性极大。不言而喻，船厂或卖方将在经济和信誉上要承受重大的损失。

若买方或船东违约，其重要方面仅在于不能或无法按合同规定付款，这在船市行情日益变坏或船东经营困难时，极易发生。从法律角度来看，若船东在支付中根本违约，导致船厂不得不终止合同，并向担保人追索未付款项，虽然合同业已终止，但双方已发生的权力仍然有效。按此原则，法院往往判决担保人应支付所担保的款项。若担保人对此提出上诉，认为合同已不复存在，原合同规定的权力应随之消失，这个说法是不能成立的。再者，船东付款违约，且明确表示其已就此丧失履约能力，而船东订购的船舶正处于建造时期，虽船厂有权根据合同条款向合同规定的法院就此提出诉讼，要求船东付款，但法院将有可能认为，船厂以使用终止合同的权利而诉诸法庭，况且若船东以合理的赔偿补救其违约行为，船厂虽然受到损失，仍将很难找到适当的理由要求继续履行合同。

2. *无违约行为的终止合同*

指在买卖双方签订合同之后，由于发生某种特殊事件或履行合同的基本条件发生根本性的变化，致使原订合同失去继续履行的可能。根据法律规定，虽然合同双方并无违约行为，但合同可以终止。这种情况在法律语言上称之为合同履行的不可能和事业落空。对于造船合同来说，事业落空颇为罕见，而履约的不可能则时有发生。英国和美国法律的有关规定指出，除非更换合同"标的"，在时间上允许合同"标的"的毁灭，将导致合同履行之不可能，合同则应终止。

由于此项法律的规定极为原则，因此，在造船合同中应注意下述的特定情况：

(1)全损或推定全损

当合同双方无法或不能就重行建造合同船舶的条件，如：船价、交船期、支付条件等达成协议时，合同即行终止。但终止的条件必须是全损或推定全损，而不是部分损失。船厂应将船东已付款项退还船东，并按合同规定或双方协定向船东支付利息。

(2)发生不可抗力事件

包括地震、洪水、战争、罢工、政治动荡、禁运、主要分包商或供应商无法按时交货、交通中断及买方或船厂不能控制的一切事件。推延交船时间超过合同允许的期限，船东不接受继续延期，则合同终止，但船厂应退款而不支付利息。

3. 单方终止合同

单方终止合同包括以下各点：

(1)船东要求终止合同

其原因主要在于船东支付困难或同类船市场突变，大量过剩，租价大跌，船东衡量得失，认为终止合同付出赔偿较之投入营运所蒙受的损失和风险更为有利，则和船东将决定的某种通常理由，包括以船厂某一过失作为借口终止合同。从船厂的立场开发，如终止合同对船东更为有利，将不允许船东的单方面终止的要求，除非对双方均为有益。

(2)船厂要求终止合同

其原因在于船厂丧失继续履约能力或合同船价过低而船市行情大幅度上涨。

不论何种情况，单方要求终止合同是一项重大法律行为，即使双方同意，其有关文件也必须合法、严格、明确。在这种情况下终止合同，船厂应力求减少由此而产生的损失，采取一切措施和可能的手段，包括停止购买材料设备，中止船舶的建造，及时转卖合同。

4. 终止合同后的转卖

一旦合同终止，在建船舶的所有权属船厂，此时，船厂有权转卖合同或船舶。因此，原合同关于转卖条款必须明确，转卖过程又必须严格按条款规定执行。只有这样，才能避免船东对船厂的法律指控。关于转卖价格，法律要求遵守“诚意”的原则。转卖收入的分配，除非合同已有明确规定，按照法律规定在抵消船厂损失之后，金额将双方等同分配。因此，船东有权指控船厂低价转卖损害了船东的正常权益。应当明确，若船东违约而导致船厂终止合同，则根据法律，船东所提供的已到厂的材料，设备和一切供应品，其所有权将属船厂所有，并将与在建船舶一同转卖。违约未付款项的利息也应作为船厂应有的受益，按合同规定的利率计算。

思考与练习 SIKAOYULIANXI

1. 在进行船舶贸易谈判前要做好哪些方面的准备工作?
2. 进行船舶贸易谈判的一般程序是怎样的?
3. 船舶贸易谈判的首要环节是什么？它包含哪些方面的主要内容?
4. 船舶贸易谈判应准备的文件有哪些?
5. 贸易谈判纲要包含哪些方面？其目的是什么?

6. 船舶贸易谈判的策略和技巧有哪些？
7. 船舶修理合同至少要包括哪些方面的内容？
8. 什么是履约？合同生效条件包括哪些情况？
9. 什么是违约？违约的形式有哪些？
10. 造成船东弃船的情况有哪些？

第五章 船厂目标成本管理

● **学习目标**

知识目标

1. 能了解造船产品的目标成本构成和成本管理体系；
2. 能了解船厂目标成本预测的方法；
3. 能了解船厂目标成本的考核和评价方式；
4. 能了解降低造船成本的途径和方法。

能力目标

1. 会进行正确的船厂目标成本的控制与核算；
2. 会进行正确的实施降低船厂造船成本的途径。

第一节 船厂目标成本管理概论

早在20世纪30年代，企业的目标成本管理就在美国开始发展起来，而日本在20世纪50年代起逐步重视这项工作，称为成本预算管理。我国造船企业的目标成本管理起步于20世纪80年代初期。当时由于世界航运业的不景气，船舶吨位严重过剩，船价大幅度下跌，造船工业正处在国际性造船亏损的大气候之中。通过几年的努力，我国造船企业的目标成本管理工作有了较大的进展。不少船厂的目标成本管理由单一试点推行到全部产品，由船舶产品延伸到非船舶产品，由造船转向修船，取得了一定的经济效益。但是，总的来说，造船企业的目标成本管理工作的发展还很不平衡，大致可以归纳为4种类型：即工作比较深入、成熟、取得成绩的；不够深化、还没有一套详细办法的；刚刚起步的以及基本未做、尚未提到议事日程的。

20世纪90年代国际造船需求趋向看好，船价回升，由于西欧发达国家造船能力的转移、迟滞及劳力的缺乏，世界造船中心东移已成定局。这些都是我国造船工业发展的良好机遇。

但是也应看到，东、西德合并后，有较大中小型船舶需求的西欧市场订单会流向德国；欧共一体化，也使西班牙、葡萄牙、波兰的造船业受益；前苏联中小型船舶市场虽大，由于易货贸易的限制，造船的订单不会太多。

同时，我国国内共有大小造（修）船厂1 600余家，分属不同部门或地方。由于国家指令性计划减少，基建投资压缩，银行收紧，在“僧多粥少”的局面下，国内船舶市场的竞争也将是激烈的。

因此，造船企业迫于形势，为了求得生存，只有通过改善经营、强化管理的途径以谋求出路。而强化管理，首先应从成本管理入手，通过开展目标成本管理，带动企业内部管理的各项工作，发挥和调动企业职工的积极性，增强内部消化机制，降低成本，提高企业的竞争能力，从而达到提高企业经济效益的目的。

一、目标成本和目标成本管理

目标成本是企业在一定时期内为实现目标利润而确定的成本控制的奋斗目标，是一种经过市场预测，以保证产品定价的竞争性为前提的预定的产品成本（或称预计成本）；也是实现产品必要功能的最低成本。

造船产品的目标成本构成如图5-1所示。

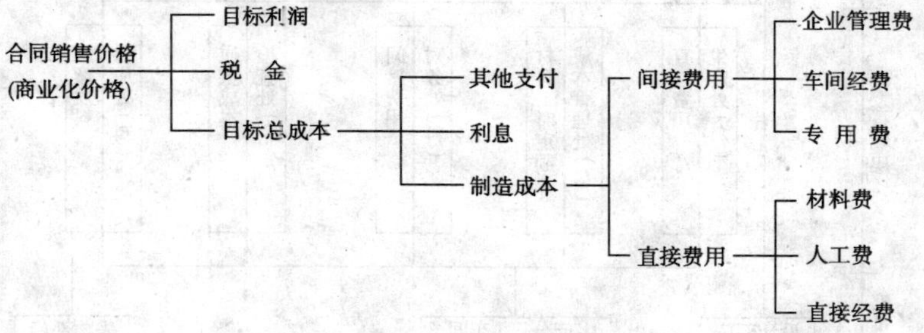

图5-1　产品目标成本的构成

目标成本管理就是企业在其生产经营活动中，运用目标成本指标，指导、规划和控制生产经营活动全过程的各个环节，实行科学的、全面的、综合性的成本管理，以最少的人力、物资和资金的输入转换成最大的有价值的输出成果，即用最少的活劳动和物化劳动消耗，获得最大经济效益的一种目标管理。

目标成本管理的基本任务是为保证实现一定的销售利润，对单项产品经过市场调查、技术论证和可行性分析，确定目标成本，通过对产品目标成本指标的分解、控制、核算、反馈，分析、考核，挖掘降低成本的潜力，努力降低成本，以反映企业生产经营的成果。

二、目标成本的管理体系

目标成本管理是一项带有较强约束力和权威性的控制工作，也是涉及面广，需要企业各部门互相配合的综合性管理工作。因此，推行目标成本管理必须建立一个完善的管理体系，实行成本管理责任制。即根据归口管理的原则，实行在厂长领导下按照目标成本结构的层次和各职能处（科）室、分厂（车间）的专业职责，建立按级分工、职责纵横交错的目标成本管理体系和责任制。

目前，大部分造船企业在推行目标成本管理中，采用厂、职能部门、车间（分厂）三级管理和厂、车间（分厂）两级核算的管理体制。

目标成本管理体系如图5-2所示。

造船企业各成本管理机构及其职责如下：

①厂目标成本管理领导小组。一般由厂长任组长，总会计师、总经济师、总工程师任副组长，各有关处室负责人参加。其主要职责是审查和批准产品目标成本指标和实施措施，在接受各阶段目标成本管理的信息反馈和综合分析后作出决策，全面领导目标成本管理工作。

②成本管理处（科）。是企业目标成本管理中心，一般可把传统管理体制中原属劳动人事处（科）的劳动定额，技术部门的工艺路线、材料定额，经营计划处（科）的价格管理，财务处

(科)的成本分析和控制的职能划归该处(科)。成本管理处(科)一般由成本控制科(股)、工艺路线科(股)、劳动定额科(股)和价格管理科(股)等组成。在人员配备上应有工程技术人员、财会人员和专业管理人员。其主要职责是负责制定目标成本管理方案和工作细则,建立有

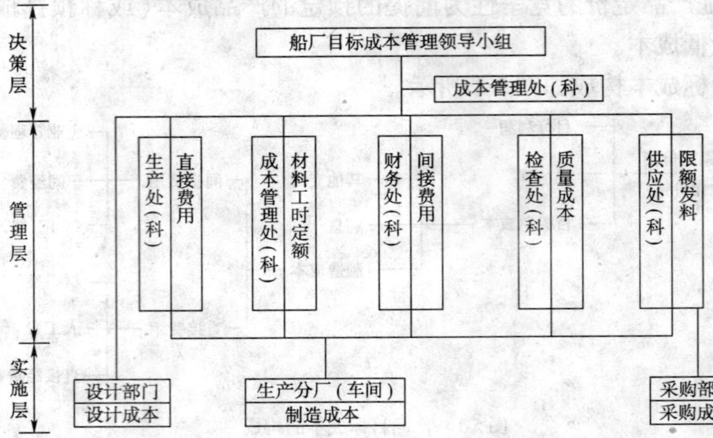

图 5-2 目标成本管理体系图

关工作制度,编制产品目标成本计划,制订、分解、下达成本控制指标,组织协调各有关部门对成本控制指标实施控制的监督和检查,对目标成本的实施情况作出综合分析和评价,并定期向厂目标成本管理领导小组报告。由于各厂体制与机构设置不尽相同,企业目标成本管理中心的设置和归属,有的在计划部门,有的在经营部门,也有的在企管办,虽然名称不同,但其职能大致相同。

③船研所。是设计成本管理中心。其主要职责是运用价值工程,采用新技术、新工艺、新材料,控制和降低设计成本。

④供应处(科)。是采购成本、材料消耗成本、库存资金成本管理中心。其主要职责是提供、编制目标成本的材料、设备价格资料,控制采购成本,按工艺路线严格限额发料,对材料实行全过程动态定额管理。

⑤生产处(科)。是直接费用的管理中心。其主要职责是负责编制产品建造周期和船台、船坞、码头占用计划,控制产品专用费和工程加减账。

⑥质验处(科)。是质量成本管理中心。其主要职责是控制和提高产品等级品率,研究、分析和降低质量成本。

⑦财务处(科)。是间接费用管理中心,也是产品实际成本的核算中心。其主要职责是提供计算目标值的各种依据,组织间接费用的分解工作,负责厂内计划价格,认真组织产品实际成本的核算、反馈工作。

⑧动力处(科)。提高设备及动力设施效能,降低动力费用。

⑨劳务处(科)。负责工时定额管理,提高工时效能。

⑩节约办公室。负责组织材料、能源的节约考核及奖励。

⑪厂工会。组织目标成本等劳动竞赛。

⑫各分厂(车间)。是企业目标成本管理的基层。根据分解的分厂(车间)目标成本指标,

结合各自的生产特点,建立各自的目标成本管理体系并全面负责。

三、目标成本管理的基础工作

企业管理的各项基础工作是推行目标成本管理所需具备的条件,是先行性工作,是至关重要的。目标成本管理的基础工作通常包括下列各点:

①实行成本管理责任制,明确各部门在目标成本管理中的责、权、利,把成本控制指标作为责任单位承包经营的责任成本,与企业经营承包责任制挂钩,从而提高职工自觉控制成本的积极性。

②定额是表示在一定的组织条件下,企业人力、物力、财力的消耗、利用和占用的水平;是企业进行经济核算,计算产品成本的主要依据。必须严格定额管理制度,健全和完善各种材料、工时、费用和能源的消耗定额,不断扩大定额覆盖面,并保持定额的严肃性和先进性。

③原始记录是进行成本决策、制订控制指标以及评价实绩的直接依据。必须建立和完善目标成本的统计体系,加强计量工作和原始记录的管理,完整、准确、及时地做好各种原始记录的收集整理和汇总分析。

④强化企业内部经济核算,建立和完善包括厂内合同、厂内价格、厂内银行和厂内利润的厂内经济核算体系,实行厂内人、财、物的有偿占用,分为厂企业内部各单位核算的经济责任和成本责任。

⑤积极开展应用电子计算机辅助成本管理,建立成本信息网络,加速成本信息的统计、归集和反馈,保证数据准确完整、反馈及时和责任清楚。从成本核算的电算化着手,逐步实现成本预测和成本计划的电算化。

⑥建立培训学习制度,定期对各级人员进行目标成本管理的培训。通过学习,增强各级人员的目标意识和成本观念,掌握目标成本管理的知识。

⑦建立目标成本管理奖励基金,鼓励职工积极推行和参与目标成本管理,并奖励有功人员。

⑧加强企业内部目标成本考核指标的立档保管工作,并注意保密。

四、目标成本管理的特点

目标成本管理是在工业企业原有成本管理的基础上,引进国外先进的管理方法而形成的。它是一种从时间上纵向延伸到成本计划(日本称为成本预算管理),即从市场调查、分析、预测并据以制定有竞争力的销售价格起,到确定设计、采购、建造、质量等各项成本费用的预算,予以分解、控制、反馈、分析及考核;从空间上发展到企业全员、全过程、全方位的全面成本管理。目标成本管理是一项牵动全局的综合性管理,也是一项系统工程,它与传统成本管理比较,具有以下 3 个特点:

①传统成本管理偏重由财务人员进行单纯的事后算账、事后分析,往往会导致成本的失控。目标成本管理着眼于成本计划,对企业各项成本费用实行全面的预算管理,通过层层分解、层层落实,使每个部门、每个职工都处于成本指标的控制之下,从而有效地保证了成本计划和成本控制的实现。

②产品设计人员只管技术,经营人员只管合同谈判,这种技术与经济脱离是传统成本管理

的薄弱环节。目标成本管理十分注重设计成本，要求设计人员进行设计成本的概算，大力开展功能成本分析，选择功能好，成本低的设计方案，做到了技术与经济的密切结合。

③传统成本管理偏重于单纯的经济核算，而目标成本管理能够与经济责任制、经济核算、经济合同制、奖励制紧密地结合起来，从而为成本控制提供了可靠的基础和切实的保证。

第二节　目标成本的预测和分析

一、目标成本的建立和预测

目标成本是企业在进行市场预测、分析、决策后，组织实现预期经济效益的终端体现，是事先编制好并在以后生产过程中确定为目标的产品成本，推行目标成本管理，首先要建立和预测目标成本。

1. 建立目标成本的基本原则

目标成本的确定应该符合以下各项原则：

(1)可行性

所测定的目标成本应符合厂内各种资源条件和技术水平，符合市场形势，应是通过努力可以实现的。

(2)科学性

所测定的目标成本必须建立在可靠的信息和数据测算的基础之上，不是主观臆断的。

(3)统一性

所测定的目标成本应与船厂总的经营目标和其他目标协调一致，使各目标不致互相矛盾、互相脱节，要形成一个统一的有机联系的指标体系。

(4)激励性

目标成本要有激发职工生产积极性和创造性的功能，使全厂职工尽力为实现船厂总的目标而奋斗。

(5)可衡性

目标成本必须有明确的量的标准，具有尺度、标明时限、数量、质量的要求，以便作为检查和评价实际成本偏离程度的标准，考核产品成本的准绳。

(6)易行性

在编制目标成本和展开为目标责任成本时，应将测算、分析、汇编等大量的计算工作集中在管理部门，各分厂、车间、工段、班组所必须承担的目标责任应一目了然，易于执行、易于考核。

2. 测定目标成本前的准备工作

为了使测定的目标成本符合上述基本原则，在测定前应作好以下3方面的准备工作：

(1)信息资料的准备

包括有关产品在国内外的供需情况、价格和成本情况；同类产品在同行业中的比价资料及其规格、性能、质量和技术参数；物资、能源供应条件以及市场的发展趋势。

(2)船厂资源资料的准备

根据船厂人、财、物的现有水平，逐项分析，测算计划期内可能达到的新水平，使之对工厂内部条件有较为正确和全面的量的估价。

(3)测算数据的准备

劳动定额、物耗定额以及费用资料的准备；产品成本构成的评价分析资料。

3. 建立目标成本的方法

造船企业建立目标成本常用的方法有以下3种：

(1)保证企业目标利润法

即为确保企业的利润水平或按目标利润制定目标成本，其计算公式为：

$$\text{工厂的目标总成本}=\frac{\text{按市场可接受的卖价}}{\text{计算产品的销售总收入}}-\frac{\text{按经营资金利润率}}{\text{水平测算的目标利润}}-\text{税金}$$

(2)选择某一先进水平法

选择本企业生产的同类产品的历史较好的成本水平，或在条件大致相当的国内外同行企业中，生产同类产品的较为先进的成本水平的总成，作为本企业的目标总成本。

(3)计划指标法

对于以执行指令性计划为主的企业来说，国家通过主管部门下达的指令性指标，如可比产品成本降低率、单位产品成本等指标的总成，作为企业目标总成本。

在上述3种方法中，以利润法最为科学，计划指标法则随着经济体制的改革和推行企业现代化管理的进程，将逐步为利润法或先进成本水平法所代替。目前，在造船企业中，尤其是中小型船厂，管理水平相对比较低，往往采用先进成本水平法作为初步的目标总成本。

由于税率和产品结构、原材料、能源等价格变动都会影响目标总成本，因此在确定企业目标总成本时，必须对这些变动因素的影响予以综合考虑。

4. 目标成本的预测

企业目标成本的预测是为了检验企业能否达到所提出的目标成本，以便与之对比，找出差距，提出降低成本的措施。

目标成本的预测可分为船厂年度、季度目标成本的预测和单项产品(俗称订单)目标成本的预测。对于批量生产的产品还应预测中远期目标成本。船舶产品一般是单个或小批量生产，只需按艘或按批预测目标成本。

(1)船厂年度、季度目标成本的预测

企业成本总目标按降低率进行预测，叫系数试算法；按降低额进行预测，叫项目试算法。

①系数试算法。这一方法是列出企业的成本构成项目，并试算各成本项目的年(季)度预测降低幅度，根据各项目占总成本的比重(系数)换算出每项成本降低对总目标成本的影响幅度，并逐项相加，得到企业的成本降低率预测数。其计算公式如下：

$$\begin{aligned}\sum\text{产品单位成本降低率\%}=\sum[&\text{原材料成本变动\%}\times\text{原材料成本项目占单位成本的比重}\\&+\text{燃料、动力成本变动\%}\times\text{燃料、动力成本项目占单位成本的比重}\\&+(\text{产量比年计划增长的\%}-\text{费用增长的\%})/\text{产量完成计划的\%}\\&\times\text{车间经营、企业管理费成本项目占单位成本的比重}]\end{aligned}$$

这种系数试算法比较粗略，一般作摸底预测用。

②项目试算法。这是按各产品具体成本项目逐项测算求出绝对节约累计总和的预测方法。其计算公式如下：

Σ产品成本降低额 = Σ[（上年原材料、燃料、设备的单位成本 − 当年计划单位成本）
×当年计划产量 +（上年产品平均工时单价 − 当年计划平均工时单价）
×当年产品计划工时定额 + 产品其他支出费用降低额]

式中，产品其他支出费用降低额，可按上年万元产值发生数×产品当年计划产值数算得。

(2)订单目标成本的预测(直接计算法)

单位产品目标成本的预测程序与企业目标总成本预测基本相同，各产品均直接从材料、工时及其他费用的分摊计得。其计算公式如下：

订单目标成本 = 产品原材料、辅料、机电设备的预测定额×计划单价 + 工时预测定额
×工时费用计划单价 + 各种直接费用预测 + 各种间接费用预测
+ 废返及保用费用预测

(3)数理统计法

通过认真分析本企业的各种历史技术经济指标，利用成本核算资料及统计资料，运用数理统计方法来预测本年度企业可能达到的产品成本水平，这是造船企业常用的方法。数理统计法一般有比例测算法、高低点分析法和回归分析法等。

①比例测算法。以同类产品历史成本数据为基础，预测当年度产品成本。当资料越接近测算年份时，其结果越可靠。这种方法在产品产量及价格等较稳定的情况下适用。其计算公式如下：

同类型船舶预测成本 =（报告期同类型船舶成本/报告期同类型船舶商品产值）
×测算年份同类型船舶商品产值

例：某类型船舶报告期成本为330.2万元，商品产值为428.4万元，求预测该产品本年度商品产值为468万元时的预测成本？

解：预测成本 $=\left(\dfrac{330.2}{428.4}\right)\times 468 = 360.72$ 万元

②高低点分析法。运用直线方程式 $y = a + bx$ 预测成本。

式中：y——产品总成本，万元；

a——固定费用总额，万元；

b——单位变动费用，万元；

x——产品产值，万元。

这种方法适用于预测修船成本或历年成本变动幅度不大的产品。

例：设某企业在近几年的外协成本资料中，1985年产值为504.8万元、总成本为413.1万元，1987年产值为363.7万元、总成本为309.2万元。若计划年度外协产值为600万元，求预测总成本为多少？

解：单位变动成本 $b = \tan\alpha = \dfrac{\Delta y}{\Delta x} = \dfrac{(413.1-309.2)}{(504.8-363.7)} = 0.74$

当产值 $x_1 = 504.8$ 万元，总成本 $y_1 = 413.1$ 万元时：

固定费用 $a = y_1 - bx_1 = 413.1 - 0.74\times 504.8 = 39.6$ 万元

当计划年度产值 $x=600$ 万元时：

预测总成本 $y=a+bx=39.6+0.74\times600=483.6$ 万元

③回归分析法。当单位产品成本变动幅度较大、品种单一时，则可用 $y=a+bx$ 及最小二乘法求总成本或单位产品成本，按以下公式求 a、b 值。

由：$\sum y=na+b\sum x$　　即：　$a=\dfrac{\sum y-b\sum x}{n}$

由：$\sum x\cdot y=a\sum x+b\sum x^2$　即：$b=\dfrac{(n\sum x\cdot y-\sum x\cdot\sum y)}{n\sum x^2-(\sum x)^2}$

5. 目标成本计划

测定的目标成本是以目标成本计划的形式下达的。目标成本计划的内容一般应包括下列2项：

(1)成本控制指标

按原材料费用、工时费用、专项费用的成本明细项目下达目标成本控制数。

(2)成本进度计划

包括总成本进度计划，按料、工、费分类的单项成本进度计划，以反映大节点计划为基础、月为单位的成本计划曲线。

6. 目标成本计划的编制程序

目标成本的测定和目标成本计划的编制是一个反复的过程，一般按以下程序进行：

①在产品合同签订和目标利润确定后，由成本管理处(科)综合分析整理所取得的各种资料，初步编制产品目标成本计划，提交厂目标成本管理领导小组讨论并下达给各归口部门。

②各归口部门在规定时间内，提出详细的预测成本资料并反馈给成本管理处(科)进行综合平衡。

③如达不到目标要求，应发动各归口部门提出改进措施，进行第2次测算，选择最优方案，由成本管理处(科)再次综合平衡；反复预测，反复平衡，直至达到目标利润的要求。

④由成本管理处(科)将调整后的目标成本计划报厂目标成本管理领导小组审议通过，经厂长批准后正式下达给各职能处(科)室及分厂(车间)。

二、目标成本的分解

产品成本由许多分项成本组成。在产品的目标成本确定后，必须将目标成本分解到各个分项中去，以确定各分项目标成本。目标成本分解的目的是为了便于控制，因为各项成本发生在各个不同的部门，只有将成本的目标值分解到各个具体的部门，才有控制的实体。因此，目标成本的分解是控制成本前期工作的关键所在。

1. 目标成本的分解程序

根据企业的体制，目标成本一般按3个层次进行分解：

①第1层分解是将年计划的所有产品按构成产品成本项目来分，这是工厂年度总的经营目标。

②第2层分解是在第1层分解的基础上，按责任成本进行分解并下达给有关职能处(科)室和分厂(车间)。

③第3层分解是职能处(科)室、分厂(车间)把第2层分解的指标作为本部门的目标，分解到股(分段)、班组及个人。

第1层和第2层的分解，由成本管理处(科)根据工厂的历史水平和现状、能力以及市场动态等资料综合分析后，提出方案意见，并报厂目标成本管理领导小组讨论决定。第3层分解由责任单位负责，并将分解资料报成本管理处(科)审核。

目标成本指标的分解流程如图5-3所示。

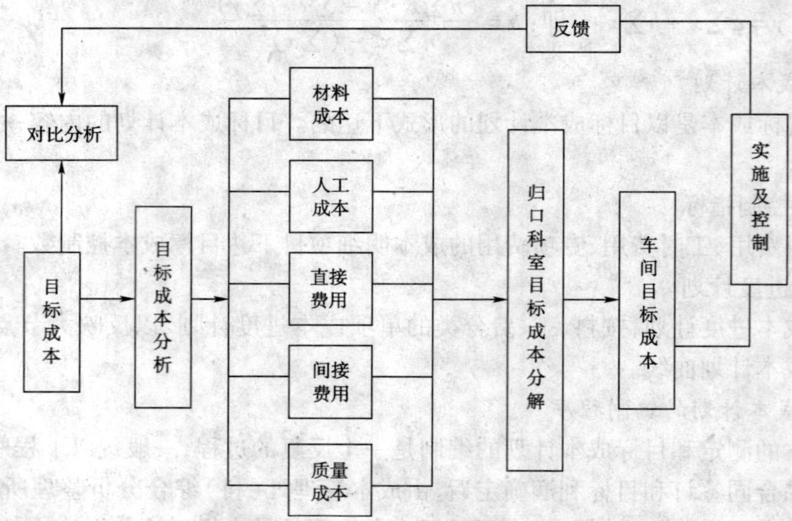

图5-3　目标成本指标分解流程图

2. 目标成本分解的方法

(1)老产品目标成本的分解

这种分解是有可比性的。如目标成本接近老产品的实际成本，可按原各车间实际工、料、费来分解；如目标成本小于老产品的实际成本，则需在各车间采取降低成本措施，使理论测算后的成本接近目标成本，然后进行分解。

(2)新产品目标成本的分解

这种分解是在总的目标成本已测定的前提下进行的。若产品工程设计中的成本预算尚未与内部划小核算单位相对应，或仅有总的估价资料，则分解目标成本就有一定难度。但亦可以利用上述资料，由专人进行第2次分解，得出各车间估价成本或产品建造工序中几个节点的估价成本后，运用下列方法求出车间目标成本。

设：已知新产品目标总成本 $=X$；新产品估价成本 $=Y(Y=Y_1+Y_2+\cdots+Y_n)$，各车间的估价成本 $=Y_1,Y_2\cdots Y_n$。

求：各车间的目标成本 $x_1,x_2\cdots x_n$。

解：先求各车间估价成本占总估价成本中的比例 $k_1,k_2,\cdots k_n$

$$k_1=\frac{Y_1}{Y},k_2=\frac{Y_2}{Y},\cdots k_n=\frac{Y_n}{Y}$$

则：

$$X_1=k_1\cdot X,X_2=k_2\cdot X,\cdots X_n=k_n\cdot X$$

上述求出的车间目标成本需利用车间的财务资料再进行一次可行性分析，以便作出某些必要的调整。同时，各分目标成本相加必须控制在总目标成本之内。

分目标成本确定后，可对分目标中的材料及工时费用进行分解。

运用估价或工程设计中的工时总额(T)，上年的工时系数(t)(即估价工时或定额工时与实动工时之比)和上年的工时费用单价(c)，则可求出目标的工时费用成本(E)。其公式为：

$$E = T/t \times C$$

把分目标成本减去上述求得的工时费用成本，就可得出分目标的材料费用成本。

三、目标成本的控制

确定了的目标成本只是一个预定的奋斗目标，能否实现还需要通过一系列行之有效的措施来保证，这就必须进行成本控制，以使实际成本控制在目标成本之下。目标成本控制是一种贯穿于产品的设计、器材采购、制造以及销售等生产经营全过程的控制。

目标成本的控制功能一般是通过制订控制标准和程序、监督、调节3种具体职能的作用来实现的。对于成本形成前的控制，主要是通过制订目标成本和各种标准、定额及措施来确定最优方案。对于成本形成过程中的控制，主要是根据控制目标(或标准、定额)和程序，对产品生产过程中不断支出的各种费用进行监督并调节偏离。由此可见，目标成本控制是目标成本管理的中心环节。

通常，单项产品实行纵向目标成本负责制，即由项目主管具体负责牵头，组成管理小组，对目标进行控制管理。总体目标成本则经过自上到下的分解落实，从设计、生产、供应、定额、费用等方面进行分工负责，从发生费用的每个人的职责岗位来保证目标成本的实现。目标成本控制可以分为设计成本控制和生产成本控制2大方面。

1. 设计成本控制

船舶设计成本是根据基本设计、技术设计和生产设计的有关资料进行计算的理论成本，它在很大程度上决定着船舶产品的实际成本。因此，控制设计成本，是目标成本控制的一个主导环节。

设计成本的预报工作在报价设计和合同设计时应着手进行，在合同签订、厂内建造方针制定之后，即可确定设计成本的控制目标以及给定控制目标的误差值，并据此开展设计工作。设计成本目标控制率也是一项设计水平的指标，日本一些企业的目标成本与现实成率的误差不超过3%。

技术设计部门(设计室、船研所等)是设计成本的控制中心。设计部门实施成本控制的主要途径是开展价值工程(VE)，在满足产品规范要求的前提下实行优化设计、经济选型，在设计初期进行配套设备的功能分析，在设计过程中通过分析各系统功能、消除过剩功能，从而达到降低设计成本的目的。

从成本管理角度来看，船舶设计可分为4个阶段，即：报价设计、合同设计、技术设计和施工设计(包括生产设计)。在这4个阶段中除了报价设计外，其他3个阶段都要进行成本控制。报价设计阶段的设计成本预算是船价的基础，报出的船价就是根据它确定的，签订合同时的船价，只是在报出船价的基础上，随着船东要求的变化而有所增减。所以报价设计阶段的设计成本预算尽管是预算性的，却十分重要，应力求接近实际建造成本。在这个设计阶段，不需要制订目标成本,不需要、也没有时间进行成本控制。因为船舶报价要快,一般要求在3~5天内完成。

根据日本船厂介绍,在船舶建造成本中,67%是在合同设计时确定的,19%是在技术设计中确定的,8%是在施工设计中确定的,只有6%在生产阶段中确定。因此,在这3个阶段中,都要进行成本控制。从上述百分比来看,合同设计应是成本控制的重点,技术设计次之,施工设计更次之。

在合同设计阶段,设计成本的控制主要是通过方案设计,提高船舶性能指标、降低油耗、降低主机功率、缩小船舶主尺度;应在控制合同设计阶段确定的那些主要设备的费用,使设备材料费用不超过目标成本指标,使主机尽量不带剩余功率,使设计出来的船舶既能吸引船东,取得订单,又能给船厂降低成本,增加收益。

在技术设计阶段,设计成本的控制主要是通过结构设计来实现,如减少钢材用量。同时控制合同设计余下的全部设备的费用,使钢材用量和设备费用都不超过目标成本。这里,从技术角度来看,只要满足合同和规范要求就行,尽量不保留余量和多余功能。

在施工计设阶段,尽管降低成本的可能性比技术设计少,然而万吨轮的船价通常为数千万元,只要能降低百分之一,就是数十万元之多。因此,在这个阶段还是要进行成本控制。此时,设计成本控制主要是通过采用合理的船舶建造方案、新的建造工艺,以减少工时消耗和能源消耗,降低工装设备费用和其他费用,并通过修改技术设计中的不合理部分,尽量多采用标准件、自制件,以进一步降低设备、器具费用和支出。另外,还要通过生产设计提高材料利用率,减少材料使用量,降低材料的消耗。

各设计阶段的成本关系如图5-4所示。

2. 生产成本控制

生产成本是指产品在生产过程中所发生的成本,一般由器材成本、人工成本、费用成本和质量成本等构成。

(1)器材成本的控制

船用材料、设备的采购成本占全船总成本的比重约为70%左右,是决定船舶实际成本的主要部分。因此,控制器材成本也是目标成本控制的另一个主要环节。

物资供应部门是器材成本的控制中心。在器材成本的目标值确定之后,器材成本的控制一般着重在3个方面进行:

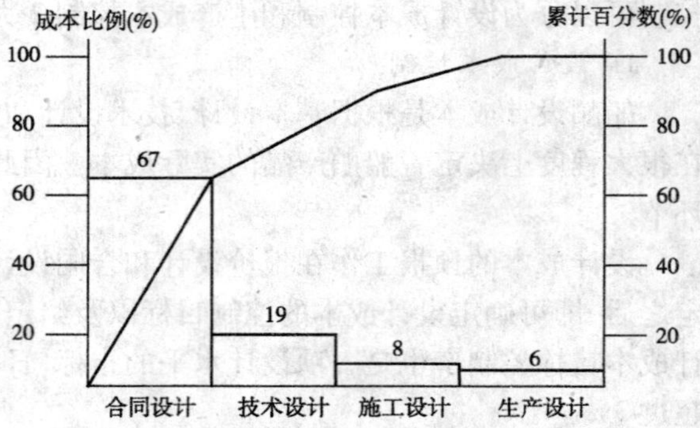

图5-4 各设计阶段的成本关系图

①在物资采购过程中预控采购成本。如采取"货找源头,货比三家"的办法;就地就近订购,选择合理的配套网点;与生产厂建立稳定的协作关系等。

②在物资储备过程中减少资金占用。如推行ABC分析法,实行采购限额,加强储备资金计划管理、严格控制到货期,控制库存量等。

③在物资供应过程中控制材料消耗。如严格实行限额领料和发料制度,开展钢材套料,尽量利用边角余料等。

（2）人工成本的控制

劳动工资部门是产品人工成本的控制中心。人工成本控制主要是通过控制产品工时的投入量（用量标准）和小时工资率（价格标准）来实现的。产品的活劳动消耗主要是指工时的投入量。工时投入量一般是以查定工时定额考核，它既是计算和分配产品成本中人工费用的标准，又是考核生产工人劳动生产率和奖金的依据。因此，在控制人工成本时，通常应掌握工艺定额大于查定定额、查定定额大于实动工时的规律，但实动工时不得突破人工目标成本的限额。为了有效地降低人工成本，各企业都把加强人工管理与多种形式的经济责任制和奖励制度结合起来，以促进劳动生产率的提高。

（3）费用成本的控制

包括直接费用和间接费用。生产部门是直接费用的控制中心，负责专用工装、船台码头、试航试验、外加工协作等专用费用的控制。生产部门在实施生产计划时，还应使用网络技术对场地、劳力、物资供应、协作等进行统筹平衡；并通过控制船舶建造各阶段的节点进度，控制和缩短船舶建造周期，提高船台码头的利用率，以降低产品成本所负担的专用费用。

财务部门是间接费用的控制中心。间接费用是指不能直接计入某种产品的成本，必须先计算总额，然后按照一定的标准，分摊到各种产品成本中去的成本项目，主要有企业管理费和车间经费等，控制的重点是变动费用。企业管理费通常实行“年度颁发指标，按月编制预算，跨月弥补调剂，定期考核奖励”的管理方法。车间经费通常由车间核算员监督和管理，并结合车间的内部利润结算办法进行考核。

（4）质量成本的控制

是指企业为了保证产品达到规定的质量而支付的费用与因达不到规定的质量要求而发生的一切损失的总和。

质量成本一般由预防成本、鉴定成本、内部损失成本和外部损失成本构成，统称为工作质量成本。在特殊情况下，还包括外部质量保证成本。其中：预防成本是指预防发生故障所支付的费用；鉴定成本是指用于试验和检验，以评定产品是否符合所规定的质量水平所支付的费用；内部损失成本是指交货前因产品不能满足质量要求所造成的损失（如返工、复验、报废等）；外部损失成本是指交货后因产品不能满足要求所造成的损失（如保修，保换，保退、撤销订单、责任赔偿、诉讼等费用）；外部质量保证成本则是指为向用户提供所要求客观证据所支付的费用，包括特殊的和附加的质量保证措施、程序、数据、证实试验和评定的费用（如由认可的独立试验机构对特殊的安全性能进行试验的费用）。

对某一个产品而言，在一定经营管理条件下，质量成本的4个构成部分客观上存在一个最佳的结构（统计资料表明，预防成本以10%左右、内外损失成本以50%左右为最佳），在这个最佳结构下，质量成本可达到最佳水平（如图5-4所示）。

质量检验部门是质量成本的控制中心。质量成本是通过企业质量体系的有效运转，各种质量控制手段和行之有效的保证措施来实现控制的。通常，控制的方法有节约成本的质量改进法，不花成本的管理改进法，投资少、见效快、收益高的技术进步法和指标限额法。采用上述方法并辅之以相应的责任，层层分解指标，分级归口控制，可以确保质量成本得到有效的控制。

另外，质量成本也是从经营角度对企业质量体系有效性进行的一种衡量。在商品经济的条件下，实行按质论价的价格体系，企业为了提高价格水平和经济效益，就必须格外注重产品的质量和降低质量成本。

四、目标成本的核算和反馈

为了正确反映目标成本控制程度的实效和目标管理的实绩，必须通过目标成本的核算和反馈。

目标成本的核算通常实行厂部、处（科）室和分厂（车间）两级核算。实行“谁核算什么，谁反馈什么”的原则，按月核算，及时反馈。

财务处（科）是实际成本的核算中心，负责对全厂各项产品的实际成本进行总的核算；各分厂（车间）对所生产的产品进行成本核算；各专业成本中心对各自承担的目标成本进行核算；各部门业务人员对分管的成本进行核算；从而形成一个核算全过程的核算体系。

业务核算、统计核算和会计核算是企业的基本核算方法，其中会计核算是损、益的最终反映，目标成本核算也必须通过这3种核算予以反映，企业各部门可以依据目标成本分解指标和成本项目的粗细情况，采用相应的核算方法进行反馈。

应该看到，现有会计核算体系，由于指标体系要满足国民经济核算的需要，不可能同时满足目标成本管理的需要，而统计核算体系的成本数据主要还是从会计核算中来，同样无法满足目标成本管理的要求。因此，从发展角度来看，应该建立一个统一的目标成本核算体系，统一成本构成要素的分类，并使报价成本（物理构成）、部门的考核指标以及财务成本（工、料、费）的核算，三者能够互相衔接、转化，它们之间的关系示意如图5-5所示。这样就可以避免出现各搞各的既浪费人力又对不上口径的现象，便于指标和责任的考核控制。

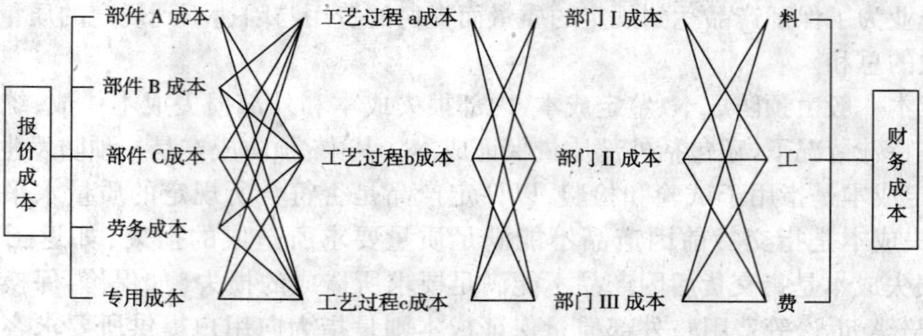

图5-5　能与报价成本和财务成本衔接的核算体系

实际成本的核算资料，是预控目标成本的重要信息，也是纵向管理的必要手段。成本管理处（科）是目标成本的预控中心，各职能部门和分厂（车间）按月核算，并以反馈表的形式报成本管理处（科），经汇总后报厂目标成本管理领导小组并反馈给有关部门。成本管理处（科）应该了解并掌握各目标成本的动态，做到心中有数，一旦发现偏离目标的迹象，应及时采取补救措施，使目标成本在生产全过程中，始终处于受控状态。各专业成本中心也要加强横向联系，经常互通信息、协调关系、同步管理。原始记录应逐步建立计算机数据库，向目标成本管理电算化的方向发展。

五、目标成本的分析

目标成本分析是有效控制目标成本执行情况、评价执行结果、预测未来成本、寻找降低成本途径的重要手段，也是目标成本管理的重要组成部分。目标成本分析贯穿于目标成本管理的全过程，包括制定目标成本的事前分析、控制过程的事中分析和执行结果的事后分析。

1. 目标成本分析的主要内容

(1)成本计划执行情况分析

包括：单位产品设备、原材料、劳务成本情况；产品专项费用情况；可比产品成本降低情况以及各个工艺阶段（大节点）、工艺项目的计划完成情况。

(2)单位产品成本分析

包括：单位产品实际成本与目标成本、定额成本、计划成本的对比；外购器材价格变动；原材料、燃料利用及废品损失、生产周期变动；生产工时和工时费率；贷款利息；外包外协和扩散以及出口船舶外汇汇率变化等对成本的影响。

(3)可比产品成本对比分析

包括：材料费、人工费和专用费等升降变化的原因。

(4)产品建造期间生产工时费月的分析

包括：建造期生产负荷情况、外包外协对生产工时和工时费率的影响以及工时费率升降的其他原因。

2. 目标成本分析的方法和形式

目标成本分析主要采用对比分析法。由实际成本与目标成本或计划成本对比、与同类产品对比、与可比产品对比、与同类企业对比、与国际先进水平对比。此外，有时也采用因素分析法进行分析。

目标成本分析一般按产品，产品进度（大节点），按年、季、月进行，并形成制度。专业成本中心负责本部门管理的专业成本分析；成本管理处（科）对目标成本的执行情况作全面、系统的综合分析，与厂部每季召开的经济活动分析会相结合，定期报告执行情况，指出存在的问题和提出解决问题的办法和措施；对于个别特殊问题，则进行专题分析。

为了进一步加强目标成本管理，还应该将目标成本分析制度与船厂各部门的经济承包责任制、企业升级有关经济指标（如钢材利用率、万元能耗等指标）、产品进度检查制度有机的结合起来，把完成目标成本指标的工作落实到各部门，各层次和个人，通过产品进度检查使目标成本进入动态管理的高一层次的水平。

第三节　目标成本的考核与评价

考核和评价是目标成本管理的最后一个环节，也是下一个循环的开始，具有承上启下的作用。

目标成本的考核应注重实绩，在目标成本分析的基础上，由成本管理处（科）依据各归口部门在实施过程中的重视程度、管理业绩以及目标成本的实际执行结果进行考核，提出评价和奖励意见，报厂目标成本管理领导小组审定。

推行目标成本管理应设立专门的奖励基金，把目标成本管理纳入劳动竞赛评比，并与企业的承包经营责任制挂钩。目标成本管理的奖励一般有以下几种形式：

(1)劳动竞赛奖

由厂工会组织与各归口处(科)室签订竞赛合同奖。

(2)价值工程运用效益奖

由厂价值工程推广小组审批对价值分析取得实效的项目给予奖励。

(3)节约奖

由节约办公室组织的对原材料、能源完成指标的奖励。

(4)立功奖

奖给在目标成本管理中对加强管理、提高经济效益作出贡献的单位和个人。

第四节 船厂目标成本管理系统(SCMS)

目标成本管理是一个全方位的系统工程,涉及到成百上千种的材料和设备的国际、国内价格信息及其数量、各种单价和金额的计算归集。涉及到多工种大量的工时统计及各种工时、工费、工费单价和金额的计算归集。同时,各种材料和工时当需要按车间产品、按工艺阶段进行计算归集时,其工作量之大是人工难以完成的,其准确性也是人工难以达到的。因此,很多国家在实行目标成本管理时,早已普遍应用电子计算机。

近几年来,我国各行各业在企业管理的各个领域中应用计算机技术辅助管理也取得一定进展,但在成本管理方面业已开发计算机辅助管理系统的并不多,造船工业也不例外。大部分船厂的成本管理还基本停留在成本核算阶段,核算手段仍没有摆脱手工操作和事后算账的落后局面。为了改变这种状况,1984 年,中国船舶工业总公司在天津召开成本工作会议时,提出了开发船厂成本管理系统的要求,并决定由船舶总公司第十一研究所作为该系统开发的主研单位,中华造船厂也参加了研制。1988 年 6 月,该系统初试成功,并开始在一些船厂推广应用。

一、SCMS 的功能和组成

1. 功能

船厂成本管理系统(SCMS)是一种适用于船厂由计算机辅助进行成本核算、成本管理的手段。它的功能是将成本核算中的料、工、费根据不同对象进行归集、分配(交互分配),计算出产品一级、二级成本,并能查询和打印产品成本表,进行造船产品成本分析,提供产品目标成本一级、二级执行情况分析表。船厂成本管理系统流程如图 5-6 所示。

2. 组成

SCMS 是建立在 IBM 的 PC 型微机上的成本管理应用程序,整个软件系统共有 10 个子系统和 2 个辅助功能组成,即:

①账务核算处理子系统。

②材料成本核算与分配子系统。

③人工成本核算与分配子系统。

④辅助生产费用核算与分配子系统。

⑤车间经费核算与分配子系统。

⑥企业管理费核算与分配子系统。

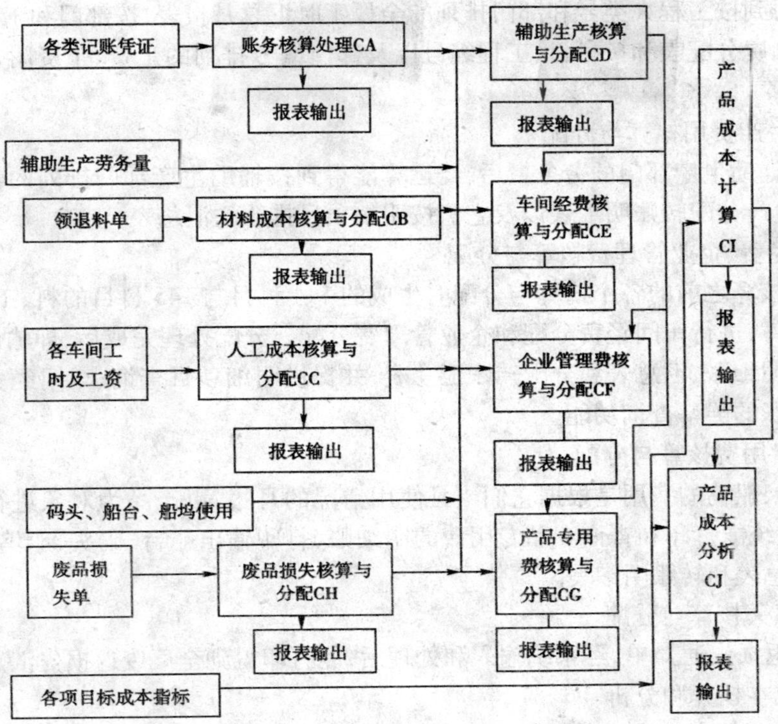

图5-6　船厂成本管理系统(SCMS)流程图

⑦产品专用费核算与分配子系统。

⑧废品损失核算与分配子系统。

⑨产品成本核算子系统。

⑩产品成本分析子系统。

3. 功能描述

(1)账务核算处理

各类账务记账凭证,如:现金收付款凭证、银行收付款凭证以及转账凭证输入系统,通过核算处理,系统能打印出现金日记账,银行日记账,以及现金、银行、转账凭证按科目的借贷汇总表和转账登记表,包括系统按科目自动生成的分配转账的登记。同时,在账务核算处理过程中,系统可将记账凭证中涉及到产品成本的凭证,按科目建立专门的数据文件,供产品核算分配使用。

(2)材料成本的核算与分配

产品所消耗的材料成本是通过输入产品的领料单(包括产品的退料单)上的基本数据,经汇总分配计算后得到的。系统在输入当月的材料差异额后,经运算能打印出按工程部门排列的全厂材料耗用月报表,按科目和部门排列的材料差异分配转账汇总表,按科目和工程排列的材料差异分配转账明细表。

(3)人工成本的核算和分配

按车间输入当月的实动工时以及基本生产工人的工资、工资附加费,经过系统的分配处理后，用户可以得到按工程大类号和部门排列的全厂工时汇总月报表，按部门和工程编号排列的工资、工资附加费分配表和按科目、工程编号以及部门编号排列的工资、工资附加费分配转账汇总表。

(4)辅助生产费用核算与分配

在输入各辅助生产部门的劳务量后，经运算能得到按辅助生产部门排列的辅助生产费用明细表，辅助生产分配转账明细表以及它们按明细项目排队的汇总表。

(5)车间经费、企业管理费核算与分配

由输入本核算之前的各个核算与分配时生成的144科目与145科目的料、工、费转账明细文件和汇总文件，进行车间经费分配和企业管理费分配。分配处理完成后，即输出车间经费或企业管理费的明细账、汇总表和分配转账汇总表，并提供明细项目查询、车间经费明细账或企业管理费明细账的屏幕查询功能。

(6)产品专用费核算与分配

船台、码头、船坞的费用是根据它们当月使用情况的月报，以产品为对象进行分配的。经分配处理后，系统能打印和查询产品专用费的明细账，打印输出船台、码头、船坞费用分配表、产品专用费汇总表和转账明细表。

(7)废品损失核算与分配

各车间废返损失通知单，经系统输入和处理后，能打印得到全厂废返损失汇总表。

(8)产品成本核算和分析

在获得料、工、费的归集分配数据资料后，通过按产品工程号核算和以工程为对象的按造船产品成本分析项目的分析处理，系统生成按工程编号或按车间、工程编号排列的产品一级、二级成本和分析查询的数据。通过屏幕选择能很快查询到产品成本的本期发生值和累计值以及它们的分析比较情况。系统还提供各类输出表，包括：基本生产明细账、车间和厂部两级的产品成本单、产品成本分析汇总表、产品材料成本分析表；还有产品成本材料、人工、直接费用的成本分析明细表以及按产品原材料、机电设备、人工成本、直接费用、废返费用等目标成本与执行情况的分析和汇总表。

二、SCMS的特点

SCMS具有下列特点：

①系统可在无网络时单机独立使用。使用时操作人员可以独立输入原材料、工时等数据。由于采用了船舶总公司统一的物资代码，因此也可以软盘输入。在有条件建立网络时可以联网使用。

②系统人机交互均通过中文屏幕提示而实现一切操作，只需按屏幕提示，操作系统即可进行各项成本业务工作的运算。

③系统中设置账务凭证输入屏幕，屏幕设计考虑到业务人员的工作习惯，因而有效地提高了数据输入速度。

④有完整的数据编辑功能，具有数据输入、修改、查询、删除、增加、显示和汇总等功能。

⑤设置数据完整性检查与正确性检查功能，以保证数据信息输入的完整性和正确性。

⑥具有自动转账功能，即对料、工、费分配的会计转账凭证由系统自动生成并转账。

⑦有较完整的账表处理与打印、输出功能，各类账表均为中文输出格式，符合财会制度要求。

⑧提供数据备查及系统运行恢复功能，在系统发生意外故障时，能将备查资料输入，实现恢复处理，增加了系统的可靠性。

⑨系统采用船舶总公司统一的各类代码，有利于推广应用。

三、SCMS的应用效果

SCMS研制后，最先在中华造船厂进行试用，此后又在一些船厂加以应用。实践证明，该系统各项输出数据正确，账表格式均符合有关规定的要求，基本满足了实际工作需要，有效地辅助了船厂的成本管理工作，具有以下一些应用效果：

(1)提高了工作效率和工作质量

成本管理的有关数据和信息全部输入计算机后，达到了数据的一次输入，多次享用，使核算和分析一体化，省略了一些中间过程报表，有效地减少了人工核算工作量，提高了成本核算、分析的速度。由于采用了统一的代码和处理流程程序化，避免了人工的干预，提高了成本信息的正确性和完整性。

(2)提高了行业的成本管理水平

计算机应用于成本管理，使核算人员从以往繁琐的事务性工作中解放出来，把主要精力投入调查研究、分析等管理职能上去。同时，使成本管理逐步做到了规范化、标准化，从而为宏观的决策提供了统一的成本信息，提高了企业在国际、国内市场的竞争能力。

(3)为进一步开展目标成本管理创造了条件

采用该系统后，促使企业成本核算速度加快、分析范围扩大、信息反馈及时，从而为开展目标成本管理创造了条件，也为船舶总公司的船厂全面推行目标成本管理打好扎实的基础。

(4)便于推广应用

由于SCMS建立在IBM的PC型微机上，可在单机上使用，也可联网运行；上机操作过程采用人机交互方式，便于成本管理人员掌握，有利于系统的推广应用。

第五节　降低造船成本的途径及方法

20世纪90年代的世界船舶市场给我国船舶工业的发展带来又一次机遇，但仍存在着激烈的竞争。竞争的焦点是船价，而竞争的基础却是成本。因此，为了适应国际船舶市场的激烈竞争，我国造船企业必须走降低成本之路。当前，采取措施寻求降低造船成本的途径和方法，已经成为我国造船企业日益关注的一个重要课题。

一、造船成本及其特点

船厂在一定时期内为建造船舶所支出的总费用称为造船成本。若从各项费用的分配性质来看，造船成本的结构模块划分如图5-7所示。

在图中，外购费用包括外购材料、设备、外购燃料和外购动力；大修折旧费包括固定资产的大修理和折旧费用；工资福利费包括职工工资和福利基金；其他费用包括(生产组织和企业)

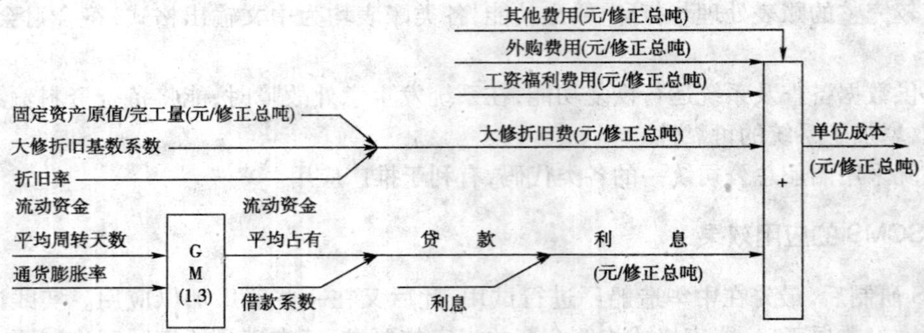

图 5-7　造船成本结构模块划分图

管理费、运输费、产品盈亏等费用。

造船成本是一项综合性的技术经济指标,它直接或间接地反映了船厂的经营管理水平和技术水平以及各部门、各环节的工作质量。造船成本也是船厂进行经济核算的主要内容,同时又是经营决策的重要依据。

造船成本具有以下 2 个明显的特点:

一是核算周期长。一艘民用船舶从签约开工到交船,少则 8 ~9 个月,多则需 2 ~3 年,这会给造船成本的预测和控制带来不少困难。这些困难是由汇率风险、通货膨胀、国家和有关部门宏观调控政策的变化、市场变化和船东弃船以及配套设备到货期和价格影响等 5 个方面所引起的。而且船舶建造周期越长,产生的风险也就越大。

二是船舶建造批量小和成本面广,这也给造船成本的降低及其科学管理增加了难度。

二、我国造船成本的现状分析

在 20 世纪 80 年代,我国船舶工业克服了国际船舶市场长期萧条的影响,获得了很大的发展。历史资料表明,中国船舶工业总公司系统企业的工业总产值连年来都有较大幅度的增长,但企业的利税没有同步增长,经济效益并不理想。实际上,不少船厂的造船经营还是亏损的。出现这种情况,一是受国际船价下跌的影响;二是由于材料设备费上涨,人工费用的增加及管理上的原因导致造船周期过长,以致使造船成本不断上升。

导致造船成本上升的原因是复杂的,但大致可以归纳为 2 大部分:一部分属于企业本身不可控因素的影响,如通货膨胀、汇率和利率变化等外部经济环境,这需要依靠国家的宏观调控加以解决,光靠系统内部消化是有困难的。另一部分属于企业本身可以控制的因素,如通过加强管理水平、依靠技术进步、缩短造船周期、提高材料利用率和国产化水平、降低进口设备和材料费用等措施,是可以使造船总成本得到控制和降低的。

在我国造船成本的 5 个项目中,其基本现状如下:

(1)外购费用占全部成本的 70% ~75%

这个数字比世界主要造船国家(地区)的 50% ~60% 高出不少。造成外购费用大的主要原因有 3 点:

①通货膨胀的影响。在 1982 ~1987 年间,船舶总公司系统的企业,外购材料涨价面达 88.89%,以钢材为主的外购材料价格平均上升 37.5%;以原油、燃油为主的燃料价格平均上